熬通宵也要讀完的大宋史

覃仕勇／編著

前言

史學大師陳寅恪先生特別喜歡用「天水一朝」指代宋朝，蓋其原因，不過是《宋史》卷六十五所記載的：「天水，國之姓望也。」即天水乃是趙姓的郡望。

陳寅恪大師對「天水一朝」的評價非常高，他說：「華夏民族之文化，歷數千載之演進，而造極於趙宋之世。後漸衰微，終必復振。」

的確，縱覽有宋一朝，其文化之昌明、思想之繁榮、經濟之發達，遠超漢唐。宋真宗咸平三年（1000年）的GDP為265.5億美元，占世界經濟總量的22.7%，人均GDP為450美元，超過當時西歐的400美元。

最讓人稱道的是其在文化教育方面的發展，儒學得到復興、宋明理學出現、科技發展迅速，天文學、數學、醫藥學、機械學、火藥、指南針、活字印刷術、造船技術等方面成果累累，文學、史學、哲學和藝術也發展到新的高度，湧現出眾多的科學家、發明家、史學家、哲學家、文學家、畫家和詩人。

一句話，中國古代四大發明中，有三樣（指南針、火藥、印刷術）就產生於這一時期。

陳寅恪大師因此無比傲驕地說：「尚氣節而羞勢利，天水一朝之文化，竟為我民族永遠之瑰寶。」

話說回來，宋朝之所以取得這樣的文化成就，是與其重文輕武，要「與天下士人共治天下」的立國思想有直接關係的。

宋太祖在立國之初，就曾密鐫一高七尺、闊四尺石碑立於太廟寢殿的夾室中，稱「誓碑」，用銷金黃幔遮蔽，封閉門鑰。

「誓碑」上刻誓詞三行，其中有一行，赫然刻：「不得殺士大夫，及上書言事人。」所以，宋朝是中國古代歷史上讀書人最受尊重、最幸福的時代。

柏楊先生在《中國人史綱》一書中就不無感歎地說：「宋朝就是士大夫的樂園。」

也正因如此，宋朝沒有嚴重的宦官專權和軍閥割據，在中國歷史上其兵變、民亂次數相對較少，規模也較小。北、南兩宋立國三百餘年，兩次都是傾覆於外患，是唯獨沒有亡於內亂的王朝。西方與日本史學界的許多學者都認為，宋朝是中國歷史上的文藝復興與經濟革命時期。

不過，宋朝是接替五代十國中後周的政權而來，雖說後來滅荊南、滅後蜀、滅南漢、滅南唐、滅北漢，接納了吳越國和清源軍，但領土面積只有230萬平方公里，不僅比唐大有收縮，而且還不及遼的面積。

在北宋時期，北宋王朝周邊有占地面積50萬平方公里的大理、占地面積70萬平方公里的西夏，還有占地面積448．54萬平方公里的遼國！

最要命的是，中原王朝用以抵禦遊牧民族的天然屏障，以及那依山而建的萬里長城都因後晉石敬瑭割燕雲十六州送遼國而在遼國手中，這就使北宋王朝從一開始就是個先天不足的大一統王朝，自始至終都在感受著來自遼國的威脅。

在這種情況下，統治者還一直抱守著「重文輕武」思想，則不要說開疆拓邊，就連自保都成問題。

實際上，北宋先是疲於應對北面的遼國，後奔命於應對西面的西夏，一直不得消停，故其文明雖然鼎盛，卻被稱為「刀鋒上的文明」。

而當遼國滅亡，宋金對峙，南宋政府退縮到長江以南，最後與金國以淮水為界，已是風雨飄搖，偏安一隅了。

弱小的南宋卻與元苦撐了約半個世紀，最後的崖山一戰，「屍浮海上者十餘萬人」，丞相陸秀夫負幼帝蹈海，氣節驚天地，泣鬼神！

本書就圍繞著這樣一個讓人又愛、又恨，又神往、又敬仰的朝代展開敘述，透過「宋初疑雲」、「宋史公案」等章節講述宋朝先天不足和積貧積弱的緣由；透過「北宋名臣」講述北宋文化的發展；透過「衰世亂象」講述北宋滅亡的前因後果……但重點以「抗金名將」、「英雄岳飛」、「宋金爭鋒」講述兩宋之交的重大轉折，以「河山半壁」、「千秋評說」講述南宋最後的歷史，讓讀者對整個宋朝歷史有一個系統、全面和感性的認識。

目錄

第三章　北宋名臣

第四章　衰世亂象

第五章　抗金名將

第六章　英雄岳飛

第七章　宋金爭鋒

第八章　河山半壁

第九章 千秋評說

第一章　宋初疑雲

為什麼說大宋王朝先天不足呢

在中國古代歷史上，出現過兩個偉大的王朝，其一是漢，其二是唐。這兩個王朝消亡之時，接替它們的政府均無力單獨接管那廣大而破碎的版圖，從而都出現了一個混亂不堪的大分裂時代。

907年，朱溫逼迫唐哀帝李柷禪讓帝位，建國號大梁，史稱後梁，定都汴梁。雖然鎮州的成德軍、定州的義武軍、魏州的魏博軍等軍鎮早已臣服於朱溫，而其稱帝之後，吳越、湖南、荊南、福建、廣州等割據政權也做出了依附的姿態，出現了「九分天下，梁占其七」的大好局面，但是後梁的實際統治面積，不過是漢水和淮水以北、黃河以南及關中地區的一小塊地盤，不足大唐面積的九分之二。

923年，大唐遺臣晉王李存勖滅梁，復大唐國號，史稱後唐，定都洛陽，其國土面積等於梁、晉的總和，進而控制關中李茂貞所建的岐政權、併吞蜀地，統治範圍囊括了今天北京、天津、河北、山東、山西、陝西、四川的全部，再加上甘肅、寧夏各一部，以及江蘇、安徽的淮河以北和湖北的北部，勢力一度膨脹，地域非常遼闊。

可惜好景不長，934年，後唐第二代皇帝唐明宗李嗣源一死，唐臣孟知祥在成都割據稱帝，分去了四川一大塊地盤。

最慘的還不止於此，兩年之後，唐明宗李嗣源的女婿石敬瑭稱帝，定都汴梁，建國號晉，史稱後晉。為了稱帝，他竟把燕雲十六州割給了契丹！

燕雲十六州的丟失，從此成為了漢民族心頭永遠的痛。

後晉末年，後蜀趁中原內亂，襲取了秦（今甘肅省天水市東）、成（今甘肅省成縣）、階（今甘肅省武都區）、鳳（今陝西省鳳縣東）四州，中原王朝的版圖又少了一塊。

947年，契丹滅後晉，後晉大臣劉知遠趁契丹北撤之機，迅速收復中原，稱帝，定都汴梁，建國號漢，史稱後漢，只占有山西、陝西、河東、河北等地。

951年，後漢大臣郭威滅後漢，稱帝，同樣定都汴梁，建國號周，史稱後周。此舉惹得劉知遠的弟弟劉崇極其不滿，據河東十二州稱帝，定都太原，建國號漢，史稱北漢。

所以到後周第二代皇帝周世宗柴榮登基時，領土面積已經不大了，僅有九十六州的土地。

而在江、淮以北更迭出現梁、唐、晉、漢、周五個朝代的同時，中國南部則出現了前蜀、後蜀、吳、南唐、閩、吳越、荊南、楚、南漢等九個割據政權，它們與劉崇所建的北漢及梁、唐、晉、漢、周五個朝代並稱為「五代十國」。

這短短的五十多年時間裡，神州大地四分五裂，亂成了一鍋粥。

時間推至960年，趙匡胤滅後周，稱帝，定都汴梁，建國號宋，史稱北宋。

趙匡胤秉承了周世宗柴榮的統治策略，963年，滅荊南國；965年，滅後蜀；971年，滅南漢；975年，滅南唐。在其餘威的影響下，吳越國和清源軍相繼歸朝納土，大宋轄有今河北、山東、山西、陝西、甘肅、寧夏、河南、江蘇、安徽、江西、上海、四川、重慶、湖南、湖北、福建、浙江、廣東、海南島等地區，領土面積大約有230萬平方公里。

但雄才大略的一代開國之君趙匡胤，其開疆拓土的功績也僅限於此。

不久，白族人定都雲南大理，建國號大理，面積為50萬平方公里。

979年，宋太宗趙光義滅北漢，曾兩次攻遼，欲統一北方，慘敗，從此再無力收復燕雲十六州，與遼形成南北對峙局面。

1038年，北宋臣黨項人李元昊稱帝，定都寧夏銀川，建國號大夏，史稱西夏，占有現在寧夏、甘肅、陝西、青海等部分地區，面積為70萬平方公里。

可見，在中國歷史上，宋朝是面積最小的一個王朝，不僅比唐大為收縮，而且還不及遼。

國土面積小，其帶來最大的苦惱就是：難以組建大規模的騎兵軍團。

與漢唐相比，北宋的版圖畏縮在中原，缺乏放養馬匹的牧場，馬匹奇缺，能夠擁有的馬匹多出自中原本土，而中原本土的馬匹以圈養為主，個子矮，骨架細，速度緩慢，爆發力欠缺，不適合戰場作戰。《宋會要》中記載北宋境內中原本土所產的馬，「自四赤（尺）七寸至四赤一寸七等中，各以一寸為差」，折合成現代高度，約合127公分至146公分，馬高平均值為136公分，很矮小。

南宋建炎初年，陝西喪失，政府只能從四川和廣南西路購買馬匹，購買到的川秦馬和廣馬品質更差。陸游曾寫《龍眠畫馬》詩，極為生動傳神地勾畫出這些馬瘦骨嶙峋的形象：

國家一從失西陲，年年買馬西南夷。
瘴鄉所產非權奇，邊頭歲入幾番皮。
崔嵬瘦骨帶火印，離立欲不禁風吹。

在冷兵器時代，可以說，誰擁有了強大的騎兵軍團，誰就在戰場上具有更多的話語權。恩格斯就曾經說過：「騎兵在整個中世紀一直是各國軍隊中的主要兵種。」

由於沒有成規模的騎兵軍團，北宋王朝在與遊牧民族的戰鬥中，就往往居於下風。

須知，騎兵在馬背上賓士驅策可以形成巨大的衝擊力，讓步兵無以抵擋；另外在轉移戰場方面，機動靈活，敗可退，勝可追。

中原王朝要抵禦遊牧民族的入侵，就必須倚仗地理上的優勢，居高臨下，或借助地形的多變，利用崇山峻嶺和狹谷深澗進行干擾、襲擊，破壞騎兵種種迂迴、穿插、長途奔襲的戰術，以達到以步制騎的目的。

偏偏，後晉石敬瑭把北方的燕雲十六州打包送給了遼國。所謂的燕雲十六州，是指：幽州，即今日之北京；薊州，即今日之天津的薊州區；瀛州，即今日之河北的河間；莫州，即今日之河北的任丘；涿州，即今日之河北的涿州市；檀州，即今日之北京的密雲；順州，即今日之北京的順義；新州，即今日之河北的涿鹿；媯州，即今日之河北的懷來；儒州，即今日之北京的延慶；武州，即今日之河北的宣化；雲州，即今日之山西的大同；應州，即今日之山西的應縣；寰州，即今日之山西的寰清；朔州，即今日之山西的朔縣；蔚州，即今日之河北的蔚縣，基本上都分布在長城的南側，大致包括了今天的北京、天津、河北北部、山西北部，自東向西長約600公里，南北寬約200公里，全部面積約為12萬平方公里的一大片土地，分布其上的太行、燕山等山脈，狀如巨龍，綿延千里，遮罩著華北大平原，拱衛著中原腹地，是遊牧民族與農耕民族的分水嶺。

失去了十六州，以步兵為主的中原王朝就失去了抵禦遊牧民族的天然屏障，還有那依山而建的萬里長城。從遼宋新開的邊界到北宋首都汴梁的八百公里間，一馬平川，門戶大開，無險可守。

所以說，北宋王朝的政治中心乃是安置在遼國這把懸掛著的利刃之下的。

如果說，北宋王朝的軍事儲備和軍事實力能一直保持在上佳狀態，並能建立起互有策應的防禦體系，進攻上雖略顯不足，但還是可以抵禦住來自北方的打擊的。

但人為因素遠比地理因素容易變化，當北宋政權稍微放鬆對北方敵人的警惕，當北宋軍隊戰鬥力稍有下降的時候，萬里胡騎就滾滾而來，自北而南，由高到低，風一樣刮遍華北平原。

可見，國土面積小，沒有燕雲十六州，沒有萬里長城作為抵禦遊牧民族的屏障，北宋王朝是一個先天不足的大一統王朝，不解決這些問題，北宋王朝就會一直生活在危險中。

趙光義為什麼反對趙匡胤的遷都之議呢

作為一個開國之君，趙匡胤對燕雲十六州的重要性是有清醒認識的。他說，「天下視幽薊為北門，無幽薊則天下時常不安」。

而早在平定南唐時，他還說過一句更加著名的話：「臥榻之側，豈容他人鼾睡！」

如果說，南唐、後蜀、吳越這些小國是睡在臥榻之側的「他人」，那麼，遼國這個龐然大物，簡直就是睡在臥榻之側的一頭狼。

怎麼看待這頭狼，對這頭狼採取什麼樣的應對措施，趙匡胤是有著自己的思考的。

首先，中原大地飽經五代亂世，處處瘡痍，國內急需一段休養生息的時間。

在沒有必勝把握的前提下，趙匡胤的打算是存活北漢，以充當遼宋之間的緩衝。

而為收復十六州，他廣積錢糧，設立「封樁庫」，打算積蓄好三五十萬兩白銀，如果能向遼人贖買就贖買，如果不能贖買，就「散滯財，募勇士，俾圖攻取耳！」將這筆錢充當軍費，強行收取幽雲十六州。他說，遼兵多次侵擾我邊境，若我用二十匹絹的價格收購一名遼兵的腦袋，遼國精兵也就十萬人，只要花費我二百萬匹絹，就可以將他們悉數消滅。

汴梁所處，自古為四戰之地，一代縱橫家張儀就說：「魏之地勢，固戰場也。」周圍沒有山嶺險阻，建都於此，即置身於遼國的兵鋒之下。

為了解決遼國騎兵對北宋都城汴梁的威脅，他毅然決然地提出：「吾欲西遷，據山河之勝，以去冗兵，循周漢故事，以安天下也。」打算先遷都洛陽，可能的話，再遷都長安。

洛陽位居「天下之中」、「東壓江淮，西挾關隴，北通幽燕，南繫荊襄」，四面群山環繞、雄關林立，臨洛水，負邙山，望伊闕，據成皋，控崤函，有「八關都邑」、「山河拱戴，形勢甲於天下」之稱。秦以後宋以前有東漢、曹魏、西晉等王朝建都於此，為「九朝古都」。可是，這一提議遭到了一些人的反對。

起居郎李符給出的理由是，洛陽窮，太窮了，經濟凋敝。而且，飽經戰火，建築遭到嚴重破壞，不適合皇家居住。

所謂窮、破爛，都是偷懶鬼的藉口，不能成為理由。

鐵騎左右廂都指揮使李懷忠的另一番話，卻不能不引起趙匡胤的沉思。

李懷忠說：「東京有汴渠之漕，歲致江淮米數百萬斛，都下兵數十萬人，咸仰給焉。」又說：「且府庫重兵，皆在大梁，根本安固已久，不可動搖。一旦遽欲遷徙，臣實未見其利。」他認為汴梁已得運河漕運之利，京師地位根基已固，不能動搖，如執意要遷都，百害無一利。

的確，自後梁建都汴梁以降，幾代統治者都不斷開挖運河，以通漕運。趙匡胤本人建立大宋王朝後，從建隆二年（961年）開始，就著手在汴梁周圍開展大規模的水利建設，挖蔡河以達許鎮，又從新鄭引閔水與蔡河匯合而經陳州、潁州直達壽春，更在汴梁城北開挖五丈河和金水河。時至開寶年間，以汴梁為中心的運河體系已經構建完善，江南的米粟由長江入淮河，經汴水入京師；陝西的米粟從三門峽轉入黃河，入汴水達京師；陝蔡的米粟則由惠民河轉蔡河，入汴水達京師；京東的米粟由齊魯地區入五丈河達京師。

一句話，交通發達，糧運便利，建都在汴梁，可取天下米粟以養京師。這是建都洛陽或長安所不可比擬的。

但，這既是汴梁作為京師的優點，同時也是它的缺點。

趙匡胤覺得，既然汴梁城中所需物資全仰給於水路，一旦水路被截，京師被圍，後果將不堪設想。

此外，趙匡胤的弟弟晉王趙光義也表示了對遷都的明確反對。他引用了《史記・孫子吳起列傳》的一句話加以反駁，他說：「在德不在險。」

當年，吳起與魏武侯討論，對國家安全而言，地理因素和政治因素到底哪一方面更重要，吳起就認為，決定國家興衰的根本因素是政治因素，上古時代三苗氏德義不修、夏桀修政不仁、殷紂修政不德，雖有險固的河山，也不能挽救其覆亡的命運，所以說安邦治國「在德不在險」。

應該說，吳起的看法是正確的。因為，再堅固的堡壘，也會有被攻破的缺口；而這缺口，往往出現在內部。然須先有了險固的河山，再加以不斷提升國家的政治修為，以德治國，才能長治久安，國運興隆。

去掉地理因素上的影響，只一味強調政治修為，就好像銀行不設防護措施，只寄希望於以自己的品德去征服別人，用嘴巴去說服劫匪放棄偷盜和搶劫一樣，國家和人民的安全是根本得不到保證的。要提高國家安全係數就要不斷投入雄厚的兵力。

為此，都城汴梁一帶常駐軍有數十萬，城內外連營設衛，以代替山河之險。

在群臣和晉王的反對下，遷都計畫由此擱淺。

趙匡胤不無沉痛地說：「晉王之言固善，然不出百年，天下民力殫矣。」

趙匡胤的預見是準確的。不遷都，京師的生存就全倚仗於運河漕運的供養，運河的開挖和維護就會成為國家頭等大事，而無休止的開挖和清淤就使百姓疲於奔命。

長江下游原本經濟發達，但因其水路與京師暢通，就自然而然地成為京師糧食和物資的主要來源地，負擔日漸沉重，經濟發展受到嚴重影響。

這樣，當集天下之財於京師之時，京師雖然繁華，地方卻更加困厄。以後的發展，正如趙匡胤所預言的一樣，百年未到，國力盡耗，長江下游地區經濟發展近乎停滯，龐大的軍費常常透支國家財政，財政上的「積貧」和軍事上的「積弱」終於積重難返。

這裡，有一個問題，讓人困惑。

自古以來，統治者選擇都城的考慮因素無非是軍事、經濟、地理位置這三方面：軍事上，要求統治者位居都城而內制諸侯、外禦強敵；經濟上，要求都城地處繁華，經濟發達，給養自足，不能全盤倚仗於遠處輸運；地理位置上，要求都城有發達的水陸交通。

趙匡胤和李懷忠等人在論證遷都的可行性時，都緊緊圍繞這三方面因素展開。

可趙光義倒好，突如其來地拋了個書袋子，讓人覺得其既迂腐，又刻板，不懂得為他們趙家天下分憂。

可偏偏他這個書袋子，趙匡胤還不好反駁，你要反駁，你就成了不肯「修德」的人，跟三苗氏、夏桀、殷紂這些人是同一類人物，應該遭受萬民的唾罵。

這到底是怎麼一回事呢？

實際上，趙光義既不迂腐，又不刻板，相反，他的情商和智商都很高。

那麼，他為什麼執意要反對遷都呢？

兩個字：利益。

這時的趙光義已在開封府擔任了十六年的府尹，培植了大量親信，在朝中的勢力正在不斷壯大。如若遷都成功，他的勢力不免會受到削弱，這當然是他所不願意看到的。

實際上，趙光義此人，野心極大，並不滿足於自己這「一人之下，萬人之上」的地位，他的志向是登上龍椅，俯視四海。

趙匡胤提出的「遷都之議」將他嚇得不輕，為了實現自己的志願，他不得不加快行動的速度——六個月後，趙匡胤暴斃，趙光義華麗轉身，從一介親王蛻變成北宋第二位皇帝。

這一切，趙光義是怎麼做到的呢？

趙光義殺了哥哥趙匡胤

北宋僧人文瑩的《續湘山野錄》記載有一件離奇的事：

宋太祖趙匡胤曾駕御太清閣望氣，當夜天氣晴朗，星斗明燦。看得正高興，突然陰霾四起，天氣陡變，雪雹驟降，於是移駕下閣，命宮人開端門，夜召晉王趙光義相見。趙匡胤摒退左右侍從，兄弟酌酒對飲。守在殿外的宦官和宮女遙見燈光燭影之下，趙光義突然起身離席，擺手後退，有不可勝之狀。肉盡酒殘，禁漏三鼓，地面上的積雪已有數寸厚，趙匡胤手拿一把小柱斧蹲殿前在戳雪，回頭對趙光義大聲道：「好做，好做！」隨後解帶就寢，鼻息如雷霆。當晚，趙光義留宿禁內，將近五鼓，宮中寂無所聞，而趙匡胤已經駕崩。

文瑩這段近於荒誕怪聞的記載先是被南宋初年的曾慥引入其筆記小說匯編《類說》中，後又被南宋人李燾移錄到其所撰北宋編年史《續資治通鑑長編》中。此後，《太平治跡統類》、《九朝綱目備要》、《宋史全文》等書莫不加以引用，致使世人皆疑趙匡胤乃是死於趙光義之手。

元朝大學者蘇天爵就說：「宋太祖之死，人多疑之。觀《長編》所載，隱隱可見。」

這就是歷史上「燭光斧影」的來歷。

關於趙匡胤之死，官修的宋史並無過多記載。

《宋史・太祖本紀》中只提了一句：「癸丑夕，帝崩於萬歲殿，年五十。」

如果說，文瑩的記載屬實，那麼，發生「燭光斧影」事件的這一天，應該是開寶九年（976年）十月十九日。

那麼，趙光義到底是不是殺害趙匡胤的凶手呢？

他的嫌疑很大，證據卻不足。

畢竟，他成了北宋王朝的第二位皇帝，手掌生死大權，就算有證據，也早洗得一乾二淨了。

但趙匡胤原是武夫出身，嚴格來說，算是一代武學宗師，創有「太祖長拳」和「太祖棍法」，早年衝鋒陷陣、百戰沙場，應該說，身體極強健，而去世的當年，史書上也沒記載他患病以及如何醫治的紀錄，年紀不過才五十歲，也尚未立儲君，怎麼在一夜之間說死就死了呢？這結果實在突兀。

由是，人們就覺得，《續湘山野錄》所記載絕非空穴來風。

編寫《資治通鑑》的大史學家司馬光為了替趙光義洗「斧聲燭影之誣」，專門在《涑水紀聞》中寫了一段趙光義如何接任皇位的詳細經過，但這段記載編得更加離奇。

《涑水紀聞》的記載是這樣的：事發當晚，趙光義並沒在宮中過夜。宋皇后得到了趙匡胤駕崩的消息，急忙派內侍王繼隆召趙匡胤的第四子貴州防禦使趙德芳入宮繼位。可王繼隆卻認為趙匡胤平生素有傳位於趙光義之志，便無視宋皇后的吩咐，而往晉王府走去。到了晉王府，卻發現醫官賈德玄坐在門口。趙光義乍聞噩耗，先是大驚，聽王繼隆說要他進宮繼承皇位，大為猶豫，推託說要找老婆孩子商議，便躲入裡屋不出。王繼隆等得心焦，在外面大聲催促，說，再磨磨嘰嘰，皇位就被別人占去了！這樣，趙光義才冒雪入宮。宋皇后發現趙光義來了，滿面驚愕，趕緊跪倒山呼萬歲，哭泣著說，我們母子的性命全交給皇上保全了。趙光義覺得自己帝位已經確立，就流著眼淚說，共保富貴，不必擔心！

之所以說這則記載比《續湘山野錄》所記更為離奇，是因為人物的表現個個反常，而繼位過程猶如兒戲。

反常之一：古代皇帝猝死，如尚未指定誰是皇位繼承人，則應由皇后召集宗室、王公、文武大臣一同討論推選，而不應該是像龜兔賽跑一樣，比賽誰先到皇后處報到，誰就是下一任皇帝的人選。

反常之二：趙匡胤共有四子，長子趙德秀和三子趙德林已夭亡，次子趙德昭乃趙匡胤第一任正妻賀氏所生，時年二十六歲，四子趙德芳則是庶出，時年僅十七歲。宋皇后這一年二十五歲，並無生育，立趙德昭還是立趙德芳對其均無直接的利害關係，她憑什麼自作主張要傳旨召年幼庶出的趙德芳呢？

反常之三：王繼隆不過是個宮中宦官，他怎麼敢將皇后的旨意置之腦後，而陽奉陰違，擅做主張去找趙光義呢？

反常之四：醫官賈德玄深更半夜出現在晉王府，按他自己所說，是趙光義將他找來的，而趙光義本身又沒病，找他來了，又不接見，於是冒著奇寒，在風雪中靜等。那麼，趙光義找他來的用意何在呢？

……

總之，是越描越黑。

後人反而喜歡把這兩段記載連在一起聯想：趙光義聽說皇帝哥哥邀他喝酒，就暗藏毒藥（趙光義是使毒專家，有毒殺過多個歷史著名人物的記載）赴宴。仁厚的哥哥得知自己中毒，大怒，用手中柱斧追殺，卻被趙光義輕鬆躲開。不久，毒性大作，哥哥痛得捂著肚子蹲在地上，不斷用柱斧戳地上的積雪，悲憤無比，大叫：你做的好事！你做的好事！趙光義驚恐之下，逃回了晉王府。他擔心哥哥沒死，又派人去找來精通醫術的心腹醫官賈德玄，然後靜等宮中的心腹宦官王繼隆。

這裡所說的柱斧，並非斧頭形，而是一種長二尺，前端有纓穗，柄由水晶、金屬、玉石所製作的器具，與民間日常所用的「柱拂子（柱斧）」相似，乃是趙匡胤常執手中把玩之物。趙匡胤曾以其柄擊落過屯田員外郎雷德驤的牙齒（見李燾《資治通鑑長編》卷九），還曾用其端輕敲「畫地十策」的文定公張齊賢的頭（見《宋名臣言行錄》）。

實際上，無論是在《續湘山野錄》中，還是在《涑水紀聞》中，都無法勘破趙匡胤的死亡之謎，也無法找出趙光義行凶的確鑿證據。

因為，這兩則沒頭沒腦的記載，說不定是作者拍腦袋胡編出來的。

但趙光義殺人的嫌疑還是很大。

趙匡胤的死是不是與他有關，還必須從正史上找。

讓我們透過歷史的層層迷霧，對種種蛛絲馬跡進行抽絲剝繭式的破解。

首先，趙匡胤是一個非常仁慈的人，這一點，是毋庸置疑的。他對弟弟趙光義關懷備至，百般愛護，這也是有史料可查的。

如，他得知弟弟的晉王府地勢太高，取水不便，便親自指派工匠製作水車從金水河引水注入晉王府。

又如，某次弟弟在宮中醉酒，他便起身親手將弟弟抱上馬背，並再三叮囑弟弟的隨行衛士要好好照看。

更有，弟弟患病昏迷，他知道了，趕緊到晉王府探望，親手為弟弟灼艾，又生怕自己拿捏不好會燙傷弟弟，每灼一次，都先在自己身上試一遍。

……

一句話，這哥哥對弟弟好得不得了。

可是弟弟呢？

弟弟對哥哥怎麼樣呢？

弟弟在哥哥稱帝的第二年就成為開封尹。在這個崗位上，他網羅了大批羽翼，文武僚佐濟濟一堂，活脫脫一個候補朝廷。

有人認為，趙匡胤本意就想將帝位傳給趙光義，趙光義出任開封尹，就是這個意願的集中體現。

這種觀點是不靠譜的。

縱觀五代之中，從儲君到登位，曾擔任過開封尹的，僅柴榮一人而已。而趙光義之後，北宋名臣寇準、范仲淹、包拯、歐陽修等人都曾擔任過開封尹。所以，擔任開封尹，並不能說明什麼問題。

而隨著趙光義的羽翼不斷豐滿，趙匡胤開始覺察到了隱在的威脅，但顧及手足之情，他並沒施以重手，而是旁敲側擊，適時地打壓一下。

遷都洛陽或長安，既是為京師安全考慮，又何嘗不是打壓弟弟趙光義的一個最佳機會？

而趙光義的反對，本也在趙匡胤的意料之中，但他萬萬沒料到，竟然會有這麼多人站在弟弟的一邊，跟著弟弟一起反對自己。

趙匡胤沉默了。

西巡洛陽期間，他在父親陵前悲歎道：「此生不得再朝於此矣！」說完，取來弓箭，向西北盡力一射，遙指箭落之處，對左右說道：「此處就是我長眠之地！」

這是發生在開寶九年（976年）三月的事，而在這一年的十月，他就突然與世長辭。這中間，只隔了短短七個月。

難道，他已經預感到什麼了嗎？

反觀趙光義的表現，趙匡胤於開寶九年（976年）十月二十日去世，趙光義於十月二十一日正式登基稱帝，十二月就迫不及待地改年號為「太平興國」。

通常，新君繼位後，都是等到第二年才更改年號的，可趙光義竟然連一個月都不願等了。個中緣由，說穿了，就是他想讓天下人儘快忘記趙匡胤。

趙光義繼位的當月，就將弟弟趙廷美封為開封尹，擺出一副要將弟弟趙廷美培養成皇位繼承人的姿態，讓人有一種錯覺，自己之前任開封尹就屬於皇位繼承人。

此外，他還詔命，哥哥趙匡胤、弟弟趙廷美的子女和自己的子女一樣，並稱為皇子皇女。

似乎不但自己這一代推行的是「兄亡弟及」的繼承理念，下一代也同樣如此。

也就是說，只要是他們哥兒仨的後人，誰都有機會登上皇位。

可後來發生的事，卻令人大倒胃口。

太平興國四年（979年），他迫害死了趙匡胤的兒子趙德昭；太平興國六年（981年），趙匡胤的幼子趙德芳又離奇死去。太平興國七年（982年），趙廷美被人誣告陰謀造反，趙光義將之斥至房州，迫害致死。

因為趙光義的手段太過卑鄙，他的長子趙元佐看不過眼，憤懣之下精神失常。

太平興國六年（981年），也就是趙匡胤的幼子趙德芳離奇死去的這一年，趙普（開國功臣）向世人抖摟出一個驚天大祕密。

趙普說，建隆二年（西元961年，也就是趙匡胤稱帝的第二年），太后（趙匡胤的母親杜太后）病了，自料時日無多，就召我（趙普）入宮。當著我的面，問太祖：「你知道你是怎樣得天下的嗎？」太祖答：「我所以得天下，全賴祖宗積德。」太后批評說：「錯，你得天下，就因為周世宗的兒子太年幼！如果周世宗的兒子已經成年，天下豈能為你所得？所以，為保我朝國運長久，你死後當傳位給你弟弟。國有長君，萬民之福啊。」太祖頓首哭泣，說：「您老人家說得太對了，我一定謹記於心！」太后於是轉過身對我說：「好，你是證人，趕快取筆墨記下來，不可違背。」我便立於床前寫成誓書，藏於金匱內，命謹慎小心的宮人好生保管。

這就是「金匱之盟」的來歷。

不過，這「金匱之盟」沒在趙光義繼位之日宣布，而在六年之後才想起，未免太……那個了吧？

而且，從其內容上分析，也不對啊。趙匡胤稱帝那年（960年），不過只有三十五歲，正當盛年，第二年就要他考慮立儲問題，太早了吧？而趙匡胤的兒子趙德昭也已經十一歲了，只要趙匡胤不是那個時候死，活上個三五年，趙德昭基本也長大成人了，怎麼會重現後周六歲幼主繼位的情形呢？實際上，趙匡胤去世時，趙德昭是二十六歲。

所以，這個「金匱之盟」的真實性是值得懷疑的。

趙光義繼位的合法性也是值得懷疑的。

那麼，趙匡胤是否死於趙光義之手，也是值得懷疑的。

北宋王朝的貧弱是怎麼積起來的

有一種觀點，認為宋朝軍隊之所以積弱，趙匡胤難辭其咎。

須知，唐末五代戰亂不斷，最主要的原因就在於藩鎮權力過重，尾大不掉，藩鎮手中有地盤、人馬、刀槍，又控制著財權，很容易從中央脫離，形成割據一方的獨立政權。

為了改變這一弊端，趙匡胤的策略是「削奪其權、制其錢穀、收其精兵」。

「削奪其權」，即將藩鎮所轄的州郡收回，由中央改派文官擔任知州，又加派官員到該州任通判，以監督知州。

「制其錢穀」，即地方財權收歸國家，各州府的賦稅收入全部上交中央，地方財政收入歸朝廷在地方設立的轉運司管理。

「收其精兵」，則要求各地檢查所統屬禁軍，把驍勇者挑選出來編為上軍送往京師。宋朝的軍隊分禁軍、廂軍、鄉兵、蕃兵。禁軍是主力，擔負著保衛京師、戍守邊境、對外作戰、對內平亂等主要軍務；廂軍是地方軍，直接歸地方指揮；鄉兵即民兵；蕃兵則是少數民族的部落軍隊。

透過這三項措施，地方勢力大減，再也無力與中央相抗衡。

但兩宋之亡，不亡於內，而亡於外來侵略。

由於宋朝過多削弱了地方實力，每有異族入侵，各州府只能坐以待斃。文天祥就曾說過：「宋懲五季之亂，削藩鎮而建州邑，雖矯一時尾大之弊，但國力也逐漸削弱。故敵至一州則破一州，至一縣則破一縣。」

此外，地方勢力雖然被大幅度削減了，但中央禁軍的迅速強大，也使中央禁軍的將領權力大增，威脅到了中央政府。怎麼辦？

趙匡胤用了一個很巧妙的方法——「杯酒釋兵權」，在吃飯喝酒的談笑間解除了手下宿將的兵權。

但這些兵權還是得有人掌的，由誰來掌、怎麼掌才不會對中央構成威脅，仍是一個巨大的難題。

趙匡胤經過一番深思熟慮，採取的做法是：

一、將禁軍的軍權分成三份，分別由殿前都指揮司、侍衛馬軍都指揮司和侍衛步軍都指揮司統領，即所謂的三衙統領。注意，三衙雖然統兵，卻無權調兵。調兵之權由樞密院執掌。北宋的樞密院有別於前代，以文官主事，僅有調兵之權。樞密院與三衙之間，各自獨立，相互制約，誰也無法單獨作亂。在這裡，我們可以看到，兵權已經轉到了文人手中，宋朝以文制武的制度就此形成。

二、將全國軍隊分成兩半，一半屯駐京師，另一半戍守地方。京城駐軍與地方駐軍實力相當，同樣形成制約，誰也不敢貿然發動叛亂。

三、實行兵將分離制度，在軍隊中實行「更戍法」。某部禁軍在這兒駐守了一段時間，就要變更到另一個地方駐守。京城禁軍和地方禁軍之間，也常常進行對調。這樣一來，就剝奪了將領們的募兵權，將領們對士兵只有管理權，沒有所有權，從根本上避免了士兵成為將領私人武裝的可能。

這一番動作下來，中央集權得到了加強。

但這樣一來，軍隊中兵無常帥、帥無常師，且兵不識將、將不識兵。統兵將領失去了練兵的熱情，士兵又樂得自在，軍隊的戰鬥力不斷下降，軍事上就越來越疲軟。

趙匡胤又與趙普等重臣商討「可以為百代之利者」，討論來討論去，最後的結論是：「可以利百代者，唯養兵也。」即只有養兵一法才能保證國運長久。他還說：「方凶年飢歲，有叛民而無叛兵；不幸樂歲而變生，則有叛兵而無叛民。」他覺得，每逢災年，百姓就會叛亂，而百姓之所以叛亂，不過是為了口吃的，把他們招到軍隊中來，由政府管飯，叛亂自然會平息。而在正常年份，即便有軍隊作亂，而百姓也不會參加。

由此，建立了由國家財政養兵的募兵制度，將無以為生的破產和流亡的農民招募為兵，可以防止他們當盜匪。

應該說，這種做法對緩和社會矛盾還是起到了很有效的作用的。

但實行這種募兵制，軍中發放的錢糧，不但供應軍士，還必須養活兵士家屬；軍營中不單屯駐軍人，也得居住家屬。養兵百萬，實際上是養五六百萬人。用巨額軍費養活大批脫離生產的人口，漸漸成為宋朝的痼疾。

而且，百姓一朝應募為兵，則被輸入官府軍籍，終生為兵，行不得經商，居不得為農，生老病死皆不許脫籍為民，兵營裡處處充斥著老弱病殘之兵。為了增加軍隊的戰鬥力，政府不得不繼續招募精壯之兵。如此一來，形成惡性循環，「冗兵」問題也就越來越突出。

不過，種種弊端在趙匡胤時代並沒顯露，趙匡胤主要針對的還是消除藩鎮割據、諸侯混戰局面。實際上，這方面他完全做到了。要說宋朝軍隊疲弱，也不能完全歸咎於他一人。畢竟，後來發生的事，誰也不能預料得到點到位。而且，如王安石所說，「天變不足畏，祖宗不足法，人言不足恤」，後世既然發現了問題，完全可以變革的嘛。

而且，趙匡胤時代的軍事實力還是很強的。

趙匡胤本人出身於行伍，有勇有謀，是打仗的一把好手。

當年跟隨周世宗會戰北漢、遼國聯軍於高平（今山西省高平市），在周軍初戰不力的情況下，他身先士卒，奮勇血戰，終於力挽狂瀾，扭轉了頹勢，並在周世宗的指揮下，一鼓作氣，取得了空前勝利。

其後，在征討南唐的過程中，趙匡胤更是連戰連捷，成為亂世中一顆璀璨的將星。塗山一戰，趙匡胤設伏下套，乾淨俐落地攻拔了南唐水師大營；清流關一戰，正奇結合，分兵夾擊，將南唐軍打得落花流水；滁州城下，力擒南唐悍將皇甫暉，更彰顯其武勇本色。

以上戰績，人們看到的只是一名摧城拔寨的優秀將領；真正把他的軍事指揮才能發揮得淋漓盡致的時期，是在他稱帝之後。他從全域上調度，戰必勝，平定海內，可謂運籌於帷幄之內，決勝於千里之外。

其代表是平二李（李筠、李重進）之亂，收荊南，奪湖南，破後蜀，取南漢，滅南唐。

當然，滅國戡亂，統一宇內，是每一個開國君主都必須經歷的，似乎也不足以說明其過人之處。

縱觀中國歷史，哪一次由亂入治、由大分裂走向統一的過程不伴隨著白骨成山、流血漂櫓的慘烈戰爭？國與國之間的搏殺，政權與政權之間的鬥爭，從來就是你死我活，陪葬的是億兆生民。

然而，北宋代周，卻是一次幾乎沒怎麼流血的政變，其過程充滿了人性化，後周皇室得到了保全，百姓沒受到什麼驚擾，整個政權和平過渡。收荊南，兵不血刃；奪湖南，僅僅用了一個月時間；破後蜀，歷時六十六天；滅南漢，用時半年；滅南唐，時間最長，花了一年。整個統一戰爭的時間總和不足兩年。每一次戰爭，宋軍都順風順水，一路高歌猛進，沒有遇到什麼強硬的對抗就滅掉了敵國。對對方殺傷少，自己也基本沒什麼損傷，堪稱奇蹟。

做到這一點，是跟戰爭總策劃人趙匡胤的戰略眼光和軍事才能分不開的。

兵家有云：「善戰者，無赫赫之功！」

由趙匡胤指揮下的統一戰爭也許不夠精彩，不夠奪人眼球，但他所追求的不見殺傷而達到攻城納土的作戰方式，已達到了兵家的最高境界。

在波瀾不驚的表像下，他不慌不忙從容地收拾了好大一片山河，版圖面積擴至二百三十萬平方公里。

更令人稱道的是，他曾三次嘗試攻伐北漢，三次都在形勢占優的情況下收兵。他收兵的意圖很明顯，不願看到「殺敵一千、自傷八百」的慘狀，他珍惜自己的士兵，也體恤敵國的生靈。作為一代開國雄主，他斷不能坐視燕雲十六州被分離出中原之外。

但考慮到遼國軍力的強大，他把武力收復的方案放在第二位，而打算廣積錢糧，透過向遼人贖買的方式將之贖回。

但我們有理由相信，一旦贖買不成功，趙匡胤是不惜動用武力將之強行收回的。

同時，我們也有理由相信，以趙匡胤的軍事指揮才能，也一定能成功收復！

可是，一代雄主，壯志未酬，就這樣離開了人世。

繼承帝位的趙光義，卻是一個志大才疏的軟腳蝦。

他看見兄長留下的擬將贖買燕雲的鉅款，歎道：「此金帛如山，用何能盡！先帝每焦心勞慮，以經費為念，何其過也！」便將贖買的方案推倒，打算來個御駕親征，一舉克復。

而在趙匡胤餘威的影響下，南方僅存的清源軍和吳越兩個割據政權相繼納土歸降，北宋的勢力進一步擴大。

被大好形勢沖昏了頭的趙光義自我感覺良好，揮兵直取北漢。北漢在趙匡胤的兩次打擊下，國力凋敝，無力抵擋，獻城投降。

趙光義內心急劇膨脹，腦袋一熱，眼珠一轉，下了決心：攻打遼國，收復燕雲！

趙匡胤每打一次仗，都要反復謀劃、論證。

試想想，僅打兩年的統一戰爭，趙匡胤卻用了整整十六年的時間謀劃，這是何等的隱忍；其捕捉戰機的眼光又是何等之狠、何等之准！

面對遼國這種龐然大國，趙光義卻憑一時衝動，就做出了橫挑強粱的決定，其結果可想而知。高粱河一戰，宋軍潰不成軍，趙光義本人中箭，躺臥在驢車上顛簸南逃。這一年是太平興國四年（979年）。

不服氣？再來。

七年之後的雍熙三年（986年），趙光義重整旗鼓，再次北伐。

這次敗得更慘，折損的兵力近二十萬，相當於趙匡胤時代的全部禁軍兵力。

而且，這一戰遭到了遼人的大舉反攻，不但蔚、朔、應、寰等州得而復失，邢、深、祈、德等州也備受蹂躪。

此戰過後，趙光義徹底死心，終生不敢再言戰事，對待遼人的挑釁和侵略，只能採取挖掘河道、開闢水田等低劣手段進行消極抵抗。

這種忍氣吞聲的行為，更加激起遼人入侵的欲望。

咸平六年（1003年）、七年（1004年），遼人連續入侵，宋軍節節敗退，退至黃河北岸的澶州。

危難之際，宰相寇準挺身而出，催促宋真宗趙恒（趙光義第三子）御駕親征，以振士氣。在北宋君臣做出的強硬態勢下，遼人同意和談解決紛爭，這就是史稱的「澶淵之盟」。

應該說，這是一個城下之盟，是宋朝在軍事有利的條件下簽訂的第一個屈辱性條約，宋朝每年向遼人提供「助軍旅之費」銀十萬兩、絹二十萬匹。

向外賠款，宋朝自「澶淵之盟」而始。

「家家養子學耕織，輸與官家事夷狄」，花錢買平安的思維從此成了宋朝處理對外關係的主流思想。

此後，宋夏議和、宋金議和無不深受「澶淵之盟」偏安思想的影響。

「澶淵之盟」使宋朝統治階層完全放棄了收復燕雲的雄心，宋朝軍民也就開始丟掉僅存的血性，宋朝逐步淪為苟安政權，為日後的亡國，埋下了沉痛的伏筆。

賠款只是宋朝對外負擔支出的一部分，為了與這些遊牧民族對抗，宋朝必須屯養數以百萬計的軍隊，甚至為了組建騎兵，不得不耗費大量銅錢、銀、絹帛、茶等物資向西北各民族買馬，國家財政消耗巨大。

軍事上的積弱，終於導致了財政上的積貧。

注意，財政上的積貧，不是說國家貧窮。事實上，大宋帝國是中國歷史上經濟文化最為發達的巔峰時代。財政上的積貧，指的是國家財政長期處於入不敷出的窘迫之中。

仁慈皇帝宋太祖對救命恩人痛下殺手

自古以來，帝王之心，鬼神莫測。

為了維護自己的統治，帝王都會不惜採取一切手段以達到目的。

古代帝王對待自己的統治地位以及權威，那是神聖不可侵犯，誰也不能染指半分的。

在中國古代，像劉邦、朱元璋之類殘酷無情的帝王自然不必多說，就連以「仁慈皇帝」著稱的趙匡胤也有過殘殺功臣的行為。

說趙匡胤仁慈，自然是指他對待臣下寬厚，「杯酒釋兵權」，不濫殺功臣；立「太祖誓約」，要求後代子孫不得殺士大夫，等等。

可是，趙匡胤冤殺開國功臣張瓊之事，始終是他這個仁慈皇帝畢生的一大污點，充分體現了其冷血的一面。

張瓊為唐代東北行營招討使大將軍張自勉的曾孫，少有勇力，善射，很早就跟隨趙匡胤行軍打仗，建下功勳無數。

張瓊對趙匡胤做出的最大貢獻，無疑是後周顯德三年（956年）攻打南唐壽州之戰。

那時，趙匡胤還是後周世宗的手下大將，官職是殿前都虞侯。

周世宗為了吞併南唐，以傾國之師南下，卻受阻於南唐名將劉仁贍鎮守的壽州城下。

壽州城下，兩軍鏖戰累年。

經過江南四五月雨季，平地水深數尺，而淝水、淮河猛漲，倒灌入壽州城城壕，城下一片汪洋，攻城難度更大。

周世宗出動數百條大船，在船上面安裝巨炮，自淝水上發石攻城。

作為還擊，劉仁贍高據城頭，指揮士兵用九牛強弩向周師發射。

九牛弩，顧名思義，絞動弩機的力道堪比九頭牛的力氣。而該弩所使用的箭，箭杆粗長，所謂「矢大如椽」，有如房上的椽柱。

一時間，壽州上空石來箭往，呼呼聲響，密不透風。

趙匡胤表現神勇，乘坐一條小舟在艦陣中來往出入，指揮戰鬥。

劉仁贍在城上看得真切，讓弩兵對準趙匡胤的小舟一齊發射。

於是，數十支巨箭隱挾風雷之聲，破空而來，其中一支，在呼嘯聲中直射趙匡胤的後背，一旦射中，勢必喪命。

就在這千鈞一髮之際，張瓊飛身撲了上來，「以身蔽之」，救下了趙匡胤，自己的大腿被箭射中，倒在船上，暈了過去。

前面說了，「矢大如椽」，箭杆粗壯，鐵製的箭羽，三棱的鐵鏃，根本就是一根士兵使用的長槍以霸狠無比的力道插入張瓊的大腿裡。

張瓊醒來後，發現弩箭已深入骨頭，力撼不能動。

這種情況下，張瓊「飲酒一大卮，令人破骨出之」，彼時，血流數升，睹之者無不色變。

顯德七年（960年），趙匡胤發動陳橋兵變，奪取了政權。張瓊得封為典禁軍，累遷內外馬步軍都軍頭、領愛州刺史、殿前都虞侯。

張瓊任殿前都虞侯時，趙匡胤對著文武百官說：「殿前衛士如虎狼者不啻萬人，非瓊莫能統制。」

然而，人無千日好，花無百日紅。

軍校史珪、石漢卿二人很會迎合人，善拍馬屁，得趙匡胤賞識。偏偏張瓊對這兩個小人非常不以為然，蔑稱他們為「巫媼」。

史珪、石漢卿二人心懷恚恨，向趙匡胤誣告張瓊，說「張瓊私養部曲百人，作威作福，禁軍皆怕他」，又說「瓊擅乘官馬」、「背後誣毀趙光義」，等等。

趙匡胤聽說「張瓊私養部曲」，馬上坐不住了，擔心張瓊會效仿自己演一齣「黃袍加身」的戲碼，遂於乾德五年（967年）丁卯，下詔於金殿之上審問張瓊。

庭審當日，石漢卿小人得勢，在趙匡胤的默許下，拿鐵撾照著張瓊的頭臉好一頓亂打，張瓊被打得五官變形，血流如注，當即昏厥。

趙匡胤看審不出結果，改交御史審問。

張瓊自知難逃一死，行至明德門，解下所繫腰帶，托獄吏轉交給他的母親。

果然，不久，張瓊便被賜死於開封城西井亭。

趙匡胤還不肯甘休，命人到張瓊家抄家。

出乎趙匡胤意料的是，張瓊家無餘財，只有三個僕人。

趙匡胤大為震驚，斥問石漢卿：「汝言瓊有僕百人，今何在？」

石漢卿狡辯說：「瓊所養者，以一敵百耳。」

趙匡胤大為歎惜，嗟呀不已。

宋朝官帽上的那一對「翅膀」是怎麼來的

宋朝百官常朝視事所穿的朝服基本承襲唐代的款式，即曲領大袖，下裾加一道橫襴，腰間束以革帶，頭戴襆頭，腳穿靴或革履。

這裡著重說一說襆頭。

襆頭是由幅巾發展而來的。古時候，那些身分低賤的人是不能戴冠冕的，為了免除披頭散髮的現象，他們就以幅巾包頭。

李賢在《後漢書・鮑永傳》中注：「幅巾，謂不著冠，但幅巾束首也。」在《後漢書・韋著傳》中注：「巾，幅巾也。既服冠冕，故解幅巾。」

因為幅巾使用方便，到了東漢年間，貴族階層，特別是那些喜歡隱世的名士，為追求自由，不拘於禮術，也愛上了戴幅巾。《後漢書・符融傳》就記載：「融幅巾奮袖，談辭如雲。」而陶淵明「取頭上葛巾漉酒」更是成了千古美談。

按唐杜佑《通典》所記載，名士們不但喜歡上了戴幅巾，甚至以戴幅巾為雅事：「後漢末，王公名士以幅巾為雅，是以袁紹、崔鈞之徒，雖為將帥皆著縑巾。」

《後漢書・袁紹傳》說袁軍當時「驚擾大潰，紹與譚等幅巾乘馬，與八百騎渡河」。袁紹手掌兵權，身居高位，來不及冠服乘車，就戴著幅巾乘馬逃竄。

而《鄭玄傳》記載：「玄不受朝服，而以幅巾見。」則說明幅巾已經成了士大夫的常服。而《北周書・武帝紀》記載，宣政元年（578年）三月，北周武帝「初服常冠，以皂紗為之，加簪而不施纓導，其制若今之折角巾也」。即北周武帝作為一國之君也把幅巾戴在了頭上。

宋俞琰《席上腐談》的卷上也記載：「樸頭起於周武帝，以幅巾裹首，故曰樸頭。樸字音伏，與樸被之樸同，今訛為僕。」不過，《席上腐談》上也說了，「周武帝所制不過如今之結巾，就垂兩角，初無帶」，那時的幅巾還不能算是樸頭。

宋代沈括《夢溪筆談》卷一說：「樸頭一謂之四腳，乃四帶也；二帶繫腦後垂之，二帶反繫頭上，令曲折附頂」，也就是說，樸頭比幅巾多出了兩腳——四條帶。

武漢周家大灣241號隋墓出土陶俑戴有二腳樸頭；陝西三原隋李和墓、湖南湘陰隋墓與河南安陽馬家墳201號隋墓出土俑則戴有四腳樸頭，兩腳繫於額前，兩腳垂於腦後；武漢東湖岳家嘴隋墓等處出土陶俑所戴樸頭不但有四腳，而且髮髻部分已經隆起。這就說明隋朝是幅巾進化成樸頭的重要時期。

事實上，最早將幅巾與樸頭聯繫在一起的就是《隋書》卷一二《禮儀志七》：「用全幅皁而向後樸發，俗人謂之揆頭。」

唐杜佑《通典》則說幅巾「俗謂之樸頭」。

到了唐代，樸頭和缺胯（胯）袍、鞢帶、長勒（腰）靴等行頭成了從皇帝到平民所有男子常服中不可缺少的組成部分，即便是全身赤裸進行相撲表演的力士，頭上仍然裹著樸頭。

樸頭在唐代的發展主要表現在樸頭腳的變化上。

幞頭腳開始只是繫在腦後的兩根帶子的剩餘部分，因為軟而下垂，故名「垂腳」或「軟腳」。後來人們為了追求美觀，有意將這部分加長，出現了所謂的「長腳羅幞頭」。這「長腳羅幞頭」耷拉在腦後肩背上，戴幞頭的人在左顧右盼間，「長腳」便顯得飄逸瀟灑，非常好看。

可是，又有標新立異者製作出了硬腳幞頭，這硬腳幞頭從腦後翹起，更顯精神。《朱子語類》卷九一稱：「唐宦官要常似新幞頭，以鐵線插帶中。」在幞頭腳上裝上了鐵絲的骨架，幞頭腳便堅硬翹起了，故又名「翹腳」。

這種新款式的硬腳幞頭經過皇帝的推行，很快就成為社會的主流。宋畢仲詢《幕府燕閑錄》云：「自唐中葉以後，謂諸帝改制，其垂二腳，或圓或闊，周絲弦為骨稍翹矣。臣庶多效之。」

硬腳之外，更有人在腳上飾以簪花金釵，美輪美奐。宋程大昌《演繁露》卷一二云：「至昭宗乾符初，教坊內教頭張口笑者，以銀撚幞頭腳上簪花釵，與內人裹之。上悅，乃曰：『與朕依此樣進一枚來。』上親櫛之，復攬鏡大悅。由是京師貴近效之。」

到了五代時期，翹腳幞頭不但廣泛流行，甚至在此基礎上出現了帝王專用的「朝天幞頭」。《雲麓漫鈔》就說：「五代帝王多裹朝天幞頭，二腳上翹。」

到了宋朝，君臣都以幞頭為正規官服。《宋史・輿服志》說：「國朝之制，君臣通服平腳，乘輿或服折上焉。其初以藤織草巾子為裡，紗為表，而塗以漆。後唯以漆為堅，去其藤裡。前為一折。平施兩腳，以鐵為之。」

出現「平施兩腳，以鐵為之」的現象，是宋太祖趙匡胤的發明。

宋太祖趙匡胤是透過黃袍加身當上皇帝的，對朝臣們在上朝的時候竊竊私語的現象特別反感，為了杜絕這一現象，他想了一個招兒：讓人用鐵片穿入襆頭腳內，左右各有一尺多長，官員們只能面對面交談，不能並排著交頭接耳私聊，否則，腦袋稍一晃動，襆頭就會啪啪互相打臉。

1999年，泰州市一職中工地發掘出宋朝蔣師益的墓，裡面就出土有一頂這種平腳襆頭：以羅紗為表，外髹以黑漆，展腳用粗銅絲製作骨架，上纏網狀細銅絲，通高21公分，通長120公分。帽身左右寬16・5～18公分，前後寬22公分，帽體直徑為18公分，單翅長53・5公分。

毫無疑問，戴上平腳襆頭，就像人的腦後長了兩根又細又長的角一樣，非常滑稽可笑。但皇帝自己率先戴在頭上做出了榜樣，群臣還能說什麼呢？

有一則小故事，足以充分表達出臣子在戴上這樣一個襆頭時是何等的不自然：有一次，宰相寇準微服私訪，以為自己的裝扮天衣無縫，百姓絕對看不出自己的身分。可是，一個老頭子一眼就看穿了他是朝廷重臣。寇準大感疑惑，不知破綻出在哪兒，虛心請教。老頭子說：「很簡單，剛才看你通過狹巷時側著身子左顧右盼，像是生怕有東西碰著你的帽子。你要不是常戴長翅的官帽，又怎會不自覺地有這種反應呢？」

宋朝流放犯人的沙門島是個什麼樣的地方

《讀史方輿紀要》有記載，沙門島在登州「府西北六十里海中，海舟行者，必泊此避風，五代時，置沙門寨」。

宋代登州府即今山東省蓬萊市。

《中國古今地名大辭典》也記載：「沙門島，在山東蓬萊縣西北六十里。」

據此，沙門島就是如今煙臺市下轄長島縣內西北海域中的長山島。

長山島四面環海，與其他31個島嶼和66個明礁以及8700平方公里海域面積共同組成現在的長島縣轄區。

整個長島縣轄區內有居民島嶼10個，全縣人口是4萬多人，經濟發達，以2015年統計資料為例，全縣生產總值達到63·4億元，其中主要來自旅遊業。

長島縣境內風光旖旎，充滿了海島風情，每年都吸引大批遊客前來觀光賞玩。

說到這兒，有人可能會感到不可思議：海島秀麗，為什麼會是流放犯人的地方？——那犯人是接受懲罰來了，還是觀光旅遊來了？

真相是：今日的旅遊勝地，往日卻是人間地獄。

讀過《水滸傳》的人，可能對這個沙門島會有些印象。

眾好漢劫取了生辰綱，梁中書怒不可遏，為了破案，派人去恫嚇濟州府尹，只一句「請相公去沙門島走一遭」，該府尹就嚇得一佛升天、二佛出世。

玉麒麟盧俊義遭管家李固陷害，被判處的也是刺配沙門島。

而《舊五代史·隱帝紀下》有「庚午，前永興軍節度副使安友規除名，流登州沙門島」等語，即將犯人流放、囚禁於沙門島，大約出現於唐末五代。

宋太祖開國之初，犯人多發配到秦州、靈武、通軍等西北邊陲。但這些犯人一旦脫逃，就會投入回鶻等部，為害邊境。

為此，宋太祖做出了調整，改發配到海島為主，通常是沙門島、通州島、海南島三地。

《宋史‧刑法志》記載：「配隸重者沙門島寨，其次嶺表，其次三千里至鄰州。」即判處發配流放最重的就是沙門島。

犯人到了島上，主要幹些什麼呢？

《續資治通鑑‧第三卷》記載：「詔躅登州沙門島居民租賦，令專治舟渡女真所貢馬。」即沙門島囚犯所服工役主要是養馬、造船等事務。

如果說到了島上單單是養馬、造船，也不至於犯人對「沙門島」這三個字聞風喪膽。

《宋史‧刑法志》有一句話點出內幕：「罪人貸死者，舊多配沙門島，至者多死。」

即發配沙門島的犯人，多半會小命不保。

《宋會要輯稿》有一段記載，說宋嘉祐三年，京東路轉運使王舉元向仁宗皇帝報告沙門島上管制犯人的弊端，他說：「計每年配到三百人，十年約有三千人，內除一分死亡，合有二千人見管，今只及一百八十，足見其弊。」

島上本應有兩千犯人，核查卻只有一百八十人，死亡率之高，讓人色變。

周輝《清波雜誌》、王鞏《甲申雜記》、沈括《夢溪筆談》以及南宋法律典籍《慶元條法事類》都記載有許多沙門島虐囚致死事件。

為什麼會這樣呢？

原因是島上物資緊缺，糧食供應不上，則監獄長不得不定期殺囚，以保證供養。

而《宋史・馬默傳》中記載，宋神宗熙寧年間，沙門島監獄長李慶虐殺囚犯除了上述原因，還有殺人取樂的變態愛好，其在島上任職兩年，共虐殺了七百名犯人，可說是殺人無虛日。一句話，在宋朝，犯人到了沙門島，就等於到了鬼門關。

北宋禁軍招兵都有哪些標準

宋朝建都汴梁，地屬中原，無山河之險固，卻是自古以來的爭鬥場、廝殺地。為了拱衛京師，北宋歷朝皇帝不斷擴軍，後來就有了王安石直斥的「冗兵」之弊。

《曲洧舊聞》記載：「藝祖（即宋太祖）養兵止二十萬，京師十餘萬，諸道十餘萬。」即十萬中央禁軍，十萬戍邊禁軍。

而到了仁宗朝，已經達到「禁軍馬步八十二萬六千」。

王安石在哲宗朝大刀闊斧地改革裁軍，但縮水的主要是地方軍，禁軍人數仍有六十萬上下。

我們常說「八十萬禁軍」，主要源於《水滸傳》中林沖所謂的「八十萬禁軍教頭」一職，雖然有時候沒那麼多，但北宋中後期，總還是維持在五六十萬人以上。

《三朝北盟會編》記載有這樣一條史料：金國東京留守高姓渤海人曾詢問被劫持的宋朝官員沈琯：「聞南朝有兵八十萬，今在何處？今何不迎敵？」沈琯回答：「散在諸路，要用旋勾喚。汴京左右約有四五十萬，黃河兩岸須有大兵守之，必不可過。」可見，宋徽宗朝，也有四五十萬禁軍。

關於禁軍的招募標準，《宋史・兵志》記載：「初，太祖揀軍中強勇者號兵樣，分送諸道，令如樣招募。後更為木梃，差以尺寸高下，謂之等長杖，委長吏、都監度人材取之。當部送闕者，軍頭司覆驗，引對便坐，分隸諸軍。」

即宋太祖從地方軍隊裡選拔禁軍那會兒，他親自到軍中挑選了一部分高大、壯實的樣板兵，讓負責招募者帶著這些樣板兵到地方武裝部門，按這些樣板兵的身體標準挑選。後來又改為用尺（木梃）量度，稱為「招簡等杖」。該杖標出幾個主要的刻度，分別為5・2宋尺、5・5宋尺、5・7宋尺、5・8宋尺。把宋代的尺換算為現在的長度單位公尺，大致分別對應1・6公尺、1・7公尺、1・77公尺、1・8公尺。5・7宋尺（1・75公尺）以上，可入選中央禁軍；5・5宋尺至5・7宋尺（1・7～1・75公尺）可選入戍邊禁軍；5・2宋尺至5・5宋尺（1・6～1・7公尺）可入選在低規格的禁軍中服雜役。至於5・2宋尺以下，又有志於從戎建功業者，只能投到廂軍中去了。

當然，這身高的標準也不是一成不變的，宋仁宗時，范仲淹上《奏乞揀選往邊上屯駐兵士》書，曾主張揀選軍士時，應「內有身材比舊等樣小三兩指，卻少壯得力者，即不得揀下」；宋哲宗招「河北路保甲」時，也有注明「年二十五，雖短小一指，並許招刺」。

除了考量身高，還要考較腿力、腰力。

《畫墁錄》記載：「太祖招軍格不全取長人，要琵琶腿，車軸身，取多力。」

《嘉泰會稽志》記載：「方募時，先度人材，次閱馳躍，次試瞻視。」即在量完身高後，還要考查被招募者奔跑和跳躍的成績，還要檢查他們的視力。怎麼檢查視力呢？跟現在透過視力檢測表來檢測差不多，《宋史・兵志》記載：「出指二十步，掩一目試之，左右各五占數為見物。」

重視奔跑和跳躍成績不難理解，之所以特別重視腰力和視力，是因為宋時兵器以弓弩為主，時有「軍器三十有六，而弓為稱首；武藝一十有八，而弓為第一」之說。訓練和考核軍士作戰能力，主要是看能挽多大的「弓弩鬥力」，以及射箭的準確性，叫做「射親」，此兩項非腰力和視力好者不可。

宋神宗熙寧元年，「詔頒河北諸軍教閱法，凡弓分三等，九斗為第一，八斗為第二，七斗為第三；弩分三等，二石七斗為第一，二石四斗為第二，二石一斗為第三」。

宋時弓弩每宋石的鬥力，相當於92・5宋斤（1宋斤約合0・6公斤），即最低的第三等挽弓力，也要有三四百公斤的力道。

值得一提的是，岳飛到河東路平定軍入伍，後被選入侍衛馬軍司系統的廣鋭軍，當時的廣鋭軍士的身高規定是5・5宋尺，即岳飛身高在1・7公尺以上，其挽弓「弓射一石五斗」、「開弩八石」，可謂驚神泣鬼。

兩則小故事知宋太宗的淫蕩與虛偽

近來突然看到了兩則關於宋太宗趙光義的記載，表面互相矛盾，實則相映成趣，直接地展現出了最真實的宋太宗——此人堪稱歷史上最淫蕩、最虛偽的皇帝。

第一則，摘自明人沈德符所著的《野獲編》：「宋人畫《熙陵幸小周后圖》，太宗戴襆頭，面黔色而體肥，周后肢體纖弱，數宮人抱持之，周后作蹙額不勝之狀。」

「熙陵」就是宋太宗——宋太宗死後葬在河南鞏義市的永熙陵，後人以「熙陵」呼之。

沈德符這則記載的歷史背景是：宋太祖趙匡胤平滅南唐，俘虜了南唐國主李煜及其皇后小周后。小周后和後蜀主孟昶的妃子花蕊夫人都是聞名於天下的絕色美人。趙匡胤將後蜀主孟昶的愛妃花蕊夫人納入宮中冊立為貴妃，卻沒有染指小周后，封小周后為鄭國夫人。趙匡胤死，宋太宗趙光義繼位。趙光義垂涎於小周后的美色，借命婦要不定期入宮朝覲的機會，強留小周后。趙光義還讓宮廷畫師將自己「行幸」小周后的場景進行「寫生」。這樣，中國繪畫史上一幅震驚世人的《熙陵幸小周后圖》誕生了。

第二則，摘自太宗朝名臣王旦之孫王鞏所著的《聞見近錄》：「金城夫人得幸太祖。頗恃寵一日宴射後苑，上酌巨觥以勸太宗，太宗固辭，上復勸之，太宗乃顧庭下曰：『金城夫人親折此花來，乃飲。』上遂命之。太宗引弓射而殺之，即再拜而泣，抱太祖足曰：『陛下方得天下，宜為社稷自重。』而上飲射如故。」

據《癸巳類稿》稱，金城夫人即後蜀主孟昶的花蕊夫人。

這則記載的歷史背景是：金城夫人深得宋太祖趙匡胤的寵愛。一天，宋太祖和兄弟趙光義在後苑喝酒、射箭，太祖親自倒了一大杯酒給趙光義，趙光義堅持不喝。太祖再次勸酒，趙光義顧視庭下的金城夫人，說：「只要金城夫人親手折一朵花來，我就馬上喝酒。」太祖為了兄弟喝酒盡興，命夫人折花。在夫人仰首折花時，趙光義張弓搭箭，一箭射死了金城夫人，然後跪下叩拜，抱著太祖的腿號哭說：「陛下您剛剛得到了天下，應該遠離女色，以社稷為重！」宋太祖很聽勸，就像什麼事也沒發生一樣喝酒射箭。

看看，趙光義本身是最荒淫無恥的人，可是，在宋太祖趙匡胤時代，因為得不到，就凶殘地把美的東西毀滅掉，還大道理一套一套的，真虛偽！

潘美是迫害楊業致死的罪魁禍首嗎

拜小說《楊家將演義》所賜，楊家將成了中國家喻戶曉的英雄人物。楊家將第一代領軍人物楊業「楊無敵」更是萬眾心目中完美而又充滿悲情色彩的大英雄。這位大英雄，一生征戰無數，浴血疆場，戰功赫赫，晚年卻遭遇奸人潘仁美陷害，最終兵敗身亡，讓人唏噓落淚。

雖然小說多有虛構誇張；但楊業卻是史有其人，奸人潘仁美也有歷史原型，並且，真實的楊業被害經過也大略與演義相接近。

楊業，本名重貴，麟州新秦（今陝西省神木市北）人，從小就擅長騎射，臂力過人，年紀輕輕便入仕太原的北漢政權，得到北漢皇帝的信任和重用。

宋太祖建宋代周後，採取了先南後北策略，平定了湖南、荊南、後蜀等割據政權。楊業看到大勢所趨，曾向北漢皇帝提出了「奉國歸宋」的建議，而在遭到反對後，再無異念，一心保衛北漢政權。

宋太祖暴斃，繼位的宋太宗將平滅北漢定為頭等大事，大舉北征。

在北漢全面潰敗的情況下，楊業仍堅守在太原城南與宋軍苦戰不已，誓死不降。

宋太宗愛惜楊業是員勇將，讓北漢亡國皇帝的親信前去勸降。

既是故國皇帝派來的使者勸降，楊業痛哭了一場，舉旗投降。

宋太宗平滅了北漢，便挾得勝餘威，繼續攻打遼國，擬一舉收復燕雲十六州。

由於楊業長期為北漢守邊，是遼軍忌憚的對手，宋太宗任命他做大將。

一開始，宋軍進展很順利，一路打到了幽州（今北京市）。

可是，在高粱河（今北京市城西）大戰中，宋軍被遼國名將耶律休哥打敗，潰不成軍。

宋太宗中箭負傷，躺在一輛驢車上，狼狽不堪地逃回了汴梁。

經過高粱河一戰，宋軍元氣大傷，在宋遼對峙中處於劣勢，只得收縮防守。

面對遼軍連續不斷的襲擊，宋太宗把好鋼用在刀刃上，任命楊業為左領軍衛大將軍、鄭州防禦使、代州兼三交駐泊兵馬部署，駐守在代州，歸檢校太師、忠武軍節度使、雲應路行營都部署潘美節制。

潘美就是奸人潘仁美的歷史原型，很有些來頭，是宋太祖趙匡胤的舊部，參加過平定李重進叛亂，鎮守揚州、潭州，累遷防禦使；並於開寶三年（970年）擔任主帥率軍攻滅南漢；在平南唐、滅北漢的過程中，也多有戰功，稱得上是北宋開國名將。

太平興國五年（980年），遼國十萬大軍以泰山壓頂之勢猛撲雁門關。

儘管楊業手下只有幾千人馬，但他毫不犯憷，把大部分人馬留在代州，自己帶領幾百名騎兵抄小路繞到雁門關北面敵人後方，與潘美的部隊前後夾擊遼軍。

該戰，楊業殺死遼國節度使駙馬侍中蕭咄李，生擒馬步軍都指揮使李重誨，繳獲很多兵甲戰馬，史稱「雁門關大捷」。

楊業因功升雲州觀察使，威名遠揚。

遼兵從此只要望見楊業的旌旗就不戰而走。

人們因此給楊業起了個外號，叫做「楊無敵」。

雍熙三年（986年），遼景宗耶律賢死去，即位的遼聖宗耶律隆緒年少，執政的是他的母親蕭太后。宋太宗認為寡母孤兒好欺負，命曹彬、田重進、潘美率領三路大軍北伐，其中，楊業做潘美的副將。

楊業一路高奏凱歌，接連奪取了遼國的寰、朔、雲、應四州。雖然在《宋太宗實錄》、《長編》等書中並未明確指出收復四州的是楊業，但《遼史》中的《耶律斜軫傳》、《耶律奚底傳》、《蕭撻凜傳》均詳細地記述了四城均為楊業所陷。

不過，曹彬率領的東路軍因糧草不濟逐漸落後，中路軍田重進隨後也被打敗。宋太宗只好命令各路人馬班師。

楊業一路既然一度收復了寰、朔、雲、應四州，則在撤退時就多了一個艱巨的任務：掩護四個州的百姓撤退。

這麼一來，行軍速度大為遲緩。

當他們撤退到狼牙村時，遼軍已經追至寰州（今山西省朔縣東），兵勢很猛。

若要全身而退，楊業認為可以發兵佯攻，以吸引住遼軍主力，另外派精兵埋伏在退路的要道，掩護軍民後撤。

監軍蔚州刺史王侁卻說：「我們領數萬精兵，用不著如此畏懦，只管沿著雁門大路走，遇上了敵人就和他們幹一場，有什麼可怕的？」

楊業搖頭說：「敵人勢大，這樣做必敗無疑。」

王侁不無嘲弄地說：「將軍號稱無敵，現在遇敵卻逗撓不戰，是不是另有打算？」

楊業身為降將，最忌諱別人說自己另有二心，只好歎息說：「楊某並非怕死，只是現在時機不利，強行出戰，枉送兵士性命罷了。罷罷罷，你既然這樣說，就由我打頭陣好了。」

潘美作為全軍主將，支持了王侁的主張。

楊業只好帶領手下人馬出發。

臨走前，楊業流著眼淚對潘美說：「此行必不利。」然後指著前面的陳家谷口（今山西省朔縣南）說：「希望你們在這個谷口兩側埋伏好步兵強弩，分左右翼為援。待我轉戰至此，你們帶兵接應，兩面夾擊，或許有轉敗為勝的希望。」

史籍雖未具體記載潘美當時的反應，但從楊業返回到陳家谷失望至極的表現看，潘美是答應了楊業的請求的。

楊業雖然號稱無敵，但向來都是在廟算已定的情況下出戰的；這次不同，明知必敗，還是慨然前往，可謂悲壯。

他和遼軍苦戰了一天，兵員越來越少，只好且走且戰，把遼軍引向陳家谷。

到了陳家谷，並無接應的一人一馬、一弓一矢。
楊業大為悲憤，再率領部下力戰。
該日，楊業身受幾十處傷，筋疲力盡，終為遼軍生擒。
楊業之子楊延玉，以及部將王貴、賀懷浦全都力戰而死。
楊業被擒不屈，絕食三日而死。
在楊業走了以後，潘美和王侁也曾把人馬帶到陳家谷。但等了半天，沒有收到楊業的消息。對戰鬥前景充滿信心的王侁認為一定是遼兵敗退了，生怕被楊業搶了頭功，催促潘美撤掉伏兵，殺出陳家谷。可沒多久，他們就探知楊業兵敗，趕緊麾兵從另外一條小道逃跑了。
原本，遼軍勢大，楊業等人的任務只是遷移民眾，不需要與敵人決戰。但在潘美和監軍王侁的堅持下，楊業只能冒險出擊，以身殉國。
這本應是一場不應該發生的悲劇。
出現了這樣的悲劇，到底誰是主要負責人呢？
向來的觀點是：王侁。
理由有三：
一、王侁反對楊業計畫，並語激楊業出戰。
二、王侁指使潘美撤離陳家谷口大軍，導致楊業戰敗被俘。
三、趙宋疑忌武將，監軍權重，軍隊的話事權掌握在王侁手中，潘美和楊業不得不聽令於王侁。

上面所列理由中，第一、二條都是事實；但第三條才是關鍵，如若第三條不成立，則害死楊業的元凶就不是王侁，而是潘美！

誠然，宋代重文輕武是不假，但軍隊作戰的指揮權主要還是掌握在主將手裡的。畢竟，不能由外行指揮內行，尤其在宋初。

且看下面這個例子就可以說明問題：乾德元年（963）正月，宋太祖以山南東道節度使、兼侍中慕容延釗為湖南道行營都部署，樞密副使李處耘為都監，將十州兵討伐湖南張文表。在進軍過程中，主將慕容延釗與監軍李處耘意見相左，關係惡化，朝廷最後的處理結果是留用慕容延釗，謫李處耘為淄州刺史。

所以，楊業之死，負主要責任的應該是統帥潘美！

另外，王侁在軍事上是個門外漢，他對戰鬥態勢的分析和戰鬥部署即使有什麼錯誤也是可以理解和原諒的。但潘美作為名宿老將，他在楊業和王侁在戰鬥部署上發生分歧時，是清楚誰對誰錯的，他卻站在王侁一邊，分明是要讓楊業去戰死。而且，他又在楊業苦戰時不援、戰敗後不救，更加證實了其要置楊業於死地的險惡用心。

當然，有人會說，潘美在接應楊業和保護四州百姓後撤的兩個選項中只能選擇後者。不過，從事件全過程來看，遼軍根本就沒在意那四州百姓，主要目標就是要殲滅宋軍主力。而且，潘美撤軍也沒有安排主力和百姓同路。再退一步說，即使潘美不願留全部主力在陳家谷口設伏，僅留一支偏師，也可以將楊業從戰敗中撈出。

所以，潘美要除掉楊業之心，昭然若揭。

蘇轍因此在《欒城集》卷十六《過楊無敵廟》詩中說：「我欲比君周子隱，誅彤聊足慰忠魂。」蘇轍把楊業比喻成西晉周處，而把潘美比喻成陷害周處的梁王司馬彤，大呼不殺潘美不足以慰藉楊業的忠魂。

話說回來，潘美為什麼要害死楊業呢？

《續資治通鑑長編》卷二二已經給出了答案：「業自雁門之捷，契丹畏之，每望見業旗即引去。主將戍邊者多嫉之，或潛上謗書，斥言其短。」

楊業取得「雁門關大捷」時的主將就是潘美。「主將戍邊者多嫉之」就是說潘美嫉妒楊業的戰功。

楊業取得「雁門關大捷」的戰功已讓潘美恨之入骨，而在這次北伐中，楊業收復寰、朔、雲、應四州之功更讓潘美坐立不安，必欲除之而後快。

楊業被擒後，他本人也清楚地看出了潘美的惡毒用心。據《遼史》中的《耶律斜軫傳》所載：耶律斜軫曾呵斥被俘的楊業說：「汝與我國角勝三十餘年，今日何面目相見！」（楊業歸宋不過才七八年，與遼國角勝達三十餘年，即在北漢時代就抗擊了二十八九年）楊業答：「上遇我厚，期捍邊破賊以報，而反為奸臣所嫉，逼令赴死，致王師敗績，何面目求活耶！」在這兒，楊業直斥潘美為奸臣。

毫無疑問，潘美就是迫害楊業致死的罪魁禍首。

竊以為，《楊家將演義》在講述這個故事經過時，不必把罪魁禍首委婉地說成是「潘仁美」，而應該直書「潘美」！

楊六郎轅門斬子歷史原型

自古名將治軍，無不明法申紀，令行禁止。

《孫子兵法》把「法」列為兵者五事之一，指出「善用兵者，修道而保法，故能為勝敗之政」，要求軍隊「其疾如風，其徐如林，侵掠如火，不動如山」。

《吳子》明確提出軍隊「以治為勝」，《司馬法》則要求禮法同質、刑兵一體，《尉繚子》有「凡兵，制必先定」的要求。

所謂刑起於兵，師出以律，凡是能征善戰的雄師勁旅無不把嚴明法紀作為治軍通則，軍必有制，以治為勝，賞罰必信。

中國古代歷史上也因此流傳有孫武斬寵姬、穰苴斬監軍、孔明斬馬謖等嚴肅軍法、軍紀的故事。

諸如此類的故事中，最震撼人心的，莫過於「楊六郎轅門斬子」！

河北梆子《轅門斬子》的演唱，數百年來不知感動過多少人。

該故事講述的是楊六郎之子楊宗保在穆柯寨娶親，違反了楊六郎「禁止陣前招親」的軍令，被楊六郎綁在轅門，準備斬首以振軍威。

這個故事純屬虛構。

首先，楊六郎只是宋初戍邊的一個偏隅之將，並非故事中的三軍主帥；其次，歷史上並無楊宗保、穆桂英其人。被人們稱為「楊六郎」的楊延昭有四子，長子楊傳永、次子楊德政、三子楊文廣、四子楊充廣。再次，「禁止陣前招親」的軍令是小說家想像出來的，所有軍隊都不可能制定這樣一條出現此類情況為萬分之幾機率的禁令來。

其實，「楊六郎轅門斬子」的故事是從《薛丁山征西》一書中「薛仁貴轅門斬子」的故事演化而來，原故事是薛仁貴的兒子薛丁山擔任先鋒官征討西涼國，在寒江關與西涼女將樊梨花結緣，違反了薛仁貴「禁止陣前招親」的軍令，被薛仁貴綁在轅門，準備斬首以振軍威。

由此可見，從「薛仁貴轅門斬子」到「楊六郎轅門斬子」，只是故事的主角簡單變換了一下，情節大同小異。

而無論是「薛仁貴轅門斬子」還是「楊六郎轅門斬子」，都是沒影兒的事，歷史上並不存在，薛仁貴根本就沒有一個叫薛丁山的兒子。

除了「薛仁貴轅門斬子」和「楊六郎轅門斬子」，民間還流傳有「岳飛轅門斬子」的故事。故事說的是岳飛被金兀朮圍困牛頭山，金兀朮的兒子金禪子力大無窮、武藝超群，宋軍無人能敵。岳飛無奈，只好掛出免戰牌。剛剛從家鄉到前線效力的岳飛之子岳雲到了山上，看了免戰牌，勃然大怒，用手中大錘一下將牌錘得粉碎。岳飛認為岳雲藐視軍紀，將岳雲綁在轅門，準備斬首以振軍威。

同樣，這則「錘震免戰牌」風波也是子虛烏有之事。

不過，岳飛要斬岳雲，卻是史有記載的事。

岳飛在宜興治軍的時候，岳飛的弟弟岳翻攜母親姚氏、岳飛的長子岳雲、次子岳雷來投。當時的岳雲才十二歲，從軍習武。岳飛對將士的訓練要求很嚴格。有一次，岳雲身披重甲騎馬進行「注坡」訓練，從高山上俯衝下來，到了半山，要求突然勒馬停駐，因為衝得太急，馬的前足陷入一個小坑窪了，結果馬失前蹄，岳雲一個倒栽蔥，身體越過馬頭，狠狠地摔了下來。岳飛當場斥責道：「難道上陣殺敵，也會這樣嗎？」當即下令將他推出去斬首。眾將士大驚，紛紛求情，最後打了一百軍棍了事。在岳飛的嚴格訓練下，岳雲練得銅皮鐵骨，《金佗稡編》卷九《諸子遺事》稱其「手握兩鐵椎，重八十斤」，每次打仗，都是一馬當先，衝鋒在前。

也就是說，相對「薛仁貴轅門斬子」和「楊六郎轅門斬子」，「岳飛轅門斬子」才是確有其事。但岳飛最終也只是打一百軍棍了事，並沒真正「斬子」。

史有記載，真正大義滅親、斬子以整肅軍紀的，是明朝抗倭英雄戚繼光！

關於戚繼光斬子，最有權威的記載無疑是比戚繼光出現稍晚的沈德符在《萬曆野獲篇》卷二十八《戮子》條中的記載，其文大致意思是：本朝大將戚繼光之所以斬殺了自己的兒子，是因為他的兒子作戰不力，軍法不能容，迫不得已。

清代《四庫全書總目提要・子部・兵家類存目》中收錄有戚繼光著作《紀效新書》，編者在撰寫的提要中稱：第四篇中一條規定：「若果違犯軍令，即便是我的親生子侄，也要依法施行。」在一次戰後，因為他的長子在作戰中臨陣後退，違反軍紀被斬，可以說得上是言出必踐。難怪他的軍隊後來所向無敵。

福建《仙遊縣誌》也記：戚大將軍初到莆田，準備出兵。逢大霧天，伸手不見五指，他的兒子戚印為先鋒官，自作主張，勒馬回頭，要求取消行動。戚大將軍惱怒他違反軍令，殺之。

戚繼光斬子以明軍紀，在民間影響巨大。浙江臨海縣至今還有紀念戚印的「太尉廟」，福建福清市也有「思兒亭」、「相思嶺」等古跡。

似乎，「戚繼光轅門斬子」是一件鐵板釘釘的歷史事實了。

可是，查遍正史以及紀錄關於戚繼光事蹟的第一手材料的其他史書，如《明史》、伊璜《罪惟錄》、《閩書》中的《戚繼光傳》、董承詔的《戚大將軍孟諸公小傳》、汪道昆的《孟諸戚公墓誌銘》、戚繼光長子戚祚國等編纂的《戚少保年譜耆編》等，並沒有任何戚繼光斬子的紀錄。要知道，戚繼光斬子是一件彰顯將軍治軍嚴明的事情，這些典籍之所以不予收錄並非要隱諱什麼，而是因為壓根兒就不存在這件事。

還有，除了福建《仙遊縣誌》的說法，民間也有多種戚印被斬緣由的說法，但這些說法的發生背景要嘛是戚繼光在台州（今浙江省臨海縣）防禦倭寇戰鬥中，要嘛就是發生在援閩戰役中，時間是在1561年和1562年之後。

這就與戚繼光長子戚祚國等編纂的《戚少保年譜耆編》不符了。

《戚少保年譜耆編》編於天啟壬戌年（1622年），書中對戚繼光的事，無論巨細，有聞必錄，但是卻沒有有關斬子的片言隻語。其中記錄的一件事可以旁證在1563年之前戚繼光還沒有兒子：1563年，朝廷擢升戚繼光為署都督同知，可蔭一子任正千戶。戚繼光因為無子，把這一蔭職讓給了弟弟戚繼美。

另外，根據《止止堂集・橫槊稿下》所記，戚繼光在福建抗擊倭寇時，曾在1563年到興化九鯉湖祈禱九鯉仙，祈禱的四件事之一就有「續嗣之憂」，說明戚繼光當時還沒有兒子。

《止止堂集・愚愚稿上》還記，當時有人安慰戚繼光：「不要太過擔心沒有兒子。」（「無虞不弄璋也。」）

還有，戚繼光在死前半年，曾經建立孝思祠祭祀其歷代祖妣，在他自己撰寫的《祝文》中，有「今有五子一侄奉承蒸嘗」之語。這「五子」是指祚國、安國、昌國、報國、興國，五子中的長子祚國是在1567年出生的。

因此，可以確認：戚繼光在南方抗倭的過程中是沒有兒子的。「戚繼光轅門斬子」記載的故事同樣只是一個傳說，而不是歷史事實。

那麼，為了嚴肅軍紀而斬殺自己親子的事，在中國古代歷史上是否出現過呢？出現過。

南唐的大將、清淮軍節度使劉仁贍在壽州（今安徽省淮南市壽縣境內）抵抗後周世宗皇帝柴榮的征討。當時，壽州周邊的滁州、泰州、揚州、光州、舒州等地已失，壽州已成一座孤城，內乏糧草，外無救兵。劉仁贍卻不為形勢所動，仍然據城堅守。

壽州城破只在早晚之間，不少人棄城而去，或投降了周營，或悄悄做了逃兵。

劉仁贍的兒子劉崇諫看見父親病重，也開小號想溜，卻被城中的巡防隊抓了個正著。

劉仁贍在病中驚起，下令將劉崇諫腰斬。

帳中將領紛紛跪地求情。

監軍使周廷構也苦苦相勸。

劉仁贍義不容情，堅持要斬子以肅軍紀。

周廷構便向劉夫人求救。

劉夫人堅定地站在丈夫一邊，說，軍法不能徇私，名節不能虧損。如果饒恕劉崇諫不殺，那麼劉家就成了不忠不義之家，再無面目立於天地之間。

由此，劉崇諫終遭腰斬身亡。

劉仁贍下令將劉崇諫的首級巡視三軍，眾軍皆哭。

不久，壽州城破，劉仁贍含恨而死。

周世宗對這位對手滿懷敬意，命人將之厚葬，並率全軍為其送葬。將原劉仁贍的壽州守軍命名為忠正軍，並且追封劉仁贍為彭城郡王。

蕭太后下嫁了這個漢人，和宋朝修好上百年

北宋與遼對峙期間，遼國北院樞密使兼北府宰相蕭思溫有三個女兒，幼女蕭綽，小名燕燕，最聰慧，也最美麗。

三個女兒尚未出閣，做父親的某天檢查女兒們的閨房，發現蕭綽的閨房打掃得最乾淨，窗明几淨，所有的東西都放置得井井有條。北方遊牧民族民情粗獷豪放，家用物品通常都是隨用隨放，蕭思溫看到小女兒的房間拾掇得這麼乾淨、俐落，就預言：此女他日定能成大器。

在中國古代，無論是漢民族還是周邊的少數民族，向來都重男輕女。女孩子長大了，百分之九十以上是找個婆家嫁，生孩子、撫養孩子、操持家務，就此度過一生。

蕭思溫預言女兒能成大器，到底能成什麼樣的大器呢？

而且，蕭思溫早就給尚未成年的蕭燕燕定了一門娃娃親，蕭燕燕尚未嫁過門去的丈夫是遼國南京留守韓匡嗣的兒子韓德讓。

韓匡嗣的父親韓知古原本是中原北漢朝的大臣，被遼國開國皇帝耶律德光擄掠到遼國，屬於被動「移民」。

所以說，儘管韓匡嗣的職位也不低，但他畢竟是漢人，和遼人還是隔了一層，他的兒子前途不見得有多遠大。

蕭燕燕以後的生活，就跟一池乾淨明亮的清水似的，一望可底。

然而，蕭思溫的預言似乎很靈驗。

未來女婿韓德讓長大成人，很有幾分「人傑」風範。

遼乾亨元年（979年），北宋太宗趙光義挾平滅北漢之威，大舉北伐。宋軍來勢凶猛，沿路勢如破竹，一舉攻到了幽都府。

這個幽都府，就是現在的北京，而在當時被遼國定名為南京。

韓德讓的父親韓匡嗣任遼國南京留守，就是幽都府最大的官兒。

宋軍兵臨城下，韓德讓一點兒也不怵，率兵出城抗擊，立下戰功，被授予「遼興軍節度使」。

從此，韓德讓進入了景宗皇帝耶律賢的視線，官不斷做大，至南院樞密使，進入了遼國朝廷的管理層，還得到景宗皇帝耶律賢賜名「德昌」。

也就是說，韓德讓最後成了遼國漢臣中權勢最大的官員。

女婿有出息，女兒就跟著有福享！

但是，蕭燕燕嫁的人並不是韓德讓。

蕭燕燕嫁的人比韓德讓更有前途——那個人就是遼國的最高領導人景宗皇帝耶律賢。

蕭燕燕和韓德讓還沒舉行婚禮，就被景宗皇帝耶律賢選為妃子，不久立為皇后。

立為皇后的第三年，蕭燕燕為景宗皇帝耶律賢生下了一個兒子：耶律隆緒。

不用說，母憑子貴，蕭燕燕在景宗皇帝耶律賢心中的地位就更重要了。

史載，景宗皇帝耶律賢甚至向史館學士下諭：書寫皇后言論時，也要自稱「朕」或「予」。

不要小看這道命令。這道命令背後所隱含的意思是：蕭燕燕可代皇帝行使職權。

遼乾亨四年（982年），體弱多病的景宗皇帝耶律賢駕崩，時年僅三十五歲。

年僅三十歲的蕭燕燕從皇后升格成了皇太后，只有十二歲的兒子耶律隆緒即位，是為聖宗皇帝。

遼國諸王宗室，個個擁兵自重、牛氣哄哄，嚴重地威脅到朝廷。

皇太后蕭燕燕恐懼無比，曾在宮中大哭，說：「母寡子弱，族屬雄強，邊防未靖，這日子可怎麼過啊？」

韓德讓這時已經在遼國高級管理層上班，知道了太后的憂慮，就拍著胸脯回答：「只要肯信任我，聽我的，一切包管沒事。」

蕭太后一看是差點就成為自己丈夫的韓德讓仗義發話，心裡大感欣慰，就讓韓德讓總管宿衛，以保障自己和兒子聖宗皇帝耶律隆緒的安全。

後來，又讓韓德讓參與、決策軍政大事。

遼國聖宗皇帝耶律隆緒統和三年（985年），韓德讓成了遼國決策層最具發言權的人物，出任政事令。

遼統和四年（986年）是北宋的雍熙三年。這一年，宋太宗看遼國是寡母孤兒當政，發動了著名的「雍熙北伐」。

韓德讓實在了得，親自率軍擊敗了北宋北伐部隊，得封為楚國公，旋即晉封楚王。

蕭燕燕極其欣賞這位曾經名義上的「夫君」，私下裡對韓德讓說：你我前緣未了，先帝死了，我從前曾許配給你為妻，如今我願意再續前緣。如此，當今的皇上，也就是你的兒子了。

韓德讓從此無所避諱地出入蕭燕燕的帳幕。

兩人同桌吃飯，同帳而眠，恩愛無比。

聖宗皇帝耶律隆緒也默認了自己這個異族父親。

統和十二年（994年），韓德讓出任北府宰相兼樞密使，不久，又兼北院樞密使，拜大丞相，封齊王。

至此，韓德讓統領北、南兩院樞密院，集遼、漢軍政大權於一身。

景宗皇帝耶律賢剛死那會兒，蕭燕燕不是在宮中大哭，說什麼「邊防未靖」嗎？

「邊防」為什麼總是不「靖」呢？原因是遼國從後晉石敬瑭那兒割取了燕雲十六州，北宋念念不忘收復燕雲十六州，已經發動了兩次大規模的北伐行動。

遼統和二十二年（1004年）農曆閏九月，蕭燕燕和韓德讓經過商議，決定以戰求和，借索要關南地區（河北省白洋澱以東、大清河流域以南至河間市一帶）為辭，大舉伐宋，於當年十一月打到了宋朝都城開封的門戶澶淵。

在澶淵，蕭燕燕的目的達到了。

遼宋兩國締結了「澶淵之盟」，從此兩國百年修好，宋遼邊境「生育蕃息，牛羊被野，戴白之人，不識干戈」。

遼統和二十七年（1009年）農曆十二月，五十七歲的「承天皇太后」蕭燕燕在行宮中病逝。

重情重義的韓德讓經受不住打擊，竟從此一病不起。

聖宗皇帝耶律隆緒和皇后親奉湯藥，不敢稍離病榻半刻，表現得比孝子還要孝子。

但用情至深的韓德讓在病榻上延宕了幾個月後，還是頭也不回地追隨蕭燕燕於地下了。

聖宗皇帝耶律隆緒追贈韓德讓尚書令，謚號「文忠」，並親自為韓德讓舉行了國葬，將韓德讓安葬在承天皇太后的陵墓邊。

在遼國歷史中，埋葬在契丹皇陵中的漢人、臣子，僅韓德讓一人而已。

「澶淵之盟」並不是那麼壞的條約

簽訂「澶淵之盟」是好事兒還是壞事兒？得看是站在宋朝的立場上來看待問題，還是站在遼國的角度來看問題了。

如果是站在遼國的角度上看，自然是好事兒。

如果是站在宋朝的立場上來看的話——本來答案也是顯而易見的，但這許多年以來，給一大幫專家、學者糊弄來糊弄去，廣大群眾都被糊弄暈了。

這麼說吧，國家涉外事務雖大，卻和民間私人交往是同一個理兒。

話說，有一個辛勤的農夫，每天早出晚歸，在自家田里勞作耕種，年輕漂亮的老婆在家裡洗衣做飯、紡紗織布。小倆口忙碌是忙碌了點，卻用度自足，衣食不愁，日子過得倒也充實、和美。

山裡住著一個強盜，不事生產，惦記上了農夫家裡的糧食、布匹，以及那個年輕漂亮的老婆，經常趁著農夫外出勞作，到農夫家裡偷東西和搶東西。

農夫在家裡遭受過好幾次重大損失後，氣憤不過，到山上找強盜拚命，卻被打得鼻青臉腫而還。

農夫打強盜打不過，官府又管不了這事，搬家也無處可搬，怎麼辦？只好高築防盜牆、加固加牢防盜門，多備大刀、斧頭，僅此而已。

但是，強盜依然不斷前來剽掠財物、騷擾農夫的美妻。

農夫疲於奔命，又憤怒、又害怕，抓狂不已，天天向上天祈禱，祈禱早一天結束這種痛苦的生活。

終於，上蒼開眼了，給農夫提供了一個解決問題的機會——那天，農夫從田地裡提前回來，發現家裡的門被強盜踹開了，美麗的妻子也被強盜玷污了。強盜扛著包，哼著小調從屋裡出來。

霎時，怒火燒去了恐懼，農夫瘋了似的揮著鋤頭追打強盜。

猝不及防的強盜被打得頭破血流，狼狽不堪，躲在茅廁裡不出來。

強盜不出，農夫也打不進去，一時形成了僵局。

當然，這樣的僵局不會永久，傻子都可以看得出，形勢對農夫有利。農夫的怒火卻一點點熄滅，後怕一點點湧現，擔心強盜狗急跳牆、做困獸之鬥，主動要求和解。

被堵在廁所裡的強盜沒理由不同意啊，於是雙方講條件。

強盜覺察到了農夫的怯懦，提出講和的條件如下：

一、雙方以兄弟相稱，農夫年幼，稱強盜為兄；

二、雙方以後平等相處，互相友愛。農夫不得上山找強盜的麻煩，強盜也不來搶劫和騷擾農夫夫妻；

三、農夫每月向強盜提供糧食三百斤、布匹四匹。

一直以來，農夫被強盜折磨得苦不堪言，睡夢裡都盼著結束這種生活，二話不說，滿口應承。

於是，雙方簽字畫押，各自歡喜而散。

對強盜而言，簽訂這份合同自然是好事兒，不用任何付出，無須履行什麼義務，只要保證不再來搶農夫家，就可以每月坐享糧食三百斤、布匹四匹，何樂而不為？

對農夫而言，情況就有些微妙了。雖然農夫一直安慰自己：強盜是曾經對我造成了極大傷害，搶了我不少東西，還打了我，玷污了家裡的老婆……但我現在的傷不是都好了嗎？老婆雖然被玷污，但又沒為強盜生下孩子，洗洗身子，不也照樣乾淨嗎？現在好了，簽訂了合同，擔驚受怕的日子就一去不復返了，我可以心無旁騖地耕種，老婆可以平安無事地在家裡織布，作物和布匹的產量肯定會大幅增加，只需提供很小的一部分給強盜，剩下來的可能比以前得到的全部還要多，到頭來還是我賺了！

故事講完了。

我們再來比較一下宋遼雙方之間簽訂「澶淵之盟」的經過，不也是這樣嗎？

遼國就相當於那個強盜，在五代十國時巧取豪奪了燕雲十六州，到了北宋初年，不斷侵擾宋境。

宋太宗趙光義一怒之下，發起了高梁河大戰，組織起雍熙北伐，但都大敗而歸。

遼國騎兵的凶猛與彪悍在宋軍軍團心裡投射下巨大的陰影，宋軍對遼國的恐懼與日俱增。

1004年，遼軍大舉入侵中原腹地。

宋真宗在寇準等強硬主戰派的力挺下，御駕親征，在澶州有效地阻住了遼軍的攻勢，並射殺了遼國軍魂人物蕭撻凜。

遼軍軍心大沮，雙方罷兵言和。

該年十二月，達成和約如下：

一、宋遼為兄弟之國，遼聖宗年幼，稱宋真宗為兄，後世仍以齒論。

二、宋遼以白溝河為界，雙方撤兵；此後凡有越界盜賊逃犯，彼此不得停匿；兩朝沿邊城池，一切如常，不得增築城隍。

三、宋每年向遼提供「助軍旅之費」銀十萬兩、絹二十萬匹。

前文說了，這和約對遼國來說絕對是天上掉下的好事。

宋朝方面呢？

有些學者、專家自欺欺人地安慰世人：和約化干戈為玉帛，不但建立了良好的和平環境，還增進了「兩國」人民的友誼。宋朝表面上是虧了，實際上是賺了，賺大發了。因為，其節省了巨額戰爭開支，歲幣的支出只是宋朝國庫裡的九牛一毛，不及用兵費用的百分之一，避免了重兵長年戍邊造成的過量徭役和朝廷賦稅壓力，以極少的代價換取了戰爭所難以獲取的效果，國內經濟發展迅猛、文化繁榮。

這些學者、專家說得對不對呢？

大家比較一下前面農夫與強盜的故事，心中自然會有答案。

我還想補充一下：

一、宋朝簽訂了「澶淵之盟」，就等於永久性地放棄了燕雲十六州。

二、遼國並非一味想恪守盟約，而是根本無力大規模南下侵犯。一方面是其與高麗發生戰爭；另一方面是其內部發生了分裂。縱然如此，它還是小動作不斷，慫恿西夏侵擾北宋。1042年，宋夏交戰正酣，遼國就趁火打劫，向北宋索要關南十縣，增徵了遼歲幣銀十萬兩、絹十萬匹。1074年，又藉口北宋在山西邊境增修堡壘破壞邊界，要求劃界，渾水摸魚，霸占了不少土地。

三、北宋自簽訂了「澶淵之盟」，真宗、仁宗、英宗三朝「忘戰去兵」，禁軍河北軍和京師軍「武備皆廢」，文恬武嬉。

四、宋朝每年「進貢」給遼國的歲幣並非宋朝國庫的九牛一毛，根據《宋史・卷一百八十五・食貨志下・七・坑冶》中記，北宋年產銀量大約二十二萬兩，要想完成歲幣，就不得不透過徵收、增稅、用廉價傾銷貨物換取白銀。這樣，北宋朝廷年收入白銀大概是九十萬兩。而自「慶曆增幣」後，北宋每年要用白銀收入的三分之一來買平安。

顯然，「澶淵之盟」是一個屈辱的城下之盟，是在宋方大占優勢的背景下簽訂的恥辱條約。

「狸貓換太子」是真是假

《三俠五義》是中國古代文學作品中的一大奇書，其第一男主角包拯是一個能斷陰陽、包審冤魂怨鬼的神奇法官。圍繞著這個神奇法官，書中敷陳出許許多多驚險曲折、懸念迭現、離奇刺激的情節，讓人讀之欲罷不能，連呼過癮。

可以說，《三俠五義》是古典長篇俠義公案小說的巔峰之作，也是中國武俠小說的開山之作。書中的故事雖然引人入勝、廣為流傳，但都是虛構的。

比如說，從第十五回的《斬龐昱初試龍頭鍘，遇國母晚宿天齊廟》到第十九回的《巧取供單郭槐受戮，明頒詔旨李后還宮》所營造的「狸貓換太子」故事，影響極廣，很多人都誤將之當成史實來讀，但它卻是假的。

「狸貓換太子」故事講的是，宋真宗的郭皇后死了，中宮空缺，後宮的女人瞄準了皇后的寶座，展開了激烈的競逐。這其中，最有競爭實力的是劉妃和李妃。原因是她們都懷了孕。在宮中，母憑子貴，誰生了兒子，誰被立為正宮的機會就最大。不久，李妃臨盆分娩，劉妃勾結宮中總管都堂郭槐和接生婆尤氏，用一隻剝去了皮毛的狸貓換走了新生兒，並將新生兒交宮女寇珠勒死。寇珠下不了手，讓宦官陳琳把孩子偷送入八賢王王府。真宗不明真相，怒責李妃產下妖物，將之貶入冷宮，後來又逐出皇宮。劉妃不久產下皇子，其子被立為太子，她本人也因之被冊立為皇后。不過，六年之後，太子病夭。真宗無子，只好過繼皇兄八賢王之子為嗣，並立為太子。這太子，其實就是被換走的皇子。真宗駕崩，太子即位，是為宋仁宗。仁宗貴為一國人君，母親李妃卻流落陳州，住破窯，靠乞食為生。某日，李妃聽說包拯到陳州放糧，便斗膽告狀，狀告兒子宋仁宗不孝，認賊作母。包拯受理了此案，設計讓李妃與仁宗母子相認。陰險毒辣的劉太后畏罪自縊身亡。

說起來，「狸貓換太子」的故事雖然是虛構的，但真正的歷史裡卻也是有一些故事的影子的。

故事中的劉氏，是一個頗富傳奇色彩的人物。她的祖上家居太原，先祖劉延慶在後晉、後漢年間任右驍衛大將軍，後來家境衰落，遷徙到了益州。劉氏在嬰兒時就成了孤兒，由外祖母家撫養，自小練就一手打撥浪鼓的本領。

以鍛造銀兩為業的四川人龔美，看中了劉氏是一個美人坯子，就把她帶到京師尋找進宮的機會。

可也真別說，在龔美的精心運作下，經過幾番周折，劉氏被宋真宗看中，封為了皇后。

劉皇后沒有宗族，便以龔美為兄，讓龔美改姓劉。

劉皇后生性敏悟，通曉經書和歷史，常常幫助真宗處理政事。

可以說，這時候的劉皇后是母儀天下，榮耀一時。

美中不足的是，劉皇后多年沒有生育。

為了彌補遺憾，劉皇后讓身邊的宮女李氏侍奉真宗。

李氏得沾雨露，便產下了一子，即後來的宋仁宗。

劉皇后把這個新生兒當作自己的兒子，與楊淑妃一起養育。

天禧四年（1020年），真宗病居後宮，政事多由劉皇后決斷。且真宗臨終前，又下遺詔尊封劉皇后為皇太后，軍國大事交由太后處理。這樣，十三歲的宋仁宗雖已繼位，但軍政大權全由劉太后掌管。

平心而論，劉太后扶持皇帝是盡心盡力的，她待宋仁宗如同己出，請來天下名儒為宋仁宗講習經史，培養他的學養和德操。

宋仁宗對劉太后也十分孝順，與劉太后沒有絲毫間隙隔閡，母慈子孝。

劉太后雖然瞞著宋仁宗，不讓他與親生母親相認，但卻也能善待宋仁宗的生母李氏，將她由侍女晉升為宸妃，死後按皇后規格厚葬。

明道二年（1033年），六十五歲的劉太后病重，臨終前還政於宋仁宗。

二十四歲的宋仁宗親政後，從撫養自己的楊淑妃那兒知道了自己的身世之謎——在很長一段時間裡，宋仁宗都沉溺在劉太后去世的悲痛之中，不能自拔。楊淑妃就勸慰他說：「太后並不是你的親生母親，你的親生母親是李宸妃，已殯葬在奉先寺了。」

宋真宗的弟弟、宋仁宗的叔叔趙元儼則別有用心地說：「陛下宸妃所生，宸妃死於非命。」

宋仁宗大為震驚，一面下哀痛之詔自責，一面趕往停放李宸妃靈柩的奉先寺，開棺驗屍，查明真相。

李宸妃的遺體浸泡在水銀之中，膚色與活人無異，絲毫沒有被害的痕跡，而且身著皇后冠服。

宋仁宗見了，長吁了一口氣，說：「可見人言不能輕信啊！」回頭，宋仁宗在劉太后遺像前焚香道：「自今大娘娘平生分明矣。」即明言劉太后是清白無辜的，並沒有謀害自己的母親。

不日，劉太后被追謚為莊獻明肅皇太后，李宸妃被追謚為莊懿皇太后，兩人的牌位都供奉在奉慈廟。

由此可見，「狸貓換太子」的血腥故事，並沒有在北宋後宮中上演。

宋仁宗的不「仁」事

宋仁宗是一代明君，在歷史上擁有很高的評價。

據說，宋仁宗駕崩的消息剛一傳出，大宋朝野莫不號哭，舉國哀痛。甚至，時為遼國君主的遼道宗耶律洪基也如同五雷轟頂，抓住前來送訃告的使者的手，失聲痛哭，說：「我要給他建一個衣冠塚，寄託哀思。」

從此，遼國歷代皇帝供奉宋仁宗的御容一如供奉祖宗。

明文學家沈德符在《萬曆野獲編》中直稱宋仁宗之德堪為北宋諸帝之冠。

就連一向眼高過頂的清乾隆皇帝也說：朕平生最敬服三個帝王，爺爺康熙、唐太宗和宋仁宗。

可是，就是這樣一個深得人們崇敬的聖主，也常做一些不厚道的事兒。

比如說，大詞人柳永好不容易才通過了考試，但宋仁宗心眼兒忒小，恨他才名太高，並有「忍把浮名，換了淺斟低唱」句傳頌於市井坊間，便劃掉了他的名字，譏諷說：「且去淺斟低唱，何要浮名？」

相比之下，柳永就大氣得多了，雖然就此與功名絕緣，卻還說：「願歲歲，天仗裡常瞻鳳輦」。意思是，沒有關係，我還希望年年都能看到陛下的儀仗，希望能瞻仰陛下的風采。

因為一句詞，就掐斷了一個人的前程，宋仁宗實在太霸道了點兒。

對文人是這樣，對武將，宋仁宗的心腸也夠狠夠黑。

宋仁宗朝的武將中，最有名的莫過於狄青，但狄青就死於宋仁宗的軟刀子下。與柳永的功名被毀相比，狄青的冤死過程，就要複雜得多了。

狄青，字漢臣，汾州西河（今山西省）人，出身貧寒。十六歲時，因為兄長與鄉人鬥毆，將人打殘，跑路了，就代兄頂罪，被判罪勞改，如《水滸傳》裡的林沖一樣，雙頰刺上文字。勞改結束，狄青投身行伍。他從一個小兵做起，在與西夏作戰的歲月裡，衝鋒陷陣，奮勇當先，一直做到了邊疆大將，任三班差使、殿侍兼延州指使。

因為面頰上有刺字，軍中咸呼「面涅將軍」。得到這樣的稱呼，狄青以後每臨陣作戰，都戴上一隻青銅面具，出沒敵陣，敵人無不望風披靡，不敢抵擋。

范仲淹深喜狄青的將略之才，教他讀《左氏春秋》，鼓勵他說：「將帥不知古今歷史，就只有匹夫之勇。」

狄青虛心受教，認真讀書，融會貫通秦漢以來將帥的兵法，在戰場上更加如虎添翼，一直打到西夏李元昊稱臣降服，積功升馬步軍副都指揮使。

宋仁宗看到狄青臉上還留有刺配的黥文，就假惺惺地勸他敷藥清除。狄青朗聲回答說：「狄青若無此兩行字，何由致身於此？斷不敢去，要使天下健兒知國家有此名位待之也。」

在宋代重文輕武的積習之下，很多文臣都對狄青進行了不遺餘力的打壓。當時，宰相龐籍就以祖宗舊例極力阻撓，說宋朝開國以來，還沒有武將擔任樞密使重位的，狄青何德何能，敢篡取國家重器？

而在狄青做定州的副總管時，知州兼安撫使和都總管韓琦就經常給狄青甩臉色，使得韓琦的歌伎都敢狗仗人勢，向狄青勸酒時，毫不客氣地說「斑兒請你喝一杯」。

狄青的舊部焦用是個驍勇善戰的悍將，偶有小過，韓琦要將之斬首。狄青立在階下求情，說：「焦用有軍功，是難得的好兒郎。」韓琦反脣相譏，說：「東華門外以狀元身分騎馬出來的才是好兒郎，這個算什麼好兒郎！」當著狄青的面兒把焦用殺了。

狄青悻悻而走，對左右說：「韓樞密功業官職與我一般，我少一進士及第耳。」

現在，狄青做樞密使，文彥博為同平章事，兩人的地位差不多，但文彥博總是想方設法要搞倒搞臭狄青。

文彥博勸宋仁宗免掉狄青樞密使的職務。

宋仁宗有些磨不開臉，說：「狄青是個忠臣。」

文彥博答：「太祖豈非周世宗忠臣？」

這一句話戳中了宋仁宗內心的隱私，立馬改授狄青檢校太尉同平章事護國軍節度使，出判陳州。

這就跟撤職差不多了。

狄青莫名其妙，向文彥博詢問此中緣故。

文彥博面無表情地說：「無他，朝廷疑爾。」

俗話說：「君疑臣臣必死，臣疑君臣必反。」

狄青寒毛直豎，驚嚇地打了個冷戰。

臨發陳州，狄青自知凶險，對人說：「陳州有一種梨，叫青沙爛，狄青現在去陳州，必然爛死。」

一語成讖。狄青到了陳州，僅一年多，就暴病身亡。

在陳州期間，宋仁宗每月兩次遣使探視狄青的近況。狄青每聽說使者來了，就心驚肉跳，疑懼不安，終於病亡。

可歎！一個不畏敵人槍林箭雨的絕世名將，竟然悄無聲息地死在了宋仁宗的軟刀子之下。

歐陽修該不該對狄青的死負責任呢

歐陽修彈劾狄青，致使狄青失勢，狄青最終也因此鬱鬱而終，這是鐵一般的事實。

最早拿歐陽修陷害狄青與秦檜陷害岳飛相提並論的，應該是清人昭槤。

昭槤在所著的《嘯亭雜錄》中說：「歐陽公（歐陽修）露章劾之（狄青），至恐其有他心，豈人臣為國愛惜人才之道？狄公（狄青）終以憂憤而卒。其後賊檜（指秦檜）得以誣陷武穆（指岳飛）者，亦襲（歐陽修）故智也。」

但是，有些書認為，歐陽修之所以彈劾狄青，不是害狄青，而是為了保護狄青。

比如，《宋史．歐陽修傳》是這樣記載的：「修（歐陽修）請出之（指狄青）於外，以保其終。」

《續資治通鑑》也記載：「（歐陽修）欲乞罷青（狄青）樞務，任以一州，既以保全之，亦為國家消未萌之患。」

歐陽修彈劾狄青的奏章有：《論狄青札子》、《論水災疏之二》和《論水災疏》。

明人茅坤評《論狄青札子》時，稱讚歐陽修「言人所難言，見人所不見，只緣宋承五代之後，歐公不得不為過慮，然亦回護狄公」。

但是，現在我們讀歐陽修這三份奏疏，通篇都是極盡污蔑陷害之詞，很難看得出有什麼「回護」之意。

不說別的，單拿一句「亦為國家消未萌之患」來說，這「國家未萌之患」分明就是誣陷狄青有篡位野心。

篡位，那可是十惡不赦、株連九族的大罪，歐陽修把這頂駭人聽聞的大帽子往狄青頭上戴，不管別人怎麼說，反正我是看不出有什麼「回護」之意。

狄青被扣上這樣一頂大帽子，當然會被嚇得半死。

而看了歐陽修的奏疏，宋仁宗最終罷免了狄青樞密使之職，將其貶到陳州任州判。

狄青的心理壓力就更大了——皇帝這麼做，擺明著就是相信了歐陽修的話，懷疑自己有篡位野心。

正是在這種情況下，狄青鬱鬱而終。

不用說，就是被嚇死的。

那麼，後世為什麼少有人提歐陽修這個害人的行徑呢？

主要有三方面原因：

一、歐陽修與狄青並無私人恩怨，他是在著《新五代史》的過程中，觸目驚心於唐末五代各藩鎮的擁兵自重、威脅中央，見慣了朱溫、李嗣源、石敬瑭、劉知遠、郭威以及趙匡胤之類的上位方式，他要求罷免狄青的樞密使之職，是從國家安全的角度上考慮問題，具有一定的正義性。

二、歐陽修主觀上並非要置狄青於死地，而是想削減狄青的權勢，不讓陳橋兵變、黃袍加身的鬧劇重現。所以，茅坤等人才會說歐陽修削減狄青的權勢，是「愛護」狄青，避免他居功自傲，走上篡位的罪惡道路。

三、狄青是死於殺人於無形的軟刀子，血腥味不濃，引起關注度不高。

我們再來看看臭名昭著的秦檜。

秦檜陷害岳飛，一方面是要報答金人對他的不殺之恩，另一方面是和金人在做一筆骯髒的交易——「殺（岳）飛始得和議」，即是在落實和貫徹其一貫的投降路線。

還有，秦檜陷害岳飛，施行了殘暴的「拉脅」酷刑，還斬殺了張憲、岳雲，流放岳家上上下下男女老少，刀光血影，朝野震懾，影響力巨大。

所以，秦檜陷害岳飛，歐陽修陷害狄青，二者不可同日而語。

補一句，明末袁崇煥赴雙島悍然行凶殺死邊將毛文龍，倒和秦檜殺岳飛有幾分相似。

若非歐陽修錯判卷，蘇東坡就是狀元了

蘇東坡是個知命樂天之人，在去世之前，就給弟弟蘇轍寫信，讓他給自己寫墓誌銘。1101年，蘇東坡去世，蘇轍按照哥哥的囑託，含淚完成了《亡兄子瞻端明墓誌銘》。

死人為大，不用說，墓誌銘都是要揀好話來寫的。

關於哥哥參加科考的這個逸事，蘇轍是這樣寫的：「嘉祐二年，歐陽文忠公考試禮部進士，疾時文之詭異，思有以救之。梅聖俞時與其事，得公《論刑賞》，以示文忠。文忠驚喜，以為異人，欲以冠多士，疑曾子固所為。子固，文忠門下士也，乃置公第二。復以《春秋》對義，居第一。殿試中乙科。」

大家都知道，蘇東坡和蘇轍感情深厚，蘇東坡的代表詞作之一《水調歌頭・明月幾時有》，就是寫給蘇轍的。

另外，因為手足情深，蘇東坡還發過「與君世世為兄弟，再結來生未了因」的宏願。這麼深厚的感情，是多年累積起來的。

在進入仕途之前，哥倆一起讀書，一起考試，一起遊玩，志趣相投，形影不離。

嘉祐二年的科考，蘇轍是和哥哥一起參加的。

所以，蘇轍所說蘇東坡參加科考的這一段逸事，真實性極高。

後來的《名臣碑傳琬琰集》、《宋史》以及文獻《誠齋詩話》等都予以引用。

然而，認真推敲，蘇轍的說法還是有些可疑的。

比如，「乃置公第二。復以《春秋》對義，居第一。殿試中乙科」這三個訊息，應該是準確無誤的。但說哥哥蘇東坡被「置第二」是歐陽修和曾鞏的緣故，就帶有猜測的成分了。

歐陽修把蘇東坡的試卷誤認為是弟子曾鞏的，這是歐陽修的內心活動，如果不是由歐陽修本人說出，其他人的說法如何做得準？

查遍歐陽修所有著作，歐陽修本人均沒有說過類似的話，而蘇轍寫這個《亡兄子瞻端明墓誌銘》時，歐陽修已作古近三十載，他本人也不可能對蘇轍解說。

後人把這則故事當成真事，那也未嘗不可。

問題是，後人還誤解了蘇轍所說的「乃置公第二」這個訊息，以為蘇東坡就是該年科考的第二名，即榜眼了。

還有人說，要不是歐陽修搞這出烏龍，蘇東坡就是該年科考的狀元了。

這種說法是很可笑的。

北宋科舉考試共有發解試、省試和殿試三級。原本蘇東坡兄弟應該先在家鄉眉州參加發解試，合格後再到京師開封參加省試和殿試。

蘇東坡的父親蘇洵在《上張侍郎第一書》裡說，「聞京師多賢士大夫，故往從之遊，因以舉進士」。而實際原因，是這位患有嚴重「恐考症」的父親對兒子的才學不夠自信，而開封府分配到的解額比較大。

所以，嘉祐元年（1056年），蘇東坡兄弟就在父親蘇洵的帶領下，千里迢迢趕到京師，透過寄應取解的辦法在開封府參加了發解試，然後於次年參加省試與殿試。

注意，省試並不僅僅是一場考試，而是分多場，要不蘇轍也不會在「乃置公第二」之後再加「復以《春秋》對義，居第一」這一句了。

《文獻通考》載：宋朝禮部貢舉，設進士、九經、五經、開元禮、三史、三禮、三傳、學究、明經、明法等科，皆秋取解、冬集禮部、春考試。合格及第者，列名放榜於尚書省。凡進士，試詩、賦、雜文各一首，策五道，帖《論語》十帖，對《春秋》或《禮記》墨義十條。

這是北宋前期沿襲唐、五代科考制度的施行狀況。

這項制度其實一直都是在調整和變化的。

《續資治通鑑長編》卷二四記載：太平興國八年十二月，「進士免帖經，只試墨義二十道，皆以經中正文大義為問題。又增進士及諸科各試法書墨義十道」。

同書卷二六又載，到了雍熙二年（985年）四月，又復帖經，罷律義。

《宋史》卷一五五《選舉志一》又記載，慶曆四年（1044年），進士考試「三場：先策，次論，次詩賦，通考為去取，而罷帖經、墨義，士通經術願對大義者，試十道」。

而因慶曆新政失敗，該制度隨之取消，《續資治通鑑長編》卷一六四稱：「詔科場舊條，皆先朝所定，宜一切無易。」

所以，嘉祐二年的省試內容，就是慶曆新政失敗後改回的舊制，即仍當考詩、賦、策、論、帖經、墨義諸內容。

這些考試內容是怎麼設考的呢？

《宋史》卷一五五《選舉志一》有記載：寶元年間，宋仁宗曾向龍圖閣學士李淑「訪以進士詩、賦、策、論先後」，李淑的建議是「先策，次論，次賦，次帖經、墨義，而敕有司並試四場，通較工拙，毋以一場得失為去留」。於是，宋仁宗「詔有司議，稍施行焉」。即先考策論，後考詩賦、次帖經、墨義，四場並試，最後根據四場考試成績予以綜合評定。

葉夢得在《石林燕語》中記載：蘇子瞻自在場屋，筆力豪騁，不能屈折於作賦。省試時，歐陽文忠公銳意欲革文弊，初未之識。梅聖俞做考官，得其《刑賞忠厚之至論》，以為似《孟子》。然中引皋陶曰「殺之三」，堯曰「宥之三」，事不見所據，亟以示文忠，大喜。往取其賦，則已為他考官所落矣，即擢第二。及放榜，聖俞終以前所引為疑，遂以問之。子瞻徐曰：「想當然耳，何必須要有出處。」聖俞大駭，然人已無不服其雄俊。

不難看出，蘇轍所說的「乃置公第二」，是指策論考試。

蘇東坡在策論考試中撰寫的《刑賞忠厚之至論》，已成古今範文，自然是上乘佳作。但一開始並不是定為第一、第二的佳作；而是蘇東坡「不能屈折於作賦」、「已為他考官所落矣」，歐陽修為了援救這一人才，才「即擢第二」的。

蘇東坡也因為這個，科考結束後在致歐陽修的《謝南省主文啟五首》中表達了謝意，其中有提道：「軾也，遠方之鄙人，家居碌碌，無所稱道。及來京師，久不知名。將治行西歸，不意執事擢在第二。」

另外，蘇東坡又在墨義考試中「復以《春秋》對義，居第一」，終於在綜合評定中拉高了成績，在省試中順利過關，被禮部奏名為合格進士。

不過，治平元年（1064年），司馬光曾狀稱：「所有進士帖經墨義，從來不曾考校，顯是虛設，乞更不試。」即墨義考試內容不受重視，「顯是虛設」，可見蘇東坡在該科考試中位列第一對綜合評定的幫助並不大。《宋會要輯稿》也明確記載：嘉祐二年省試第一為李實。至於蘇東坡在省試中的名次，則不是第一，也不是第二，具體名次，已難於考索。則曾鞏的省試名次就更加難以考索了。

話說回來，省試的名次對任官出仕影響並不大——決定功名高低的，是隨之而來的殿試。

本來宋太祖確立殿試製度以後，殿試通過與否是舉子能否登科的關鍵，但嘉祐二年首開殿試不黜落先例，只在殿試中對省試名次有所升降。

這次的省試狀元是李實，殿試狀元卻是章衡。

蘇東坡殿試的名次，蘇轍在《亡兄子瞻端明墓誌銘》裡說得很清楚了，是「殿試中乙科」。

《宋會要輯稿》記載：嘉祐二年甲科分為五等，第一甲中，狀元章衡為將作監丞，榜眼竇卞、探花羅愷並為大理評事、通判諸州；第四名鄭雍、第五名朱初平並為兩使幕職官；第六名以下及《九經》及第，並為初等職官；第二甲為試銜大縣簿尉；第三、第四甲試銜、判司簿尉；第五甲及諸科同出身，並守選。

蘇東坡兄弟同榜登科。蘇轍中第五甲，賜同進士出身，不能立即授官，須守選。

蘇東坡為乙科，屬第四甲，賜進士出身，無須守選，可立即授官。但該年，蘇母去世，他和弟弟蘇轍一起回鄉丁憂，也沒有授官。

丁憂期滿後，蘇東坡授河南府福昌縣主簿，與名列第五甲的弟弟蘇轍之官澠池縣主簿，為同一級別，均為幕職州縣官之最低等「判司簿尉」，也是嘉祐二年進士第三、第四甲授官中的最低級別。

由此可見，兄弟倆在殿試中的成績並不理想。

但是，在蘇東坡兄弟居鄉丁憂期間，嘉祐三年（1058年），朝廷下詔：「自今制科入第三等，與進士第一（狀元），除大理評事、簽書兩使幕職官；代還，升通判；再任滿，試館職。制科入第四等，與進士第二、第三，除兩使幕職官；代還，改次等京官。制科入第五等，與進士第四、第五，除試銜知縣；代還，遷兩使職官。」

兄弟倆因此沒有赴任，而積極備考制科考試。

嘉祐六年八月，驚豔時刻到來。

蘇東坡哥倆同時爆發，蘇東坡成績入三等，為北宋舉行制科以來繼景祐時吳育之後的最高成績，因此授官大理評事、簽書鳳翔府判官，取得京朝官身分；弟弟蘇轍成績入第四等，除祕書郎、商州軍事推官。

上面的詔書說了，制舉入三等，即依照進士第一（狀元）的待遇授官。實際上，兩宋三百餘年，舉行過二十二次制舉御試，制舉共分五等，一、二等為虛設，只有四十多人入等。入三等的，只有吳育、蘇軾、范百祿、孔文仲四人。

可以說，蘇東坡的榮耀，比狀元還高若干倍。

尤其難得的是，弟弟蘇轍也入四等，兄弟同科，前所未有！

據說，宋仁宗讀了東坡兄弟的制舉進策後，欣然作色，對高皇后說：「朕今日為子孫得兩宰相矣！」

可惜的是，蘇東坡後來並未得任相，堪稱千古憾事。

風月場說張先

北宋婉約派詞人張先是將詞由小令轉向慢詞的傑出人物，為歷代詞家所推崇。《石林詩話》稱讚張先，「能詩及樂府，至老不衰」。

清末詞學理論家陳廷焯這樣評價張先：「才不大而情有餘，別於秦（觀）、柳（永）、晏（殊）、歐（陽修）諸家，獨開妙境，詞壇中不可無此一家。」

張先作有《行香子》詞，末一句為：「斷鐘殘角，又送黃昏。奈心中事，眼中淚，意中人。」此句有景有情，一氣呵成，一下就刺痛人的心。

因為「心中事，眼中淚，意中人」有三個「中」，人們稱張先為「張三中」。

不過，張先最引以為豪的並不是這一句，他對人說：「何不稱為『張三影』？『雲破月來花弄影』、『嬌柔懶起，簾幕卷花影』、『柔柳搖搖，墮輕絮無影』，可都是我的得意之句。」

於是，人們也稱他為「張三影」。

北宋文壇領袖歐陽修對張先的欣賞，並不局限於以上四句，而是對《一叢花令》中的「沉恨細思，不如桃杏，猶解嫁東風」句情有獨鍾。

張先年輕時，搭上了一個情竇初開的小尼姑，傷風化，影響極壞。庵中老尼為了維護佛門清譽，將小尼姑關在池塘中一小島的閣樓上。張先賊心不死，每當夜深人靜，就划船渡水，上島私會。最終激怒了老尼姑，撕破臉皮，將張先驅逐。

張先被迫結束這段畸形戀情，但眷顧無限，於是模擬小尼姑思念自己的心態，寫下了下面這首《一叢花令》寄意。全詞為：

傷高懷遠幾時窮？無物似情濃。
離愁正引千絲亂，更東陌、飛絮濛濛。
嘶騎漸遙，征塵不斷，何處認郎蹤。
雙鴛池沼水溶溶，南北小橈通。
梯橫畫閣黃昏後，又還是、斜月簾櫳。
沉恨細思，不如桃杏，猶解嫁東風。

歐陽修特別欣賞該詞。范公偁的《過庭錄》記載：張先和歐陽修兩人素未謀面，卻互相傾慕。某日，張先去拜訪歐陽修。歐陽修聽到僕人通報，高興得連木屐也來不及穿，興沖沖地出來迎接，嘴裡一個勁兒地說：「此乃『桃杏嫁東風』郎中（張先時任尚書都官郎中）」。

張先因此得了一個「桃杏嫁東風郎中」的雅號。

張先薄幸好色，典型的無良文人，一生逢場作戲無數，詞作多有豔句。
風月場中名妓龍靚曾寫詩給張先索詞：

天與群芳千樣葩，獨無顏色不堪誇。
牡丹芍藥人題遍，自分身如鼓子花。

張先當即作調《望江南》回贈：

青樓宴，靚女薦瑤杯。
一曲白雲江月滿，際天拖練夜潮來。
人物誤瑤台。
醺醺酒，拂拂上雙腮。
媚臉已非朱淡粉，香紅全勝雪籠梅。
標格外塵埃。

張先還和名妓李師師（此李師師非宋徽宗緋聞女友李師師）有染，專門創作了新詞牌《師師令》，作詞云：

香鈿寶珥。拂菱花如水。
學妝皆道稱時宜，粉色有、天然春意。
蜀彩衣長勝未起。
縱亂雲垂地。
都城池苑誇桃李。
問東風何似。
不須回扇障清歌，脣一點、小於朱蕊。
正值殘英和月墜。
寄此情千里。

張先醉生夢死，流連青樓，樂不思蜀。大文豪蘇東坡看不慣，曾賦詩「詩人老去鶯鶯在，公子歸來燕燕忙」以行諷刺。但張先的荒唐事遠不止於此。

張先八十歲，娶了一個十八歲的女子為妾，還賦詩自誇：

我年八十卿十八，卿是紅顏我白髮。
與卿顛倒本同庚，只隔中間一花甲。

這次蘇東坡加大了諷刺力度，賦詩云：

十八新娘八十郎，蒼蒼白髮對紅妝。
鴛鴦被裡成雙夜，一樹梨花壓海棠。

梨花色白，海棠色紅，「一樹梨花壓海棠」，乃白髮翁娶紅脣女，老夫少「妻」，此句也因此成了「老牛吃嫩草」的形象寫照，一傳千年。

張先的風流事遂古今皆知。

張先長壽，八十九歲辭世，八十歲時娶的十八歲的妾給他生有兩男兩女。張先共有十子兩女，年紀最大的兒子和年紀最小的女兒相差六十歲。

順便提一下，流連於風月場上的張先也並非一無是處。

另一大詞人晏殊擔任京兆尹時納有一美妾，張先每到晏殊家中做客，晏殊必定把美妾喚來炫耀一番，還讓美妾吟唱張先的詞作。

此舉惹惱了晏殊的正室夫人。

夫人思想傳統，認為這個小妾已入晏府，就必須謹守本分，不應拋頭露面，更不應該唱如此淫詞豔賦。夫人一怒之下，趁晏殊不在，把該小妾轉賣給了別人。晏殊氣得直翻白眼，卻也無可奈何。

張先沒隔幾天，又來做客。

席間冷清，張先得知原委，對晏殊頗為同情，讓人到教坊喚了幾個歌伎前來助興，並模擬晏殊小妾口吻填詞教歌伎唱。

那歌伎開口剛唱：「望極藍橋，但暮雲千里。幾重山，幾重水……」晏殊情難自禁，淚濕衣襟。

張先一衝動，仗義助資，幫晏殊把那個小妾再次買了回來。

大老粗寫出的千古佳句，蘇東坡佩服得五體投地

詩不光是文字上的功夫，跟一個人的胸懷、性情、抱負、氣質也極有關係。

被稱為「詩界革新導師」的大詩人黃遵憲曾提出過「我手寫我口」的主張，他認為，詩應該是一種真情的復歸、性靈的解放，只要我口吐心聲，我筆抒我情，就會寫出好作品。

黃大詩人的主張是極有道理的。

大家都知道，劉邦雖是歷史上有名的皇帝，但要筆桿子並非他的長項，在平定英布之亂後，他回到老家，一時百感交集，情緒噴湧而出，作了半首《大風歌》，只有三句：

大風起兮雲飛揚，
威加海內兮歸故鄉，
安得猛士兮守四方！

詩意直白，所用字眼也很常見，但風、雲、海內、猛士、四方等字湊在一起，就顯得氣勢氣勢磅礴，中又夾雜有濃烈的傷感和憂愁，稱得上是上乘之作。

有意思的是，與劉邦同為並世英雄的項羽，雖為沒落貴族子弟出身，但也只寫過一首《垓下歌》，共四句，比劉邦的《大風歌》完整，多了一句：

力拔山兮氣蓋世，
時不利兮騅不逝。
騅不逝兮可奈何？
虞兮虞兮奈若何！

此詩雖然以「拔山之力」與「蓋世之氣」起勢，但通篇只是唉聲歎氣、怨天尤人，顯得綿軟無力，似是無病呻吟，又似牢騷囈語，成了詩中下品。

更有意思的是，出身及成功軌跡與劉邦極為相似的明太祖朱元璋也有詩作傳世：

殺盡江南百萬兵，
腰間寶劍血猶腥！
老僧不識英雄漢，
只管嘵嘵問姓名。

明太祖朱元璋早年家貧，做過乞丐，當過和尚，身世悲慘，沒讀過多少書，但這首《示僧》卻寫得豪氣沖天，殺氣透紙而出，讓人不寒而慄，也是一首好詩。

還有，宋太祖趙匡胤為武夫出身，早年行走江湖，後投身行伍，曾作有《詠日詩》：

欲出未出光辣撻，千山萬山如火發。
須臾走向天上來，逐卻殘星趕卻月。

詩無韻腳，平仄不協，但氣象不凡，吞山河，納煙雲。

《庚溪詩話》記載，趙匡胤登帝位後，有文臣為討好於他，曾潤色修改此詩，為：

太陽初出光赫赫，千山萬山如火發。
一輪頃刻上天衢，逐退群星與殘月。

後世均認為，修改稿在文字上見功夫，但意境卻遠遜原詩。

沒辦法，有些東西光是文字上下功夫並不見得好。清高宗乾隆帝是個詩歌狂熱愛好者，一生寫有四萬多首詩，文字都極其考究，但偏偏沒有一首是傳世之作。

有人說，乾隆沒有傳世之作是因為他身為太平天子，沒經歷過世間風浪，缺乏了劉邦等人的帝王氣象。

這話也有一定道理。

下面說一說五代十國中吳越國錢鏐的故事。

錢鏐是無賴出身，沒讀過什麼書，早年販賣私鹽，後來投軍，不斷打拼，最後建立了吳越國。

錢鏐與原配夫人戴氏的感情很好，相敬如賓，白頭偕老。

戴氏原是橫溪郎碧村的一個農家姑娘，後來雖然貴為一國之后，卻戀家，年年春天都要回娘家住一段時間，看望並侍奉雙親。

錢鏐至情至性，心理上半刻也離不開髮妻，只要戴氏探親日子稍長，就遏止不了地寫情信相催。

某年，戴妃回了娘家。錢鏐遙望宮門外的鳳凰山腳、西湖堤岸，但見桃紅柳綠、鶯歌燕舞，不由得春愁湧起，寸斷肝腸。

為解憂排愁悶，錢鏐把滿腔愁緒付諸筆端，落筆第一句：「陌上花開，可緩緩歸矣。」

這一句表面平淡無奇，卻飽含真情，誠意拳拳，溫馨縈繞，關懷備至，風流妍盡。

戴氏讀到這一句，珠淚滾滾，片刻也不停留地趕回了杭州。

清代學者王士禎心悅誠服地稱讚說：「『陌上花開，可緩緩歸矣』，二語豔稱千古。」

吳越當地人將之編入山歌，名《陌上花》，廣為傳唱。

蘇東坡是中國著名語言大師，他的文章、詩作、詞作多為佳品，創造出的名詩、名句不計其數，如「春宵一刻值千金」、「多情卻被無情惱」、「春江水暖鴨先知」、「十年生死兩茫茫」、「大江東去」、「一點浩然氣，千里快哉風」、「人有悲歡離合，月有陰晴圓缺」、「但願人長久，千里共嬋娟」、「春色三分，二分塵土，一分流水」、「不識廬山真面目，只緣身在此山中」、「欲把西湖比西子，淡妝濃抹總相宜」、「明月如霜，好風如水」、「西州路，不應回首，為我沾衣」、「泥上偶然留指爪，鴻飛那復計東西」、「困人天氣近清明」、「人間有味是清歡」、「枝上柳綿吹又少，天涯何處無芳草」等等，已成為中國詩詞寶庫裡的珍品。

北宋熙寧年間，蘇東坡到杭州任通判，偶然聽到里人吟唱的《陌上花》，細味其詞，如遭電擊，感服得五體投地，深恨如此佳句不出於己。

當日，蘇東坡吟詠再三，專門寫下了三首《陌上花》詩。詩前特別注明：游九仙山，聞里中兒歌《陌上花》。父老云：吳越王妃每歲春必歸臨安，王以書遺妃曰：「陌上花開，可緩緩歸矣。」吳人用其語為歌，含思宛轉，聽之淒然，而其詞鄙野，為易之云。

三首《陌上花》為：

一

陌上花開蝴蝶飛，江山猶是昔人非。
遺民幾度垂垂老，遊女長歌緩緩歸。

二

陌上山花無數開，路人爭看翠輦來。

若為留得堂堂去，且更從教緩緩回。

三

生前富貴草頭露，身後風流陌上花。
已作遲遲君去魯，猶教緩緩妾還家。

蘇東坡的學生晁補之讀了老師的三首《陌上花》，感意猶未盡，又和了三首《陌上花》：

一

荊王夢罷已春歸，陌上花隨暮雨飛。
卻喚江船人不識，杜秋紅淚滿羅衣。

二

歸安城郭半樓臺，曾是香塵撲面來。
不見當時翠輦女，今朝陌上又花開。

三

雲母蠻箋作信來，佳人陌上看花回。

妾行不似東風急，為報花須緩緩開。

為何蘇東坡對「輪迴之說」深信不疑

「一門父子三詞客，千古文章四大家」，是說北宋大文豪蘇東坡和父親蘇洵、弟弟蘇轍都是劃時代的大詞人，父子三人再加上蘇門弟子黃庭堅，共為名傳千古的散文大家。

《冷齋夜話》記載有一件發生在蘇東坡兄弟身上的奇異事件。

話說，蘇轍被貶謫到高安的時候，和一位雲庵僧人交好。這位雲庵僧人居住在高安境內的洞山。雲庵僧人的師兄聰禪師居住在聖壽寺，因為雲庵僧人的關係，聰禪師和蘇轍也成了莫逆之交。

有一天夜裡，雲庵僧人做了一個奇怪的夢，夢見自己和蘇轍，還有師兄聰禪師一起去迎接五祖戒禪師，醒來之後，萬分詫異：

五祖戒禪師也是北宋時期的高僧，早已坐化多年，怎麼會突然夢到他呢？奇怪啊！

更奇怪的是，就在雲庵僧人為這離奇的夢境百思不解時，師兄聰禪師來了。

聰禪師一入門，就叫嚷著說：「奇怪啊，昨晚我怎麼會夢到我們三人一起去迎接五戒禪師呢？」

怎麼？師兄也夢到了去迎接五戒禪師？

雲庵僧人大吃一驚。

然而，讓他更吃驚的事還在後面。

聽禪師前腳進屋，蘇轍後腳也跟著來了。他已經聽到了聽禪師的話，拍著大腿說：「天啦！我怎麼會出現與你們相同的夢境？」

當日，蘇東坡捎來了一封信，信中說：「我已經到了奉新，不日即可相見。」

三人大為高興，一起趕到城外二十里的建山寺等蘇東坡。

蘇東坡來了，大家跟他聊起了三人共做一夢的事。蘇東坡皺了皺眉，說：「怎麼會這麼蹊蹺？我八九歲時，常常夢到我是個和尚，遊歷往來於陝右之間。我的母親也跟我說過，她懷我時，曾夢到一僧人來托宿，僧人風姿挺秀，一隻眼睛失明。」

雲庵的下巴差點掉落地下，失聲驚叫道：「五祖戒禪師就是陝右人，一隻眼睛失明，晚年的時候曾來到高安這一帶。」

太不可思議了！

蘇東坡不會就是五祖戒禪師轉世吧？

大家將信將疑。仔細算了算，五祖戒禪師在五十年前坐化，現在蘇東坡正好四十九歲，從這種跡象推斷，蘇東坡應該就是五祖戒禪師轉世了。

五祖戒禪師佛法精妙，卻犯了僧人的大戒——色戒，與女子紅蓮行了苟且之事，省悟後，羞愧難當，便坐化圓寂。這件事，在北宋年間很多人都知道。

所以，蘇東坡想到自己可能是五祖戒禪師轉世，有些難為情。

蘇東坡對雲庵說：「五戒和尚不怕人笑話，又再強顏復出了，真是可笑！但既然是佛法機緣，就應該要痛加磨礪，使他恢復原本的真面目。」

從這以後，蘇東坡就常常穿著僧人的衣裳。這個祕密被宦官陳衍發現，曾跟宋哲宗匯報過。除了穿僧衣外，蘇東坡也有很多詩作都提到了自己的前身，如《南華寺》：

我本修行人，三世積精煉。
中間一念失，受此百年譴。

《和張子野見寄三絕句過舊遊》：

前生我已到杭州，到處長如到舊遊。
更欲洞霄為隱吏，一庵閑地且相留。

關於「前生我已到杭州，到處長如到舊遊」的詩句，《春渚紀聞》中的記載是這樣的：

蘇東坡在杭州時，曾與朋友道潛禪師（號參寥子）一起到西湖邊上的壽星寺遊玩。蘇東坡看著四周景物，疑惑地對道潛說：「我生平從沒有到這裡來過，但眼前所見都很熟悉，就好像曾經在這裡住過一樣。從這裡到懺堂，應有九十二級階梯。」於是就派人去數，果然正如他所說的。蘇東坡極其認真地對道潛說道：「我前生曾經是這裡的僧人，現在的這些僧人，都是我過去的師兄弟。」此後，每次到寺院來，就寬解衣服靜坐，往往要待上一段時間才會離開。

多年以後，壽星寺的僧人則廉也回憶這事，說：「先生來寺靜坐時，我還只是一個小沙彌，奉方丈之命陪侍在先生旁邊。每當暑天炎熱，先生就靜坐在竹林裡，袒胸露體。我仔細看先生的後背有很多的黑痣，排列的形狀就像是星斗的樣子，這是一般人所難以見到的。」

後來，蘇東坡被貶謫到英州，佛印與雲庵都寫信給蘇東坡，蘇東坡都沒有回覆，只拿起紙來寫下：「五戒和尚又鑿脫了。」

再後來，蘇東坡被貶謫到海南，做了主管玉局（道觀）的官兒，寫了一首詩偈給南華長老：「惡業相纏五十年，常行八棒十三禪。今著衲衣歸玉局，可憐化作五通仙。」闡明自己心煩苦惱度過了五十年，心志是要修煉成佛，以證得六通而達無死無生的境地。

建中靖國元年七月二十八日，蘇東坡去世。

臨終前，他對守在床邊的三個兒子說：「我平生未嘗為惡，自信不會進地獄，你們不要太傷心了。」又對侍立一旁的維琳方丈說：「西天也許有，但我現在已經使不上力了。」

蘇軾和高俅到底什麼關係

高俅是《水滸傳》裡的第一反角。

《水滸傳》「反貪官不反朝廷」主旨中的「貪官」，指的就是以高俅為代表的一大幫害人蟲。

高俅在《水滸傳》中出場最早，金聖歎在評《水滸傳》時說得很清楚：「不寫一百零八人，先寫高俅，則是亂自上作也」。

書中說高俅「最是踢得好腳氣毬」，更兼「吹彈歌舞，刺槍使棒，相撲雜耍；亦胡亂學詩、書、辭、賦」，但「若論仁、義、禮、智、信、行、忠、良，卻是不會」。

他先是在東京城外幫閒，陪有錢的公子哥兒鬥雞玩馬、風花雪月。後來開賭坊的柳世權將他推薦到東京董將士家做事。

董將士嫌他是個破落戶，擔心他把壞風氣帶入自己家門，「惹得孩兒們不學好了」，另造書信，將他轉送給了小蘇學士。

小蘇學士也不歡迎他，再造一封信，將他轉送入駙馬王晉卿府裡。

但是，高俅時來運轉，合該發跡，奉駙馬王晉卿命令，送一對羊脂玉做的鎮紙獅子到端王府。端王正在蹴球，高俅適時地展示了一下自己的球技，得到了寵幸。

不久，哲宗駕崩，端王即位，是為徽宗。

高俅因此一步登天，當上了殿帥府太尉。

按照《水滸傳》的這種寫法，蘇軾和高俅其實談不上什麼關係，算是有過一面之緣吧。

但事實上，高俅曾是蘇軾手下文祕，而且兩人有一定交情。

南宋人王明清的《揮麈後錄》記載：「高俅者，本東坡先生小吏，草札頗工。東坡自翰苑出師中山，留以予曾文肅，文肅以史令已多辭之，東坡以屬王晉卿。」

即高俅原是蘇軾的小吏，頗具文采，得到蘇軾的欣賞。元祐八年（1093年），蘇軾從翰林侍讀學士外調到中山府，前途險惡。因為愛才，他有意要為高俅尋一個好歸宿，將高俅推薦給了曾文肅公——即曾布。但曾布以自己手下文書眾多為由，婉拒了蘇軾的好意。於是蘇軾又把高俅推薦給了好朋友王晉卿。

《宋史》沒有為高俅立傳，眾書對他的記載東一鱗、西一爪，零零碎碎。

但《揮麈後錄》的記載應該是可信的。

原因很簡單，《揮麈後錄》作者王明清的外祖父名叫曾紆，曾紆的父親就是故事裡出現過的曾布。

關於高俅的上位，《揮麈後錄》只是以「逾月，王登寶位。上優寵之，眷渥甚厚」、「數年間建節，循至使相，遍歷三衙者二十年，領殿前司職事」，寥寥數筆帶過。

這其中還穿插了一個小插曲，即有人對高俅的升遷提出了異議，宋徽宗直接回懟說：「汝曹爭如彼好腳跡邪！」

不過，根據《宋南渡十將傳》卷一《劉錡傳》中記載，宋徽宗為了提拔高俅，並沒有公開說「因為高俅蹴球踢得棒，所以就應該居高官、坐高位」，而是將他送到邊塞鍛鍊，最後「以邊功至殿帥」的。

有人因為高俅沒有被列入「北宋六賊」的名單內（六賊分別為蔡京、童貫、王黼、梁師成、朱勔、李彥），而《揮麈後錄》又寫他為人忠厚，知恩圖報，「不忘蘇氏，每其子弟入都，則給養問卹甚勤」，厚待蘇家後人，所以，有些人認為是《水滸傳》醜化了高俅。

這是不對的。

「六賊」之名，最早出於太學生陳東在宣和七年（1125年）所上之疏，他在疏中說：「今日之事，蔡京壞亂於前，梁師成陰謀於後，李彥結怨於西北，朱勔結怨於東南，王黼、童貫又結怨於遼、金，創開邊隙。宜誅六賊，傳首四方，以謝天下。」

當時的陳東只是太學生，對朝政瞭解不多，只列舉和斥責了六個首惡人物而已。而高俅的忠厚，也僅僅限於對蘇家後人而已；對待其他人，卻隨時都會露出吃人的本相。

宰相張商英曾勸宋徽宗「節華侈，息土木」，不要過度鋪張浪費，耗損國庫。高俅惡狠狠地參了張商英一本，要宋徽宗以行樂為主，斬殺張商英以儆效尤。

還有，《宋史．李若水傳》記載，高俅死於靖康元年，宋徽宗打算掛服舉哀。李若水勸阻說：「俅以幸臣躐躋顯位，敗壞軍政，金人長驅，其罪當與童貫等，得全首領以沒，尚當追削官秩，示與眾棄。」

應該說，李若水沒冤枉高俅。

據《靖康要錄》記載：高俅「身總軍政，而侵奪軍營，以廣私第，多占禁軍，以充力役」。他招募的士兵，以技藝工匠為主，不是為了保家衛國、上陣殺敵，而是只為他個人打工。孟元老的《東京夢華錄》也記載：高俅主持的軍隊水上爭標競賽，搞的全是雜耍百戲之類的花架子。

毫無疑問，軍隊「紀律廢弛」、「軍政不修」，後來成為金人隨心所欲屠宰的鼻涕軍，高俅作為總領軍政的頭號人物，難逃其責。

一句話，高俅的罪惡，實與童貫等人相同。

晏殊從後輩處討來一佳句，得兩首不朽詩作

北宋撫州臨川人晏殊自幼就有「神童」之譽，五歲就有不俗詩作。

晏殊十四歲那年，江南安撫張知白驚訝於他的聰穎，給他開了一份「神童」證明書，推薦他上京入殿參加考試。

晏殊小小年紀，和來自各地的數千名考生同場考試，神色毫不慌張，下筆如有神，很快完成了答卷。

宋真宗讀到晏殊的卷子，大為嘉賞，賜同進士出身。

過了兩天，進行詩、賦、論的考試。

晏殊看了考題，從容上奏說：「這些題我曾經做過，請用別的題來測試我」。

宋真宗愈加欣賞他的真誠與才華，授其祕書省正事，留祕閣讀書深造。

三年後，召試中書，晏殊任太常寺奉禮郎，入朝辦事。

宋朝自與遼國締結了澶淵之盟，兩國息兵，天下太平。

宋朝准許百官在閒暇日各擇勝景之處宴飲。因此，朝臣士大夫們都有飲宴歡會的傳統，京師的市樓酒館都大設帷帳以提供宴飲遊樂的方便。

晏殊也很嚮往這種生活，無奈阮囊羞澀，缺乏遊玩宴飲的資金，因此每有閒暇日，他就窩在家與兄弟們講習詩書，成了同僚看不起的宅男。

可是，宅男自有宅男福。

宋真宗要給太子選講官，聽說館閣大臣們都嬉遊宴飲，一天到晚醉生夢死，只有晏殊與兄弟閉門讀書，可謂謹慎忠厚，適合教習太子讀書，於是欽點晏殊做太子的老師。

太子就是將來的皇帝，而做帝王師，乃是天下讀書人的最大夢想。

誰也沒想到，毫無背景的晏殊就這樣達到了人生巔峰。

晏殊知道了皇帝欽點自己的原因，質樸誠摯地上奏說：「臣非不喜歡宴遊玩樂，只是家貧乏資而已。臣如果有錢，也會去宴飲的。」

真宗聽了，愈加愛惜晏殊誠實可信，眷寵日深。

太子登位後，是為宋仁宗，更起用晏殊為宰相。

在相位上，晏殊不僅政績斐然，還培養了許多文學家、政治家，比如范仲淹、韓琦、歐陽修等，全是他的學生。

慶曆四年（1044年），晏殊因撰修李宸妃墓誌等事，遭人彈劾，罷相任應天知府。

公務之餘，晏殊常與後學晚輩王琪到湖上泛舟遊玩。

晏殊也不帶隨從，親自掌舵，由王琪撐竹篙。

某次，二人行舟將穿過一座小橋。

王琪是南方人，擅長撐船，但他搞惡作劇，故意亂撐，讓船橫在橋下，嘴裡還大呼小叫：「晏艄公掌舵不正！」

橋上看風景的人見了，無不莞爾。

晏殊窘迫得不行，無地自容。

把晏殊作弄夠了，王琪才撥弄長篙，讓小船調正身子，順水而下。

晏殊又急又氣，卻拿王琪一點兒辦法也沒有。

王琪之所以敢在晏殊跟前率性任意，是因為他算是晏殊的「贈詩」大恩人。

現在，提起晏殊的代表詩詞作品，很多人第一個想到的，就是「無可奈何花落去，似曾相識燕歸來」這一句。

但說起來，這句詞只有上半句的著作權歸晏殊，下半句卻是王琪慨然相贈。

話說，晏殊位居相位時，曾遊揚州，在大明寺歇息。

寺院牆上寫滿了詩詞。晏殊興致勃勃，找了把椅子倚牆坐下，讓隨從一句句念牆上的詩詞。

王琪在寺中寄居讀書，恰好有詩題在牆上，晏殊一下子就聽出王琪的詩句不俗，向僧人打聽，因此結識了王琪。

一老一少，相見恨晚，天南地北，詩詞歌賦，無所不談。

彼時正是晚春時節，遍地落花。

晏殊若有所思，對王琪說：「老夫數年前想出了半句詩，卻始終沒能琢磨出下半句，好不沮喪。」

哦？王琪問：「請大人說說是個什麼句子？」

晏殊拈鬚緩緩念道：「無可奈何花落去。」

嗨！王琪想也不想，說：「可以以『似曾相識燕歸來』相對。」

晏殊一下子怔住了，隨即閉目沉思，反復吟詠，如癡似醉，半晌拍手叫道：「妙極，妙極！」

「無可奈何花落去，似曾相識燕歸來」，音調平仄相對，和諧動聽，用「似曾相識」對「無可奈何」恰到好處，拿「燕歸來」對「花落去」，既工整又傳神，把一股春愁春困活畫在紙上。

不久，晏殊就在這句詩的基礎上發揮想像，寫了一首七言律詩《示張寺丞王校勘》：

元巳清明假未開，小園幽徑獨徘徊。
春寒不定斑斑雨，宿醉難禁灩灩杯。
無可奈何花落去，似曾相識燕歸來。
游梁賦客多風味，莫惜青錢萬選才。

不過，晏殊對這句詩實在太喜歡了，用了一次還不夠，再次在這句詩的基礎上發揮想像，譜出了自己的巔峰代表作——《浣溪沙》：

一曲新詞酒一杯，去年天氣舊亭台。夕陽西下幾時回。
無可奈何花落去，似曾相識燕歸來。小園香徑獨徘徊。

將同一句詩一字不改運用到兩首不同的詩詞作品中，並使這兩首詩詞作品都成為上乘之作，這在我國古代詩詞作品裡是非常罕見的。

范仲淹文武兼備？有人嗤之以鼻

兩宋王朝在長達三百年的歷史中，軍事疲軟，先後被契丹、西夏、金國、元等國吊打，以至於不得不透過賠款、割地、稱臣來求饒，讓無數宋粉羞慚難當、無地自容。

但就是這樣一個軟弱王朝，卻是奇能異士輩出。

文有三蘇、歐陽、司馬、王安石；武有狄青、岳飛、韓世忠。

甚至還有文武雙全的辛棄疾、陸游。

辛、陸兩人不但文才出眾，詩文傳頌千古，更是膽略過人，有擒狼射虎、出入百萬軍取上將首級的本事。

此外，還有人把范仲淹稱為「文人中的武人」，把岳飛稱為「武人中的文人」。

近代掌故大師鄭逸梅就說：文如范仲淹，始足論武；武如岳飛，始足講文。

這裡重點說說范仲淹。

南宋大哲學家、思想家朱熹對范仲淹推崇備至，認為他是一個文學大家、治軍名將、理國名臣，在宋朝「振作士大夫之功為多」。

朱老夫子說：「天生人才，自足得用，豈可厚誣天下以無人？自是用不到耳。且如一個范文正公，自做秀才時便以天下為己任，無一事不理會過。一旦仁宗大用之，便做出許多事業。」

比朱熹稍後的南宋人羅大經在《鶴林玉露》中評：「國朝人物，當以范文正為第一，富（弼）、韓（琦）皆不及。」

南宋理宗朝國史實錄院檢討呂中也說：「先儒論宋朝人物，以范仲淹為第一。」元人元好問對他的評價也很高，他說：「文正范公，在布衣為名士，在州縣為能吏，在邊境為名將，其才其量其忠，一身而備數器。在朝廷，則孔子之所謂大臣者，求之千百年間，概不一二見，非但為一代宗臣而已。」

後世更有人稱讚范仲淹是「才本王佐，學為帝師」，將之與諸葛亮、陸贄、文天祥等人並列為「經綸彌天壤，忠義貫日月」的蓋世大材。

然而，就是這樣一個得到眾口稱讚的「完人」、「偉人」，到了近世，名聲卻不斷下滑。比如學者柏楊，他在自己的代表作之一《中國人史綱》中，就對范仲淹進行了無情的貶損和嘲弄。

且看，他對范仲淹的介紹和描寫，是這樣的：

1040年，西夏兵團進攻延州（陝西延安），宋軍大敗，主將被擒，延州州長（知延州）范雍被貶。中央任命兩位知名的文職大臣韓琦、范仲淹到西境主持軍事，並命范仲淹擔任延州州長。范仲淹對軍事是門外漢，但他有宋王朝士大夫特有的對內宣傳技巧。到職只一個月，就自己宣稱，西夏帝國已警告他們國人：「小范老子（范仲淹）胸中有數萬甲兵，不似大范老子（范雍）可欺。」明年（1041），西夏兵團進攻渭州（甘肅平涼），正在鎮戎（寧夏固原）巡視的韓琦派大軍迎戰，在六盤山（寧夏隆德）下好水川（甜水河）接觸，一萬零三百人，全軍覆沒。韓琦狼狽逃回，陣亡將士的家屬數千人，攔住馬頭，哀號招魂，大哭說：「你們隨著司令官出征，平安而去。

今天司令官回來，你們何在？願你們孤魂，也隨著司令官返家！」哭聲震動天地，韓琦又懼又慚。但不幾個月，就又有人宣稱，邊區人民到處歌唱：「軍中有一韓（韓琦），西賊聞之心膽寒。軍中有一范（當然是范仲淹），西賊聞之驚破膽。」問題是，對內宣傳只是一種（將）肉麻當有趣的小動作，並不能解決實際困難。又明年（1042），鎮戎再度會戰，宋軍再度大敗，九千四百餘人，全部戰死或被俘。在每戰必敗的情勢下，宋帝國只好謀求和解。1044年，正式承認「西夏帝國」獨立，並每年向「西夏帝國」繳納綢緞十三萬匹，銀幣五萬兩，茶葉二萬斤。每年節日（如元旦、中國皇帝生日），再增加綢緞二點三萬匹，銀幣二萬兩，茶葉十萬斤，銀器二千兩。宋帝國為了面子，堅稱這項繳納是一種「賞賜」，而且只承認李元昊是西夏「國王」，不承認他是西夏「皇帝」。

柏楊先生這段文字，在歷史大事件的敘述上沒有問題，細節卻值得推敲。

首先，「小范老子胸有十萬甲兵」、「軍中有一范，西賊聞之驚破膽」等語，是傳唱於西北邊陲，而非「對內宣傳」。當時的范仲淹以龍圖閣直學士身分經略西線邊防，改革軍事制度，調整戰略部署，構築以大順城為中心、堡寨呼應的堅固防禦體系，致使夏人不敢輕犯。夏人也因此稱范仲淹為「小范老子」、「龍圖老子」，敬而畏之。

其次，范仲淹處理國事崇尚忠厚，勤政愛民。其宣導的「先天下之憂而憂，後天下之樂而樂」的政治理念對後世的影響自不待言。相傳其戍邊西北時，邠州、慶州的當地百姓和眾多的羌部族，就懸掛他的畫像以祭拜，而在他去世之日，聞知消息的人更是無不扼腕歎息，羌部族的數百首領像孝子一樣放聲痛哭，並齋戒三日以後才離開。

還有，好水川之戰，完全是夏竦、韓琦等好大喜功分子的輕舉妄動所造成，當時的范仲淹早就看出出戰時機並未成熟，極力反對。那麼，好水川之戰失敗的責任，怎麼可以推到范仲淹頭上？

范仲淹在自己發起的「慶曆新政」受挫後，就被貶出京，一貶再貶，則宋朝在軍事上的被動，又怎麼可以全怪到他的頭上？

那麼，問題來了。

為什麼在宋之後、明初之前，范仲淹的聲望如日中天；而自明末到現在卻頗遭一些人非議？

原因可能出在他的不肖子孫身上。

1618年，後金汗努爾哈赤攻下撫順城，縱兵在城裡燒殺搶掠，無惡不作。

瀋陽縣學秀才范文程和兄長范文寀「仗劍謁軍門」，自稱范仲淹第十七世孫，主動求見努爾哈赤，賣身投靠，成了努爾哈赤、皇太極、多爾袞父子入關寇掠、甚至定鼎中原的帶路黨。

雖然《清史稿》對范文程的總評是：「文程定大計，左台贊襄，佐命勳最高。」

范文程本人也以為自己做的是張良、劉伯溫一類的謀士事業，但世人對他的評價普遍不高。

應該說，就是因為他，他的先人范仲淹聲名受損，讓人慨歎。

掰掰王安石罷相的來龍去脈

熙寧九年（1076年）十一月二十二日是一個值得紀念的日子。這一天，被稱為「十一世紀最偉大的改革家」的王安石罷相。

說起來，這是王安石第二次罷相了。王安石並不是一個官迷，他生活簡樸，在物質方面無欲無求。

蘇洵曾經這樣描述王安石，「衣臣虜之衣，食犬彘之食」、「囚首喪面而談詩書」。

但王安石卻是一個要做大事的人，慨然有矯世變俗之志。

為了實現自己濟世治天下的抱負，王安石就不得不參加科舉考試、入仕。

王安石自小聰穎，讀書過目不忘，屬文動筆如飛，於宋仁宗慶曆二年（1042年），考中進士第四名，授淮南節度判官。

入仕後的王安石表現得很冷靜。他知道，光有理想、光有熱情、光有書本知識還不行，必須實踐，積累經驗。所以，在淮南節度判官任滿後，他放棄京試入館閣的機會，主動要求到地方任職。到了地方任上，王安石關心民生，鼓勵發展，思索和探究富國強兵之路，以地方作為自己變法的試驗田。

事實證明，王安石是一個能幹實事的人。他在所任職的地方，政績斐然。

實驗成功，王安石當然不甘停留於地方的小打小鬧。

嘉祐三年（1058年），王安石調為度支判官。進京述職期間，他寫了長達萬言的《上仁宗皇帝言事書》，指出國家積弱積貧的現實，系統地提出了變法主張。

很遺憾，王安石的主張未能引起宋仁宗的重視。

於是，王安石繼續在地方官任上打磨，不求高官厚祿，拒絕了朝廷委任的館閣之職。

王安石的高姿態也為自己贏來了更高的聲譽，朝廷多次以要位元、高位相授。宋仁宗死後，宋英宗繼位。宋英宗傾慕王安石的名聲，一而再、再而三地徵召王安石赴京任職。王安石卻全都以服母喪和有病為由，拒絕入朝。

治平四年（1067年），宋神宗繼位。這個時候，國家的形勢已經很嚴峻了。國家財政入不敷出，財政赤字逐年擴大。

據清人趙翼《廿二史劄記》引盧策所言，宋仁宗皇祐年間，國家財政收入三千九百萬，支出一千三百萬，占收入的三分之一。宋英宗治平年間，國家財政收入四千四百萬，支出八百八十萬，占收入的五分之一。而到了神宗的熙寧年間，收入雖達五千零六十萬，但支出也是五千零六十萬，竟占收入的百分之百！

俗話說，國難思良相，家貧想賢妻。

為擺脫宋王朝所面臨的巨大經濟危機，宋神宗鄭重起用人皆稱讚為「匡世大材」的王安石，並於熙寧三年（1070年）任王安石為宰相。

王安石也深感「大有為之時，正在今日」，以大無畏的擔當精神，銳行變法。

王安石的變法是一場聲勢浩大的深刻改革，改革措施大致分為四類：一是救濟農村的，如青苗法、水利法；二是治理財政的，如方田法、均稅法；三是二者兼顧的，如免役法、市易法、均輸法；四是整飭軍備的，如置將法、保甲法、保馬法。

對於這場變法，王安石的動機是良好的，決心也很大，變法過程中會遇上的阻礙和責難，他也完全預料到了，放言說：「天變不足畏，祖宗不足法，人言不足恤。」

王安石還揚言：「當世人不知我，後世人當謝我。」自信是好事，但盲目的自信就不好了。

熙寧四年（1071年），開封百姓為逃避保甲，出現自斷手腕現象，知府韓維將之上報朝廷。

宋神宗憂心忡忡。

王安石卻不屑一顧地回答說，不要輕信傳聞，就算不是傳聞，也沒什麼大不了的！試想想，士大夫階層尚且不能理解新法，何況老百姓！

宋神宗錯愕萬分。

王安石無視民意民情，事件就越鬧越大。

一千多名東明縣農民集體進京上訪，在王安石住宅前示威遊行。

監安上門（吏）鄭俠，曾得到過王安石的獎掖提拔，目睹新法給人民帶來的弊害，仗義執言，繪製了一幅《流民圖》，進呈天子御覽。

民怨鼎沸，宋神宗坐立不安。

熙寧七年（1074年）四月，宋神宗罷免了王安石的宰相職務，改任其為觀文殿大學士、知江寧府，從禮部侍郎超九轉而為吏部尚書。

這是王安石第一次罷相。

罷相後的王安石為了繼續推行新法，就推薦了新法的擁護者呂惠卿和韓絳在朝中任要職。

呂惠卿卻是一個十足的小人，掌權後，擔心王安石會回朝威脅自己的地位與權力，就借辦理鄭俠案件的機會陷害王安石的弟弟王安國，又興起李士寧案件來傾覆王安石。

韓絳覺察到呂惠卿的用意，竭力幫助王安石回朝。

熙寧八年（1075年）二月，王安石再次拜相。呂惠卿被貶出京城，出任陳州知州。

王安石的兒子王雱對呂惠卿加害父親之事耿耿於懷，要繼續追究呂惠卿。

呂惠卿與王安石深交多年，存留有很多王安石寫給他的書信，就別有用心地把其中的幾封呈交給皇帝，控告王安石圖謀不軌。

這幾封信內有「無令上知此一帖」、「無使上知」之句，「上」就是指皇上，意思是不要讓皇上知道此信中的內容。

至此，宋神宗和王安石君臣之間頓生嫌隙，再也無法愉快相處。

王安石也覺得新法難於繼續推行下去，更兼兒子王雱病故，遂託病請求離職。

熙寧九年（1076年）十一月二十二日，宋神宗第二次罷免了王安石的相職。

王安石帶著無限的遺憾和傷悲離開了京城，結束了自己的政治生涯。

按美籍華裔歷史學家黃仁宇的說法，如果王安石變法能夠成功，則可以把中國歷史一口氣提前1000年。但是，王安石的多項改革，不見容於當時的官宦文化，亦因缺乏有關技術能力而無法取得成功。

黃仁宇是這樣說的：「在20世紀末葉提及王安石，我們只更感到驚異：在我們之前900年，中國即企圖以金融管制的辦法操縱國事，其範圍與深度不曾在當時世界裡任何其他地方提出。當王安石對神宗趙頊說『不加稅而國用足』，他無疑已知道可以信用借款的辦法刺激經濟之增長。當生產增加貨物流通時，即使用同一稅率也能在高額的流通狀態裡收到增稅之成果，這種擴張性的眼界與傳統的看法不同，當時人的眼光將一切視為不能改變的定數，因此王安石與現代讀者近，而與他同時代人物遠。」

也就是說，一場改革的成功必須順應歷史潮流。

王安石有著高度的智慧、高尚的情操、殫精竭慮恪盡職守的工作態度和工作精神，但他那超前的設計終究在殘酷的現實跟前被撞得支離破碎。

王安石最為得意的改革之法是「青苗法」。

王安石在擔任鄞縣（浙江省寧波市）縣令期間曾實施過此法，收到過良好效果。

的確，青苗法應該是新法中最能兼顧國家和民眾利益的一項善政，主要是解決農民在「青黃不接」時期的吃飯問題。此前，有錢有糧的富戶人家都選擇在這個時期借錢借糧給農民，約定夏糧秋糧成熟後，加息償還。利息很高，屬於高利貸。因為有地裡的青苗作擔保，也屬於「抵押貸款」。貸款有風險，一旦遇上洪澇災害，田裡顆粒無收，農民就只好賣田賣地。

王安石推行「青苗法」，就是要濟貧困、抑兼併、促生產。

他的做法是由國家向農民貸款，秋後再連本帶息一併歸還。

從理論上說，這一舉措可免除農民所受的高利貸盤剝，又能增加國家的財政收入，可謂利國利民。

王安石也因此沾沾自喜地對宋神宗說：我不用增加賦稅也能增加國庫收入（民不加賦而國用足）！

可是，小廟的菩薩好做，大廟的和尚難當。

鄞縣試點是成功的，在全國推行時卻完全走了樣。

首先，各地方官員為了出政績，把自願貸款演變成了官府強制攤派，不管民眾需要不需要，必須借貸，說這是「奉旨貸款」。其次，各級官員把國家的低息貸款演變成了官方的高利貸，層層加碼，致使有些地方利息遠遠高於原先設定的十幾倍！再次，地方官吏雁過拔毛，借此機會向借貸民眾伸手要錢。原先農民向地主貸款，雙方講好價錢即可成交。現在向官府貸款，要有手續，先要申請，後要審批，最後要還貸。道道手續，都成了胥吏衙役卡拿盤剝的關卡。而最最讓人叫苦連天的是，官府的逼債手段比民間放高利貸的狠多了，農民因還不上貸，被逼迫得「賣田宅、雇妻賣女、投水自縊者不可勝數」。

辭官在家的王安石聽說包括「青苗法」在內的新法一項項被廢，默然無語。

宋哲宗元祐元年（1086年）三月，廢除免役法的消息傳到江寧。王安石大感意外，他說：免役法的創立，我和神宗皇帝探討研究了長達兩年時間，實在是想不出它有什麼缺陷了啊。

「免役法」的初衷是想解除人民差役的一些弊端。差役也叫力役、徭役、公役，是人民在賦稅之外還要承擔的一項義務體力勞動。這些勞動包括保管公物、督收賦稅、追捕盜賊、傳遞命令、修橋鋪路，等等。由於「役有輕重勞逸之不齊」，所以人們在服役時就有不公平待遇。而且，由於勞役太多，也影響農民的耕種。王安石改「派役」為「雇役」，即民眾以後無須服役，只要交「免役錢」給政府，由政府出面雇人服役就行。

王安石認為，這麼一來，農民只要肯出錢，就不會耽誤農時勞作了。而且，大家都出同樣的錢，也公平公正。最主要的是，交了錢，可以讓忙不過來的人專心忙更重要的事，而又給社會閒散人員提供了賣力氣糊口的機會，好處多多。

可就是這樣一條新政，最終也被廢除了。

王安石愴然長歎，一個月後，鬱然病逝。

司馬光爲何用十七年時間來殺一弱女子

提起北宋名相司馬光，很多人都知道其少年時砸缸救友、反對王安石變法、編撰紀年體史書《資治通鑑》等事蹟，但對司馬光具體是怎麼樣的一個人，也許並不很瞭解。

司馬光此人，少年老成，似乎沒有童年，史稱其一開始讀書識字，便「凜然如成人，聞講《左氏春秋》，即能了其大旨」，並從此「手不釋書，至不知飢渴寒暑」。十九歲中進士甲科，性格剛正，為人執拗，喜歡給人講道理，不達目的不甘休。

司馬光有多剛正呢？

平生不曾做皺眉事，一生只說過一次謊。

這次撒謊，發生在其六歲時。

當時，司馬光和姐姐一起要給胡桃去皮，兩個人弄了半天都沒弄成。姐姐有事，先行離開了。一位婢女用熱湯替他把胡桃皮順利去掉。姐姐回來，大為驚奇，問：「誰幫你做的？」在虛榮心的驅使下，司馬光本能地答：「沒誰幫，都是我自己一個人完成的。」這一切，恰好被父親收入眼底，父親訓斥道：「小子怎敢說謊？」司馬光面紅耳赤，從此不敢說謊。成年後，還把這件事寫到紙上，策勵自己。邵雍的兒子邵伯溫親眼看到過這張紙。清人陳宏謀說：「司馬光一生以至誠為主，以不欺為本。」

還有，司馬光晚年要賣一匹馬，該匹馬毛色純正漂亮，高大，膘厚，光看外表，肯定能賣個好價錢。可是司馬光卻對管家說：「這匹馬有季節性肺病，賣的時候，一定要先告訴買主。」管家反對，說：「哪有人像你這樣的？賣馬把馬的毛病都說出來，馬就賤了！」司馬光急了，認真地教育管家說：「馬賤事小，隱瞞事實、不誠信，做人的根本都丟了，損失可是更大。」管家聽後，無地自容。

司馬光又有多執拗呢？

宋太祖趙匡胤要求子孫要與士大夫共治天下，不得擅殺士大夫和進言者。所以，北宋王朝成了士大夫的樂園，人人生活優裕，無性命之憂，遂奢侈成風，很多人都納妾蓄妓，連蘇東坡也不能免俗。司馬光對此並不「感冒」。甚至，司馬光婚後三十餘年，妻子張夫人沒有生育，他也沒想過納妾生子。不孝有三，無後為大。司馬光不急，張夫人急得要死，讓人買來了一個美女，安置在司馬光的臥室，自己藉故外出，欲玉成好事。哪料司馬光回臥室見有生人，便到書房睡去了。一計不成，張夫人又生一計。夫人偕司馬光回娘家賞花，暗中讓買來的美女到花園與司馬光相會。司馬光見了美女，嚴肅地說：「夫人不在，請你走開！」

就這樣，張夫人終身未育，司馬光也終生未納妾，後來收養了族人之子司馬康。

司馬光不但執拗，還很「無聊」。

元宵節到了，張夫人想出去遊燈會。司馬光奇怪地說：「家裡不是也有燈嗎？有什麼必要到街上看？」張夫人哧地笑出了聲，說：「不光是看燈，也看遊人啊。」司馬光更加覺得不可理喻，說：「看人？家裡不是也有人嗎？莫不成，我是鬼嗎？」

司馬光喜歡給人講道理，治平三年（1066年）撰成戰國迄秦的《通志》八卷上進宋英宗。宋英宗閱書大悅，命設局續修，並供給費用，增補人員。後來的宋神宗更賜書名為《資治通鑑》，並親為寫序。

王安石在宋神宗的支持下行新政，司馬光卻認為祖宗之法不可變，在神宗面前和王安石展開一輪又一輪的爭辯。

最終，聖意難改，司馬光也因此辭掉神宗所任命的樞密副使職務，自請離京，隱居在洛陽專心編撰《資治通鑑》，這一編，就編了十五年。

在這十五年時光裡，司馬光穿住簡陋、吃食粗鄙。

張夫人去世時，清苦的司馬光竟無錢給妻子辦喪事。百般無奈，他只好把僅有的三頃薄田典當出去，置棺理喪，盡了丈夫的責任。

當時，大臣王拱辰也居住在洛陽，宅第豪奢，建有高大雄偉的「朝天閣」。洛陽人因此戲稱：「王家鑽天，司馬入地。」

《資治通鑑》書成，人人都稱司馬光是宋之「真宰相」。

元豐八年（1085年），宋哲宗即位，高太皇太后聽政，司馬光任尚書左僕射兼門下侍郎，雷厲風行地罷黜新黨，盡廢新法，史稱「元祐更化」。

司馬光執政才一年半，就患病辭世，「京師人為之罷市往弔，鬻衣以致奠，巷哭以過車者，蓋以千萬數」。靈柩送往夏縣時，「民哭公甚哀，如哭其私親。四方來會葬者蓋數萬人」、「家家掛像，飯食必祝」。

縱觀司馬光一生，基本做到了「質本潔來還潔去」，風光霽月，大公無私。

但他有一污點，千百年來，讓人詬病不已。

即司馬光用了長達十九年的時間來殺掉一個農婦。

這件事，《宋史・王安石》和《宋史・刑法志》均有記載，史稱「律敕之爭」。

故事的來龍去脈是這樣的。

山東登州女孩阿雲很早就死了父親，十三歲這年，母親又得病死去，可憐的阿雲成了孤兒。

更不幸的是，在阿雲為母親守孝期間，貪圖錢財的叔叔私下把她賣給了一個叫韋大的老光棍兒為妻。

韋大已年近四十，而且相貌醜陋。

阿雲不甘心接受命運的擺布，決定憑藉自己的雙手來改變這一切。

一天夜裡，她提著切菜刀溜進韋大的屋內，向熟睡的韋大用力砍去。

哪料韋大突然驚醒，只是受了點輕傷，躲過了一劫。

次日，韋大到官府狀告阿雲，說她要謀殺親夫。

年幼無助的阿雲無路可逃，主動自首，承認了自己的犯罪事實。

知縣審理了此案，認為阿雲「謀殺親夫」的罪名成立，上報了知府許遵。

根據大宋律法，謀殺親夫是重罪，要判死刑。

人命關天，愛民如子的許知府不敢怠慢，認真閱讀了卷宗，認為阿雲罪不至死。因為，根據大宋律法，在為父母守孝期間，婚約是無效的；而且，阿雲屬於被叔叔逼婚，她本人並不認可這門親事，即阿雲並非韋大的媳婦，所謂「謀殺親夫」根本無從談起，因此許知府認為只能判阿雲故意傷害罪，而韋大傷情很輕，判阿雲三年徒刑就行。

就這樣，許遵按自己的意思將案件上報到大理寺和審刑院。

大理寺和審刑院給出的結果卻是：阿雲雖然不是韋大的妻子，但她的行為屬於謀殺無疑，應當處死。

恰巧，此前不久，宋神宗曾發布了一道命令，說如果犯人自首的話，可以降低兩個等級論罪。

如果依照這條，阿雲又罪不至死了。

許遵又根據這條敕令向刑部提出申訴。

但刑部直接無視皇帝的敕書，維持原判。

即阿雲應該是難逃一死了。

哪料，許遵在這期間升官了，調往大理寺，擔任了大理寺卿。而且謝天謝地，他還惦記著阿雲的案子，主持了公道，將阿雲改判為有期徒刑。

許遵這一改，朝廷裡的御史認為許遵這是在利用職務之便枉法，紛紛上書進行彈劾。

很快，作為紀檢部門的御史台，以許遵借職務之便枉法的名義，彈劾許遵，要求他引咎辭職。

許遵一千個一萬個不服，在朝堂上向宋神宗闡述了這個案件的來龍去脈，並奏請把這個案例下發，讓翰林學士們討論。

宋神宗聽了阿雲的遭遇，心生憐憫，把案件發到翰林院。

翰林院的領袖人物王安石和司馬光分裂成兩派，王安石認為皇帝的「敕書」在先，按照「敕書」，應判有期徒刑；司馬光卻認為法律應該凌駕於一切之上，皇權也不能隨意改變法律，必須判死刑。

兩個人在朝堂上互相撕，誰也不肯相讓。

本來，兩人都是大文學家，都是斯文人，可為什麼會在朝堂上爭得面紅耳赤也不肯相讓呢？

其實，他們的爭執裡是暗含著各自的政治意圖的。

須知宋神宗正推廣王安石的變法事項，修改法律是變法的重要內容之一，且勢在必行。

王安石用皇帝的「敕書」來壓法律，是在為變法鋪路搭橋。

司馬光是認定「祖宗之法不可變」的死硬分子，極力反對變法，堅持皇權不能隨意改變法律。

在長時間的爭辯中，宋神宗漸漸體會到了他們爭辯的本質，旗幟鮮明地站在了王安石一邊，下詔宣布阿雲罪不至死，改判有期徒刑。

這樣，幸運之神站在了阿雲一邊，阿雲逃脫了死刑，改在牢獄中服刑。

不久，神宗又宣布大赦天下。阿雲恢復了自由之身，出了牢獄，重新嫁人生子。

按理說，故事就該這樣結束了。

哪料，十七年後，宋神宗駕崩，宋哲宗繼位，司馬光重新執政。

司馬光的記憶力超好，上臺後的第一件事就是逮捕阿雲，以「謀殺親夫」罪將之斬首示眾。

司馬光此舉，意欲向政敵宣布自己永不妥協、永不贊同變法的決心，同時也是在為自己即將展開的廢除新法行動祭旗。但以一個弱女子的生命來作為政治信號，未免為天下人所不齒。司馬光的心，還是過於狠毒了些！

「破遼鬼」阿疏與「破宋鬼」張覺

話說，在金太祖完顏阿骨打統一女真部族之前，女真分為幾十個不相統屬的部落，且都在遼國的管轄之下。

女真部族中的星顯水（延邊一帶）紇石烈部酋長阿疏，原本是完顏部扶植起來的，但隨著紇石烈部的不斷強大，他就串聯起其他部族與完顏部對著幹。

結果，經過一場曠日持久的戰爭後，完顏部獲勝，紇石烈阿疏逃入了遼國。

完顏部趁機征服和聯合了十幾個部族，組成部落聯盟，形成了一個奴隸制「國家」的雛形。

1113年10月，完顏阿骨打任聯盟長，稱都勃極烈。而此時女真各部落的聯盟已經鞏固，有足夠的力量與遼國相抗衡。

1114年6月，遼天祚帝派使臣授予阿骨打節度使的稱號。

改年，阿骨打派幾個使者前往遼國，索要紇石烈部長阿疏，藉以探聽遼朝內部的虛實。

遼國為了維護自己的尊嚴，拒絕遣送阿疏。

阿骨打從使者口中知道遼天祚帝內政不修，國力衰弱，決意和遼國開戰。於是他以「阿疏不遺」為遼國的罪名，跟遼國展開無數次鬥爭。

有意思的是，每一次開戰，阿骨打都要不厭其煩地責備一遍遼國不遣送阿疏的做法。

阿疏就成了遼國應該被征伐、消滅的符號。

1125年，遼國終於在索還阿疏的呼聲中被金國滅掉了。

阿疏在東勝州被金軍抓獲，軍士問他：「你是什麼人？」

阿疏幽默地回答：「我就是『破遼鬼』阿疏啊！」

幾乎所有人都認為，完顏阿骨打對阿疏是這樣耿耿於懷，阿疏現在既然成了俘虜，必定免不了一死。

然而，因為阿疏的幽默，當他被押送到完顏阿骨打面前時，完顏阿骨打表現得更加「幽默」，只命人把阿疏拖下去，打了五十板子，就赦免了。

由此可見，阿疏僅僅是女真伐遼的一個藉口而已！

女真滅遼之後，下一個目標，就是南面的宋國。

但是，為了滅遼，女真金國與北宋王朝是結下了「海上之盟」的。怎麼才能順利翻臉、義正詞嚴地向北宋王朝開戰呢？

完顏阿骨打的繼位者吳乞買很是費了一番心思。

但是，狼要吃羊，找個藉口，那是分分鐘的事。

很快，吳乞買就找到了與「破遼鬼」相似的「破宋鬼」——張覺。

張覺是平州義豐（今河北省灤縣）人，擔任遼朝興軍節度副使。遼國滅亡前夕，他占據了平州，自任權領州事，即代理平州事務。

宋金結盟滅遼後，雙方坐在談判桌前「分贓」，按照談判結果，太行山以東的燕、薊、檀、景、順、涿、易七州交還於宋朝，平、灤、營三州屬金國。

而平州實際上還掌握在張覺手中，張覺不滿女真人的統治，舉平州降宋。

促成宋金結盟的馬植深知接納張覺會帶來什麼樣的惡果，勸阻宋徽宗說：「國家新與金國結盟，如此必失其歡，後不可悔。」

宋徽宗利慾薰心，不聽。

女真金國由此找到了藉口，大舉攻宋——「靖康之恥」也就此揭開了序幕。

在女真金國伐遼、伐宋中，阿疏、張覺完全充當了一樣的角色——戰爭的藉口、導火線。

然而，可歎的是，同人不同命！

遼天祚帝雖然為人昏庸，卻很硬氣，儘管女真人反反覆覆地索要阿疏，但他說不交就不交。於是，即使遼國滅亡了，阿疏還全須全尾地活在世上。

而宋徽宗人既昏庸，又怯懦不堪。金人剛開口向他索要張覺，他就嚇得屁滾尿流，命人將張覺及他兩個兒子抓了起來，全殺了，三具首級裝入木匣，恭恭敬敬地進呈給了女真人。

宋徽宗的做法，嚴重地傷害了原先遼國所占據的燕雲十六州士民的心，北宋的滅亡，就不是很意外的事了。

是誰擒殺了方臘

《水滸傳》有一回書寫柴進簪花入禁苑：柴進與燕青在東京城的酒樓上飲酒，偶然見班直（宋代御前當值的禁衛軍）人等出入宮廷。柴進立生計謀，戴花混入宮中，三轉五轉，便轉到了宋徽宗的御書房，抬頭見素白屏風上書四大寇姓名：「山東宋江，淮西王慶，河北田虎，江南方臘。」柴進立刻拔出匕首，割下「山東宋江」四字，安然而出。

這回書原意為力描柴進，寥寥數筆，一個膽大過人、智力超凡的英雄形象便躍然紙上。但也交代了淮西王慶、河北田虎、江南方臘是與宋江並列亂世的四大寇，勢力之雄，不在水泊梁山之下。後來梁山英雄南征方臘，損兵折將，十停人馬折損了七停，一百零八人只有三十六人生還，讓人唏噓。

按照小說的寫法，魯智深得聖僧羅漢的指引，在茅庵中一禪杖打翻了方臘，成就平寇大功。而江南民間卻流傳著武松獨臂擒方臘的傳說。

魯智深也好，武松也罷，都是小說虛構出來的文學人物，而方臘卻不是。

方臘，睦州青溪縣萬年鎮（今浙江省淳安縣威坪鎮）碣村人，於徽宗宣和二年（1120年）十月舉行起義，聚眾百萬，攻占六州五十二縣，勢力遍布包括今浙江省全境和安徽、江蘇南部、江西東北部的廣大地區。自稱「聖公」，年號「永樂」，設置官吏將帥，建立政權。宣和三年（1121年）四月，起義軍最後一個據點青溪幫源洞被宋軍攻破，方臘被擒，起義失敗。

擒殺方臘的不可能是魯智深或武松，史學界在很長一段時間內認為擒殺方臘的是歷史上著名的抗金英雄韓世忠。

蘇州靈岩山存有《韓忠武王世忠中興佐命定國元勳之碑》。碑文上說：「（韓世忠）王潛行溪谷間，問野婦，得其洞口。即挺身仗戈而前，榛棘嶺崎，越險數里，搗其巢穴，縛偽八大王，格殺數人，臘遂就擒，並俘以出。」這段碑文詳細地描述了韓世忠在鄉村婦人的指引下，找到了方臘躲藏的山洞，順利擒住方臘的過程。

雖然《容齋逸史》也有類似的記載，但《容齋逸史》顯然是取材於《韓忠武王世忠中興佐命定國元勳之碑》。

范圭的《折可存墓誌銘》中則記載有「（折可存）遂兼率三將兵，奮然先登，士皆用命。臘賊就擒。遷武節大夫。」

從這兒可知，方臘是折可存俘獲的。

作為旁證，《宋史・楊震傳》中也記載楊震「從折可存討方臘」。

而《桂林方氏宗譜》所載《忠義彥通方公傳》上記載：方庚「遂得生擒臘，獻軍中」，即方臘是方庚俘虜的。

《林泉野記》則記載：「方臘反於睦州，光世別將一軍，自饒趨衢婺，出賊不意，戰多捷。」明確方臘是就擒於劉光世。

此外，《嚴州府志》等書記載，擒獲方臘的是王馬、余木杓、余宗德等人。

以上記載，公說公有理，婆說婆有理，誰也不能駁倒誰，卻誰都不能自圓其說。

所以，方臘到底是誰俘獲的，至今尚無準確答案。

甚至，民間傳說，方臘並沒有被上述任何一個人擒獲，而是在幫源洞中頤養天年，安樂老死。

蔡京憑什麼這麼「惡」

宋朝大名士羅大經曾曆仕容州法曹、辰州判官、撫州推官等職，留心時政、關心民間疾苦，曾取杜甫詩「爽氣金無豁，精淡玉露繁」中的「玉露」二字並結合自己的名號「鶴林」，寫成了嚴格記錄時事的筆記《鶴林玉露》，對當權當政者多有抨擊，在很大程度上揭露了統治階層的醜惡面目。

下面，我就來說說該書記錄的兩件小事。

京師有一個讀書人到郊外遊玩，暮歸，經過一個富家大院，無意間看見院牆缺了一角，外人可以輕易爬入。也是合該多事，這個讀書人喝了點酒，就仗著酒勇，嘗試著逾牆而入。裡面是一個遼闊的大花園，花木繁茂，徑路交錯。在好奇心的驅使下，這個讀書人大起膽子，沿路而走，走著走著，就像走入了一個巨大的迷宮，辨別不清東南西北，而天色已經暗了。在驚疑不定之際，有人提著紅紗燈籠從林間走來。讀書人猛吃了一驚，回頭尋找歸路，已迷不能識矣，緊急中，便竄入了道路旁邊的一個小亭。小亭裡除了堆放著的一個高大的毛氈外，再無藏身之處。容不得多想，讀書人掀開毛氈，欲用氈遮蓋身體，哪料毛氈下面竟然有一個洞穴，洞穴中藏匿有人。讀書人鑽入，那人驚奔而去。讀書人無暇多想，藏身於小穴，一動不動。燭光漸漸迫近，入了亭中。忽然，有人一把揭開了毛氈！讀書人驚恐地看了一眼，發現竟是十幾個少婦，靚妝麗服，於是連忙用手死死地捂著自己的臉。其中一個少婦驚呼道：「怎麼換人了？」另外一個少婦提著燈籠，仔細審視，說：「同樣使得，同樣使得。」拉起讀書人的手，帶著他在花樹間穿行，到了一個大房間，裡面另有十幾名豔麗婦女。這天夜裡，讀書人就和這二三十名豔婦「群飲交戲」，到了五更時分，豔婦們才滿足興盡，放讀書人出房。讀書人元氣已傷，腰酸背軟，連路都走不了了。於是，這些婦人就把他裝入一個大竹筐裡面，抬著縋出牆外。眼看天快要亮了，讀書人擔心被路人撞見，就勉強扶著牆繞了一個大圈，蹣跚著回家了。調養了大半個月，體力逐漸恢復，讀書人又悄悄前往那晚誤入的那個大院去察看，發現竟是蔡太師蔡京家的花園！

蔡京，字元常。興化仙遊（今屬福建省）人，北宋徽宗朝的大奸臣，《水滸傳》將他和高俅、朱勔、楊戩並稱為「四大惡人」。而在這「四大惡人」中，又數蔡京位最高、權最重、學識最高。俗話說，流氓不可怕，就怕流氓有文化。蔡京是正牌進士出身，文化程度比另外那三個不學無術之徒高多了，因此其作惡所產生的破壞力也大得多。小說《金瓶梅》甚至把他寫成了北宋統治階層惡勢力的代表。

試想想，單單一個花園就別有乾坤，其權勢和奢華由此可見一斑。

擁有了這至高無上的權勢和財富，天大的難事，只要他想幹，也不過是一句話的事。

《鶴林玉露》還記載了另一件關於蔡家豪華的小事：有一士大夫在京師買了個小妾，該小妾稱曾在蔡太師的府廚裡工作過。士大夫聽說蔡府做出的包子特別美味，就央求這名小妾也做幾個嘗嘗。小妾一本正經地回答，包子可以做，但要做出蔡太師家裡那種味道是不可能的。士大夫大為奇怪，問她：「這卻是為何？」小妾答道：「這蔡太師家裡的包子從打麵粉到包子出籠，大大小小有幾十道工序，我只是這幾十道工序中負責切蔥絲的一名普通工人，哪裡做得出他家的味兒？」看看，這蔡京一家的腐敗奢華糜爛到何等程度！

蔡京寫了一個字，遭後人唾罵

北宋的書法界有「蘇、黃、米、蔡」四大書家的說法。

這蘇，是指蘇東坡；黃是黃庭堅；米是米芾；蔡是蔡襄。

按說，「蘇、黃、米、蔡」，蘇排第一，即蘇東坡的成就應該是最高的。但蘇東坡卻認為自己遠比不上蔡襄，說蔡襄「行書第一」。

因為蘇東坡這句話，《宋史》就說：「襄工於手書，為當世第一。」

然而，誰都沒有想到，蔡襄死後沒多久，又出現了另一個姓蔡的大書法家——北宋末年的著名巨奸蔡京。

蔡京和蔡襄都是仙遊人，但蔡襄家在仙遊楓亭鄉東垞村，而蔡京家卻是仙游東鎮蔡垞村，兩家素無瓜葛，並不同宗。

蔡京出道之初，為了自抬身價，到處吹噓自己是蔡襄的族弟。

實際上，單就書法論，蔡京沒有必要用蔡襄的名氣來炒作自己，因為，他在書法上的造詣比蔡襄高多了！

排名在蔡襄之上的米芾，初見蔡京的字，就拍案叫絕，自歎不如。

蔡京很快就「淹沒」了蔡襄在書法上的名氣，人們再稱「蘇、黃、米、蔡」的時候，「蔡」變成了指蔡京而不是指蔡襄。

一時間，世稱「天下號能書無出其右」。

紹聖年間，蔡京任代理戶部尚書，有兩個下級官吏非常恭敬地侍奉他。某天，天氣炎熱，這兩個傢伙找來兩柄白團紙扇，一左一右為蔡京搧風。

蔡京內心感激，無以為報，就要過了扇子，信手在扇面題上了幾句詩。

有了這幾句詩，扇子立時升值。

這兩個傢伙把扇子賣給了一位親王，各得了兩萬錢。

兩萬錢，在當時是普通人家一年的花銷。

可以說，這兩個傢伙是幸運的，賺大發了。

但蔡京更幸運，更加賺大發了。

因為，買這兩把扇子的親王，就是後來的風流天子宋徽宗趙佶。

宋徽宗是歷史上有名的書畫家，因字結緣，認識了蔡京，對蔡京的書法崇拜得不得了。登上帝位後，他使勁兒地重用蔡京，任蔡京為相。

蔡京有才無德，進入北宋政府中樞後，大力打擊異己，營私結黨，把朝廷搞得烏煙瘴氣。

宋徽宗即位之初，鑑於朝內黨爭嚴重，曾選年號為建中靖國，暗示自己要致力於平息黨爭。

但經蔡京這一胡搞亂搞，朝政更亂了。

通常，朝政越亂，皇帝就越喜歡改年號。

建中靖國的年號僅僅用了一年，宋徽宗就坐不住了，改年號為崇寧。

話說，在南北朝時期，有一個名叫庫狄幹的人發明了一種名叫「穿錘」的寫法，寫「崇」字的時候，一筆寫到底，「山」字的一豎穿破下面的寶蓋，一豎到底，然後一個小彎，成了「示」字的豎鉤。

蔡京是書法大家，當然知道有這樣的寫法。難得有這樣的機會來顯示自己的博學，他當堂提筆書寫「崇寧」二字，把「崇」字一筆寫到底。

這一新穎寫法，博得了朝堂上的一片叫好聲。

可是，沒幾年，北宋宗室離亂，宋徽宗父子被金人俘虜，北宋王朝宣告滅亡。

人們回頭再想，覺得事情壞就壞在了蔡京「穿錘」寫「崇」字這一環節上。

可不是？蔡京一筆下來，就用「山」字的一豎把「宗」給破了，宗室給破了，國家可不就得滅亡？

於是，大家都唾罵蔡京是個掃帚星，寫字寫壞了北宋國運。

這還不算，數百年後，大明崇禎皇帝即位，當時的內閣提出了四個年號，分別是「乾聖」、「興福」、「咸嘉」、「崇禎」，讓崇禎挑。

崇禎皇帝好死不死，一眼就相中了「崇禎」二字。

後來，大明王朝滅亡，崇禎身死煤山。

人們就說，崇禎年號和宋徽宗的崇寧年號接近，不祥啊，「宗」已經被「山」破了，無怪乎帝位被金人的後裔清人取代了。

實際上，北宋和大明的滅亡，主要是政治上的舉措不當，非關年號，更非關蔡京寫的「崇」字。要知道，大清國建立時用的年號就是崇德啊！

蔡攸掛帥，提要求竟是要得到後宮兩名寵妃

北宋末年，好大喜功的宋徽宗為了收復落在遼國人手裡的燕雲十六州，不參照對比自己的實力，不根據形勢的變化，竟然盲目冒失地採取了聯金滅遼的策略。他命使臣以買馬為名，從山東半島的萊州（今山東省蓬萊市）渡海前去聯繫新崛起的女真人，走出了他人生中最大的一著敗棋，和金國結成了「海上之盟」。

北宋朝廷中原本不乏頭腦清醒的人。

有人曾給宋徽宗做了一番冷靜而中肯的分析：遼帝國已被女真人打得奄奄待斃，這個時候去和女真人結盟，則滅亡遼國不會有什麼懸念。這種行為屬於扶強滅弱，滅掉了弱虜，就會和強虜為鄰，不但不能為大宋帶來任何好處，反倒讓女真人得益。而且，遼人本身是長在馬背上的民族，大宋和遼人對攻，並無勝算。一旦和女真做鄰居，又不能對女真人進行有效的制約，那就大禍將至了！

宋徽宗只想成就滅國復地的「千古奇功」，遮罩了所有不喜歡聽到的聲音，集結起十五萬大軍，由童貫任北伐總指揮，蔡京之子蔡攸為河北、河東兩路宣撫副使，浩浩蕩蕩，直指燕京，準備

和女真人形成兩面夾攻之勢，徹底消滅遼國。

蔡攸年輕氣盛，自謂是孫武再世、韓信重生，有吞天吐地之志、翻江弄海之能。誓師之日，看著旌旗招展、刀槍如林的軍隊，他竟興奮得忘乎所以，手舞足蹈地向宋徽宗提出了一個不情之請，說「臣成功歸，乞以是賞」。

宋徽宗聽了，神色古怪，隨即哈哈大笑，頷首應允。

蔡攸到底提了一個什麼請求，讓宋徽宗出現這樣詭異的表現呢？

時人周輝在《清波雜誌》中給我們揭曉了謎底：「蔡攸副童貫，出師北伐。既行，徽宗語其父京曰：『攸辭曰，奏功成後，要問朕覓念四五都知，其英氣如此！』京但謝，以小子無狀。二人乃上寵嬪。念四者，閻婕妤也。」

這段話翻譯成現代文，就是說蔡攸擔任童貫的副手出師北伐，出發後宋徽宗對蔡攸的父親蔡京說：「你的兒子蔡攸跟我說，北伐大功告成後，他希望得到朕的念四和五都，令郎真是英氣勃勃！」蔡京聽了，嚇得趕緊謝罪，嘴裡一個勁兒地說：「犬子太無禮了，犬子太無禮了！」宋徽宗所說的念四、五都就是他現階段最為寵愛的妃嬪，其中的「念四」是新入宮的閻婕妤，膚白貌美，豔麗多姿。

俗話說，朋友妻，不可欺，何況宋徽宗還是帝國裡至高無上的領導人，真虧蔡攸問得出口；也真虧宋徽宗不以為意。

由此可見，君臣都沉溺在虛無的勝利裡而不能自拔了。

後來發生的事，稍微懂一點兒歷史的人都知道了。在北宋王朝的協助下，女真人消滅了遼國，爾後，還沒擦乾刀口上的血，便回過頭來氣勢洶洶地撲向汴京，製造出了震驚古今的「靖康奇禍」，乾脆俐落地滅亡了北宋王朝。

宋徽宗的聯金滅遼行動演變成了一出貽笑千古的大悲劇。而蔡攸的請賞行為也成了這齣大悲劇中的一個無恥的小插曲。後人寫詩譏諷云：

誰如念四五都知，曼寫蛾眉壓眾姬。
怪殺癡兒矜武略，妄希宮禁遣楊枝。

宋徽宗在火藥庫裡玩火而不自知

對於北宋來說，「澶淵之盟」雖然是一個屈辱的和約，但從締結和約之後雙方的表現來看，效果還是挺理想的。

從締結和約之日始，宋遼雙方互不加兵者達一百二十年之久。

而在這樣長時間的和平局面裡，不僅雙方邊境地區的生產得到發展，彼此還進行著貿易，兩國的經濟文化都取得了極大的發展。

宋朝按盟約所定向遼所輸的歲幣和與遼國交戰的軍費開支相比較，前者僅為後者的百分之一二。而且，這筆歲幣，宋朝還可以從對遼貿易中賺回，所謂「祖宗朝賜予之費，皆出於榷場歲得之息」，這歲幣其實是取之於遼而用之於遼。

無怪乎北宋的政治家、文學家、改革家王安石贊「澶淵之盟」為：「歡盟從此至今日，丞相萊公功第一。」

不過，就是這樣一份給兩國人民帶來百年和平的締約，卻被一個人輕易地撕碎了。

這個人，就是北宋第八代皇帝——宋徽宗趙佶。

史書對這個人的評價很低，說他：「非若晉惠之愚、孫皓之暴，亦非有曹、馬之篡奪，特恃其私智小慧，用心一偏，疏斥正士，狎近姦諛。」

他不像晉惠帝那麼愚蠢，反而很聰明；也沒有東吳孫皓那麼殘暴；更不是像曹魏、司馬氏那樣靠篡奪來上位，他的書法、繪畫、詩賦歌詞造詣極高，但政治目光很短淺，容易受惑於小利。他遠君子而狎小人，整日與蔡京、童貫、高俅、楊戩、朱勔、王黼、蔡攸、梁師成等宵小奸邪之輩鬼混，終為一代昏聵之主。

有一個叫馬植的漢人從燕地霍陰潛回到東京，向他進獻了一條可以收復燕雲十六州的大計，他馬上動心了。

說是「大計」，其實是一條極其低劣的詭計。

原來，在遼國的東北有一個叫女真的部落，比遼國人更凶悍、更勇猛善戰。因為不堪遼國的欺壓，他們揭竿而起，將遼人打得節節敗退。

馬植建議與女真人結好聯盟，夾擊遼國，進而收取燕雲十六州。

但凡有點政治覺悟的人都會想到，如果這條計謀得以實施，不但對遼國是一場災難，對宋朝也同樣是一場災難。

知樞密院事鄧洵武勸告趙佶說：「國朝初年，乙太宗之神武，趙普之謀略，曹彬、潘美之為將，百戰百勝，征討四克，而獨於燕雲挫衄。今日哪裡可以輕舉妄動？且百年盟誓，一朝棄之，誠恐兵舉一動，中國昆蟲草木，皆不得休息矣。」

有一位叫宋昭的大臣（朝散郎）詳細給趙佶分析，說：「現在，遼帝國已經被女真人打得毫無還手之力了，我們如果不去鋤強扶弱，反而扶強滅弱，一旦弱虜被滅掉，我們就和強虜為鄰，而我們又不能對他進行有效的制約，那就大禍將至了！」

另一個名叫宇文虛中（中書舍人）的大臣說得更直白，他說：「譬如一個富戶與一個窮人比鄰而居，他想吞併窮人的地盤，就去與強盜合夥，密謀殺掉這個窮人，財產歸強盜，房子一人一半。這事若成了，以後的鄰居就換成成天惦記你家財產的強盜。以後，你還能安心過日子嗎？」

趙佶利令智昏，不聽，按既定計劃與女真結盟，發兵攻打瀕臨滅亡的遼國。

帶兵的大將種師道實在對這種做法看不過眼，也憤慨地說：「這算什麼事兒？就好像看到強盜闖入鄰居家打劫，我們不施以援手就算了，竟然趁鄰居家危急去和強盜分財產，太無恥了！」

不過，宋朝的軍隊作戰能力太差，竟被在垂死中掙扎的遼國人打敗！

但遼國最終還是滅亡在女真人手中。

而女真人也從這件事中看出了宋朝軍隊的無能，對繁華富庶的宋朝江山更加垂涎不已。

偏偏，趙佶還不知死活，竟然暗中派人去招納遼國的天祚帝！

他給天祚帝寫了一封親筆信，說：「若來中國，當以皇兄之禮相待，位燕越二王之上，賜第千間，女樂三百人，極所以奉養。」

我的天，這不是在玩火是什麼？

不但是玩火，而且是在火藥庫裡玩火！

原本女真人與宋朝結盟時就約定，誰也不准招納遼國人。可趙佶不但招了，招的還是女真人一直苦苦追殺的「頭號戰犯」天祚帝！

天祚帝之外，趙佶招降的另一個叫張覺的遼人也令女真人窩火不已。

張覺手裡攥著遼國平、灤、營三州地盤，先已答應了投降女真人，後來又投向宋朝。

貪婪的趙佶興奮得忘乎所以，竟用自己的「瘦金體」寫了一封詔書給張覺，裡面有「吾當與汝滅女真」的句子。

結果，這封詔書落到女真人手中。

這回上帝也沒法讓女真人冷靜了。

北宋宣和七年（1125年）十月，金主吳乞買以手下悍將完顏宗望和完顏宗翰為東西兩路元帥，同時從平州（今河北省盧龍縣）、西京（今山西省大同市）出發，齊頭並進，大舉伐宋。

完顏宗望所率東路軍揮師南下，如入無人之境，直逼東京汴梁。

北宋江山一觸即潰。

在「澶淵之盟」苟安思想的影響下，趙佶和他推上前臺的兒子宋欽宗趙桓都打算向女真人議和。

女真人獅子大開口，提出撤兵條件：宋朝廷必須交納黃金五百萬兩、白銀五千萬兩、牛馬騾驢一萬頭、絲絹綢緞各百萬匹。尊金帝國皇帝為伯父，除把太行山之東七州交還金帝國外，再割中山

（今河北省定州市）、太原（今山西省太原市）、河間（今河北省河間市）三鎮；以宰相、親王為質，等等。

為了湊齊這些款項，趙佶父子將皇宮、國庫中的所有金銀財貨、天子衣服、車馬、宗廟祭祀用具、六宮官府器皿等等全部折價變賣成銀錢，只得黃金三十萬兩、白銀八百萬兩。不夠，再來。

趙桓只好下令在整個京城實行第二次搜刮，命令凡在京官吏、軍民人等，必須在限期內將金銀送往官府，逾期不交者，斬首。允許奴婢等告發，懸以獎賞。並且倡優如李師師、罪臣如蔡京等的家財及親屬的財產一律沒收，用來填充空缺。

透過刮地三尺，「得金二十餘萬兩，銀四百餘萬兩，而民間藏蓄為之一空」。饒是如此，距離女真人張口索要的數字還有相當距離。

多虧完顏宗望眼看著宋朝勤王的軍隊不斷雲集，自己勢孤力薄，等不到金銀收足，閃人了。但這不是結束。

第二年，靖康元年（1126年）八月十四日，金主吳乞買再度發出南征令，兵力部署和進軍路線較之前一次基本不變，以完顏宗望為東路軍主帥，以完顏宗翰為西路軍主帥，兵分兩路，大舉南征。

這一次，他們吸取了上次孤軍深入險些後路被斷的教訓，由完顏宗翰先打下太原，兩路軍完成會師，沿路逢州奪州、遇府奪府，席捲南下，又一次殺到東京汴梁城下。

靖康二年閏十一月，女真人攻破東京汴梁，盡情燒殺搶掠，肆無忌憚地姦淫婦女，搜刮勒索。

其北撤之日，除了掠走數不清的文籍輿圖、寶器法物外，還把趙佶父子以及宗室成員分兩路擄走，其中趙佶、鄭皇后及親王、皇孫、駙馬、公主、妃嬪等一行人由完顏宗望監押，沿滑州（今河南省滑縣）北去；趙桓、朱皇后、太子、嬪妃、帝姬、宗室、王公、大臣等由完顏宗翰監押，沿鄭州北行。

被迫隨行的還有青城寨、劉家寺的女子以及各種教坊樂工、技藝工匠，甚至是無辜百姓，共計一萬四千餘人，被分成七個批次，迎著呼嘯的朔風一路向北。

東京城中公私積蓄為之一空，北宋王朝宣告滅亡，是為「靖康之難」。

李師師下落成謎

大家都知道中國古代歷史上有四大美女，她們分別是西施、貂蟬、王昭君、楊玉環。這四位美女有沉魚落雁、閉月羞花之容顏，千百年來，一直為人們所仰慕。其實，單就容顏和影響力而論，中國歷史上還有好幾位美女是可以和她們相提並論的。比如說，北宋末年的李師師就是其中之一。

李師師出身低賤，本姓王，為工匠之女。她四歲喪父，遂入娼籍改為李姓，後來入宮被宋徽宗冊封為李明妃。

「明妃」原本是王昭君的專屬封號，宋徽宗冊封李師師為明妃，那是欽定李師師堪與王昭君相媲美。

南宋詩人朱希真也很認同宋徽宗的觀點，曾寫詩直贊李師師就是宋朝的王昭君，其詩云：

解唱陽關別調聲，前朝惟有李夫人。

李師師出身低微，之所以能被宋徽宗看中，是她長大後，天生麗質，色藝俱佳，成了青樓絕世佳品。

來往嫖客一見之下，驚為天人，眾口同聲誇讚其為天下第一美女。

李師師因此豔名遠播，轟動一時。

許多高級玩家慕名而來，相處之後，大覺名不虛傳。

這其中比較有品位的、會寫詩詞的雅客，為了顯示自己曾經擁有過的美妙時光，更為了酬謝那一夜清歡，就會留下一兩首詩詞。

如張先就寫了一首《師師令》，稱讚李師師：「脣一點，小於朱蕊。」

一代詞宗秦少游的《淮海詞》最有名，詞中稱：「看遍潁川花，不似師師好。」

這些詩詞等於是為李師師在做免費廣告，李師師在娛樂界中的「一姐」地位迅速確立，名氣紅透了半邊天。

由此一來，無數高官富豪都以能一親李師師的芳澤為豪。

大才子周邦彥剛來到京城，人地兩生，落榻於妓院，與李師師相識，暢快之餘，作了一首《洛陽春賦》，傳頌一時。

所謂郎才女貌，李師師一看周邦彥的詩詞寫得比秦少遊還好，人又比秦少遊年輕帥氣，遂傾心相許，難捨難分。

周邦彥出現之前，還有一個叫李邦彥的人是李師師的房中熟客。

這個李邦彥是宋徽宗朝的宰相，為人風流浪蕩，人稱「浪子宰相」。

宋徽宗賞識李邦彥，純粹是因為李邦彥會玩，玩法多多，花樣百出。

這不，李邦彥見識了李師師的好，便積極穿針引線，帶宋徽宗私會李師師。

宋徽宗從此成了李師師的座上賓。

許多李師師之前的大主顧都相當識趣，從此不敢再來。

唯獨周邦彥，難以自拔。

某天，天氣寒冷，周邦彥以為宋徽宗不會光顧，就興沖沖地跑來和李師師溫存。

哪料，半夜時分，慾火焚身的宋徽宗來了。

沒辦法，周邦彥只好躲入床底。

宋徽宗一進門，就掏出一枚新橙塞給李師師，討好地說：「這是江南剛剛進貢來的。」

李師師伸手去接，宋徽宗的手和李師師的手一接觸，宋徽宗全身的骨頭就都酥了，再也顧不上寶相莊嚴的帝王形象，摟著李師師滾到了床上。

那一夜，周邦彥在床下凍得牙關格格作響，受盡折磨。

三更時分，宋徽宗心暢意足，穿衣戴帽，習慣性要閃身走人。

李師師纏綿挽留，說，外面這樣冷，霜濃馬滑，不如等天亮再走。

宋徽宗此來目的已經達到，心知明日若不早朝，勢必招致朝臣非議，於是狠狠地掰開李師師的手，甩門走了。

周邦彥從床下爬出來，酸溜溜地寫了一首《少年游》，詞云：

並刀如水，吳鹽勝雪，纖手破新橙。
錦幄初溫，獸煙不斷，相對坐調笙。
低聲問向誰行宿？城上已三更。
馬滑霜濃，不如休去，直是少人行。

李師師對這首新詞愛不釋手，每天都要哼唱好幾回。

改夜，宋徽宗又來了。

李師師侍寢完畢，忍不住又在枕畔哼唱了起來。

宋徽宗一聽，這首詞寫的不就是那晚相會的情景嗎？就連那晚說的話都記下來了，到底是誰知道得這麼多？就向李師師打聽，問，這是誰的大作？

李師師正想找機會向宋徽宗推薦自己的小情郎，就喜滋滋地答：「大詞人周邦彥的新作。」

周邦彥!?宋徽宗點了點頭，當場沒有說什麼。

第二天，宋徽宗便下令把周邦彥貶出了汴京。

為了能獨霸李師師，宋徽宗不顧天下人譏笑指責，乾脆把李師師迎入宮中，先封瀛國夫人，後又冊封為李明妃，改金線巷為小御街。

不過，李師師的好日子並不長。

由於金兵大軍摧壓，宋徽宗不堪其擾，禪位給了宋欽宗。

靖康元年（1126年），宋欽宗認為李師師是紅顏禍水，將李師師趕出了皇宮。

不久，汴京淪陷，北宋滅亡，李師師下落不明。

張邦基《墨莊漫錄》中稱李師師流落於江浙，已「憔悴無復向來之態矣」。

《青泥蓮花記》也記載：「靖康之亂，師師南徙，有人遇之湖湘間，衰老憔悴，無復向時風態。」

宋人劉子翬在《汴京記事》中概歎說：

輦轂繁華事可傷，師師垂老過湖湘。

縷金檀板無顏色，一曲當時動帝王。

第五章　抗金名將

以死謝眾的李彥仙

兩宋時期的超級猛人李彥仙原名李孝忠，少有大志，愛結交豪俠之士，喜論兵法，精於騎射。他的家鄉地處宋夏邊境，每次出行，他都留心觀察山川形勢，遇上了西夏人放牧懈怠，就偷偷掠奪其軍馬而回。

年十七，應徵入伍，隨名將種師中入雲中郡和西夏人作戰，有軍功，授為承節郎。

太原被圍，朝廷任李綱為兩河宣撫制置使。李孝忠身為下級軍官，不瞭解其中內幕，冒冒失失地上書彈劾李綱不知用兵之術，用他必誤國事，結果惹怒了宋欽宗，詔令有司追捕。

李孝忠從此化名李彥仙，混跡於下層軍兵中。

金兵大舉西進，宋河東制置使王燮屯軍於陝州，聽到同州失陷，自忖不能固守，便棄州而走，由金州、商州入四川去了。

李彥仙只是軍中的一名校尉，陝州失陷，他並沒有隨大部隊逃去，而是堅持在陝州打遊擊戰。他激勵大家說：「我本是外鄉人，不像你們，家園祖廟都在這兒，但我願意捨生和你們一起堅守此地。如果你們不能奮起，金人將來屠鄉屠市。」眾人感奮流涕，一齊振臂回應。

金人來了，李彥仙故意示弱，令人緊閉寨門不予理睬。

金軍幾次試攻都被箭矢射回。

金軍便準備組織梯隊進行強攻。

部隊還沒調遣到位，有一名金將自恃驍勇，極其跋扈囂張地到山寨前罵陣。

他操著滿嘴女真語，罵罵咧咧，越罵越來精神。

李彥仙突然命人打開寨門，單槍匹馬旋風一樣衝了出來，一槍將他捅倒在地，還沒等他掙扎起來，李彥仙的馬倏然兜回，一俯身將他拎起衝入山寨門。

這幾下兔起鶻落，快如閃電。山寨門重新關上，一切恢復了平靜，好像什麼也沒發生過，只剩下金將的那匹戰馬在四下引頸張望，似乎在尋找它的主人。

兩軍將士看得嘴都合不上，全驚呆了。

等金軍正式開始攻打山寨，李彥仙事先安排好的伏兵突然從背後殺出，金兵一下子就亂了，四散潰逃。

李彥仙率部趁勢從山上俯衝而下，斬敵萬餘人，奪馬三百餘匹，一戰成名。

消息傳出，河南一帶的百姓爭相來投，隊伍擴大到了上萬人。

李彥仙由是兵分四出，接連攻下金兵五十餘座壁壘。

為了順利收復陝州城，李彥仙派死士入城做臥底，約定了攻城時間，打算來個裡應外合。

建炎二年（1128年）三月，李彥仙率軍正式在陝州城的南門開打，強攻了一日，將敵人的兵力完全吸引過來，卻在夜裡引兵偷偷靠近陝州城的東北角。城裡的臥底按照事先所約好的，從裡面殺出，李彥仙則從外面殺入，內外呼應，兩相夾擊，敵人鼓噪而走，李彥仙勝利收復陝州城。

乘此大勝，李彥仙又一鼓作氣，渡過黃河，在中條諸山分頭紮寨，一時聲勢赫赫，蒲城、解州至太原的義軍不斷前來歸附。

李彥仙更是四面出兵，在安邑、虞鄉、芮城、正平和解州連戰連捷。

遠在揚州的趙構聽說了李彥仙的戰績，喜不自勝地贊道：「近知李彥仙與金人開戰，再三獲捷，朕喜而不寐。」將他任命為知陝州兼安撫使，遷武節郎、閣門宣贊舍人。

因為潼關以東只有陝州還在大宋手上，李彥仙加緊擴充軍備，修築城牆，加深壕溝，為戰守計。

他還把自己的家人全部接到陝州，激勵大家，說要「以家殉國，與城俱存亡」。

建炎二年（1128年）冬，金國猛將烏魯撒拔領軍來攻陝州。李彥仙極力禦之，最終金兵死傷慘重，倉皇撤離。

建炎三年（1129年），完顏婁室從蒲州、解州率兵來攻陝州，由於陝州只是一座孤城，完顏婁室並不很放在眼裡，大大咧咧來了。不料，在中條山中了李彥仙的埋伏，金兵大潰，完顏婁室在親將的死力掩護下，僅以身免。

李彥仙也因此升為授右武大夫、寧州觀察使兼同、虢州制置。

完顏婁室從李彥仙的刀下逃得一命，雖然惱怒不已，卻對李彥仙大加讚歎，派使者來向李彥仙勸降，許以河南兵馬元帥之職。

李彥仙想也不想，命人將來使按倒放血，直接給完顏婁室來了個下馬威。

這可把完顏婁室氣壞了，可一時也無可奈何。

李彥仙占據陝州的時間越長，其名聲越大，差點就收拾了完顏婁室的故事更是傳遍了大江南北，人氣指數一路飆升。洛陽、晉南一帶的義軍全願意接受他的節制。

完顏婁室還偏偏奈何他不得。

完顏婁室每要進攻陝西，李彥仙就渡河邀戰，讓他如芒在背，不得安生。

短短的兩年時間裡，李彥仙與金軍大小二百餘戰，給金軍的後方造成了極大的威脅，有力地策應了沿邊五路的抗金鬥爭。

考慮到陝州是豫晉陝三省的交界點，東臨洛陽，西望長安，是連接關內與中原的戰略要地，在攻陷了延安、晉寧後，完顏婁室決心以壓倒性優勢的兵力將陝州這顆眼中釘、肉中刺拔出來。

建炎三年（1129年）臘月，完顏婁室以叛將折可求為前鋒，親率十萬大軍撲向陝州。

到了陝州城下，完顏婁室將自己的十萬人馬分成十隊，從正月初一開始，每日輪一隊對城池晝夜不停地攻擊。十日輪過，再聚集十軍並攻。並攻不下，再分開十隊，依次輪流再攻，揚言「三旬必拔」。

面對來勢凶猛、氣焰囂張的強敵，李彥仙親登樵樓，意氣自若，一邊飲酒，一邊令手下大作鼓樂。

完顏婁室肺都氣炸了，揮刀遙指李彥仙，下令攻城！

於是，從大年初一開始，陝州城就陷入了永無休止的攻守戰之中，每日殺聲不斷，每日都有人流血、傷亡，每日都有無數的羽箭射到城上，每日都有大大小小的石塊拋到城裡。而射到城上的羽箭都被搜集了起來，像雨點兒一樣射到城下；落在城裡的石塊兒都被搬起來，一塊一塊砸到了城下。

這種血腥、激烈的戰鬥每日都在重複著。

和所有的攻防戰一樣，隨著日子的推移，攻防雙方的心態漸漸發生了變化。

攻與守之間，永遠是攻方占據主動，守方只能被動地陪伴著攻方將這場血腥的搏殺遊戲進行下去。

對守方來說，一旦缺乏援軍，缺乏軍需的補充，看不到取得戰爭勝利的希望，民心就會沮喪，士氣就會動搖，防守力就會解體。

李彥仙不斷給將士打氣，他還親自帶敢死隊趁夜縋城而出，縱火焚燒金人的攻城器具，掠搶金人的糧草。

然而，畢竟勢單力薄，在數倍於己的強敵跟前，這種玩兒命的拼法換來的成效並不是很大。

形勢越來越危急。

先是斷糧，找不到吃的，李彥仙從民窖裡找到了一點豆子，拿來煮熟，分發給部眾充飢，自己只喝一點點豆汁。

但這恐怕維持不了多久了，州城陷落，就在指顧之間。

城中糧食匱乏，李彥仙仍堅守不屈，孤軍奮戰，每日與金兵作戰，一連十幾日沒有解甲。

完顏婁室敬重李彥仙的才能，派人在城下喊話，說：「現在肯降，仍舊許以河南兵馬元帥之職。」

時至今日，李彥仙的忠義之心毫無改變，大聲答道：「我寧為宋鬼，不願生享你國富貴！」命人用強弩將喊話的金兵亂箭射死。

完顏婁室大怒，攻勢急如暴雨。攻城之法、攻城之具全部用上。

一大批一大批的工兵背負著雲梯在前面衝鋒，後面是由刀斧手和弓箭手組成的敢死隊，在鼓聲中前赴後繼，冒死登城。

李彥仙也豁了出去，命士兵站到城頭上，大設鉤索，每鉤到金人，立刻拍死在城上。結果雙方的士兵都是成批成批地死亡，場面慘不忍睹。

金軍陣中的鼓聲越來越急促，金軍士兵像吃了興奮劑一樣，爭先恐後，並力齊登，史稱「死傷者雖滿地而不敢返顧」。

戰爭從白天打到黑夜，黑夜仍不停歇，通宵達旦，瘋狂廝殺。

建炎四年（1130年）的正月十四日凌晨，天未破曉，東方猩紅如血，有數萬隻烏鴉在城頭上爭吃人肉，鼓噪不已，與戰聲相亂。

李彥仙兵少，一晝夜的惡戰下來，「傷夷日盡」，金兵還在不斷加緊進攻。

完顏婁室坐鎮中軍，瞇起眼看城，突然眼睛一亮，歡呼道：「城陷矣！」

城頭上已經成功登上了數路金軍。

李彥仙厲聲疾呼，壓制不住金軍的攻勢，只好撤下了城頭，轉入巷戰。他的身上密密麻麻地插著羽箭，血流不止，左肩中刀幾乎斷掉。

完顏婁室愛惜其才能，懸重賞生俘。可是在軍民的掩護下，李彥仙還是在亂軍中殺開了一條血路，順利逃出生天。到了黃河岸邊，李彥仙從騎不滿百。回望陝州城上火光沖天，哭聲震地，他知道金人正在縱兵屠城，不由得悲憤莫名。

部眾再三催促他上船渡河，他最終放棄了，仰天哭道：「金人之所以屠城，是恨我堅守不降的緣故。現在百姓為我而死，我又有何面目復生於世！」說完，投河而死，年僅三十六歲。

李彥仙身體修長而臉型消瘦，嚴厲不可犯，以信義治陝，犯軍令者雖貴不貸。他和部屬同甘共苦，部屬樂為其用。他有籌略，善應變，以孤城困厄金軍累年，大小二百餘戰，殺敵無數。城陷之日，民無二心，即使是婦女也爬上屋頂用瓦塊投擲金人，哭叫之聲不絕。

隨同眾城百姓一同殉國的還有裨將邵雲、呂圓登、宋炎、賈何、閻平、趙成，等等。其中，邵雲為山西龍門人，城陷遭擒，寧死不降，破口痛罵金人。完顏婁室大怒，喪心病狂地用大鐵釘將他釘在門板上，活活折磨了五日，再用小刀一刀一刀地將其剮死。

呂圓登，夏縣人，曾經有一段出家為僧的經歷，知道城將破，毅然引軍從外面殺入城內相援。見了李彥仙，抱頭痛哭道：「陝州被圍經年，不知你的生死，今日得見，死而無憾了。」進城後，他身受重傷，在病房療養，聽說城池失守，趕緊起來，力戰而死。

宋炎，陝縣人，善於製作弓弩，敵軍圍城之日，他連日不停地製作出幾百張大弩，「所射洞殺傷敵兵甚眾」。城破，敵人打算招降他，沿街叫喊他的名字，他不答，直至戰死。

吳玠用一筐柑橘震住數萬金軍

南宋紹興二年（1132年）十二月，金軍對四川展開進攻。

此次主持進攻的金軍統帥不是完顏宗弼，也不是完顏沒立，而是天下聞名的「啼哭郎君」完顏撒離喝。

彭原店一戰，撒離喝被吳玠打得滿地找牙，以致放聲啼哭。

從此以後，他患上了一種病——「恐吳症」。

陳倉、褒斜、儻駱、子午、庫谷、武關六道，道道通蜀。

其中陳倉要道最為重要，吳玠駐守的仙人關正扼守在此要道上。

撒離喝對吳玠有一種說不出的害怕，因此，他選擇的進攻路線是經由離吳玠最遠的蜀道——武關道大舉入蜀。

名將王彥駐守金州，兵力本來就少，又分防庫谷、武關二道，根本阻擋不了撒離喝數萬大軍的進擊，只好退守松林、明月兩關。

駐守在興元府的另一名將劉子羽迅速吹響集結號，要王彥放棄松林、明月兩關，全身而退，到石泉西北五十里的饒風關集結。同時派人飛馳仙人關，邀請駐守在仙人關的吳玠率部前來，共同擊賊。

一場慘烈的生死搏殺在饒風關下展開。

饒風嶺南枕漢江，與西鄉縣接界，地勢高峻，石徑盤紆，是秦楚蜀三地交通往來的必經之處。

嶺上有饒風關，橫亙在兩座山峰之間，儼然是一把巨大的鎖，鎖在了這條要道之上。

撒離喝要進取興元，非先破此關不可。

劉子羽向吳玠求援時，吳玠本人在河池。

劉子羽的求救信就像一顆掉進深水裡的石子，激起了千層波浪。

吳玠麾下眾將士議論紛紛。

很多人反對發兵救援。

川陝宣撫處置使司一再強調各軍分區防守，現在又沒接到宣撫處置使司趕赴饒風關增援的命令，我們怎麼能輕舉妄動呢？

金兵秦彥琪所部已從秦州沿祁山道開往成州，不日可到河池。大軍一旦調離仙人關，敵人乘虛而入，那可怎麼辦？

從仙人關到饒風關有三百里之遙，增援的人發得多了，行軍速度就快不了；增援的人發得少了，又起不到增援的作用。權衡之下，還是不要去了。

……

將士們的話都有一定的道理，要不要增援仙人關呢？

吳玠頗為糾結。

他覺得，敵人勢眾，如果不借助饒風關的險峻予以重創，其一旦進入漢中，局勢就難以收拾了。

劉子羽派來的使者在焦灼地等待著答覆。

躊躇了半晌，吳玠猛然拍案而起，叫道：「事情已經很緊急了，必須將金人阻擋在饒風關之外。你們如果不願去，我自己單騎而去，絕不能辜負劉待制。」

直祕閣、主管機宜文字的陳遠猷苦苦勸阻，說：「敵人舉國而來，其鋒不可擋。宣撫使司已經分田到戶，落實了責任，咱們也有自己的守地，何苦遠赴！萬一不勝，悔之晚矣。」

吳玠已經下定了決心，不聽，點起數千精銳騎兵，從河池一日夜驅馳三百里，急赴饒風關。

到了半路，吳玠又猶豫了，畢竟饒風關與仙人關相隔數百里，援急不能相救；萬一自己這一走，秦彥琪趁機大舉攻打仙人關，後果將不堪設想。

想到這裡，吳玠的背脊泛出了一層冷汗。

還要不要繼續前進呢？

劉子羽正好又寫來了一封信，信上催促道：「敵軍旦夕便到饒風嶺下，不守住饒風關，整個四川都有危險，將軍務須火速趕來。」

讀了劉子羽的信，吳玠疑慮盡消。當下形勢，只有守住饒風關才能保住四川，除了增援饒風關，別無選擇。

吳玠揮軍繼續驅馳，二月五日拂曉，順利抵達饒風關。

撒離喝求勝心切，已在饒風關下紮下營寨，眼看就要開始發起全面進攻。

吳玠日夜兼程，身心俱疲，根本沒法投入戰鬥。匆匆會見了劉子羽、王彥等人後，他便命人用竹筐盛了數百枚黃柑「犒賞」撒離喝，讓他知道，吳玠來了。

在竹筐裡，吳玠還別出心裁地附了一張小紙條，上面寫了十六個字：「大軍遠來，聊奉止渴。

今日決戰，各忠所事。」

看著這一筐黃澄澄的柑子，撒離喝一陣茫然，手中的鐵杖跌落地上。過了好一會兒，他才驚醒過來，彎腰拾起鐵杖連擊地面，無限幽怨地叫道：「吳玠，你怎麼說來就來了！」

要知道，撒離喝這次千里大迂迴，繞了這麼一個大彎，目的就是避開吳玠的防區。吳玠的突然出現，徹底震住了他，「不敢進，盤桓累日」。

彭原店被吳玠打敗的陰影實在太大了，太可怕了。

這樣，吳玠以幾百顆柑子的代價，換來了好幾天的休整，順便還沿饒風嶺增設了不少寨柵，盡據要險之處。

金軍引而不發，顯然是被吳玠的威名震住了。而饒風關內，除了王彥和吳玠兩軍的增援外，還有洋州義士一萬三千人加盟助陣，於是有些宋軍將士在思想上開始出現鬆懈。

吳玠覺察到了，大為震怒，將一名不按要求掘壕備戰的將校抓起來，準備斬首示眾，殺一儆百。

看著吳玠殺氣騰騰的樣子，很多人都認識到了錯誤，自覺糾正，重新投入到奮戰狀態中。

同時，大家紛紛向吳玠求情，請他免除該將校一死，讓其戴罪立功。

這名將校隸屬劉子羽軍，吳玠顧及劉子羽的面子，同意了。

大錯就此鑄成。

世界就這麼奇怪，有時，僅僅因為一念之差，或者一個小小的疏忽，就決定了一件事的成敗。

如果吳玠知道自己這個決定會影響到這場戰爭的走勢，就算要他殺一千個這樣的將校，估計他也不會皺一下眉頭。

撒離喝雖然忌憚吳玠，但軍中的糧食越來越少，再不發起進攻，全軍就要活活餓死了。

他之所以沒有貿然發動進攻，是在等自己的重甲騎兵師——金國最負盛名的「鐵浮屠」兵團。

「浮屠」是佛教用語，意為寶塔的意思，「鐵浮屠」則指生鐵鑄就的寶塔。這裡用來比喻身披兩層重甲的騎兵。按《宋史・兵志》所說，每副鎧甲「全裝共四十五斤至五十斤止」，兩層重甲加在一起，重量接近一百斤，將之披在高大雄健的騎兵身上，遠遠望去，儼然一尊尊鐵塔。這些鐵塔兵的坐騎更用皮索連成一排排，後面由步兵推拒馬樁跟著前進，每進攻，就活像一堵移動的牆壓來，可謂攻勢如潮，殺傷力巨大。

讓騎兵裝備上這樣厚實笨重的鎧甲無疑會犧牲掉戰馬的機動靈活性，但這種騎兵兵種並不用於長途奔襲和馳騁追擊，而是在陣地攻堅戰中登場。這些形如鐵塔的騎兵手持大刀長槍，穿著刀槍不入的鐵甲，像重型推土機一樣，緩緩推進，端的是無堅不摧、無強不破。

之前撒離喝運用的是「閃電戰術」，糧草累重和「鐵浮屠」被遠遠拋在後面。

現在，對手既然是吳玠，就不能不小心應付了。

撒離喝一等再等，「鐵浮屠」終於來了。

因為是山地戰，「鐵浮屠」騎兵全部以步代騎，每人身披兩重鎧甲，三人一伍，登山仰攻。

這三人中，一人在前，兩人在後，前者持盾，後兩人執長矛；前面士兵由身後的兩名士兵推助登山，互為攻防，穩紮穩打，勢在必得。

吳玠仍舊以「駐隊矢」應戰，弓弩亂髮，大石摧壓。

由床弩發出的三劍弩可以穿透鐵板，而由神臂弓發出的弩箭也可穿透合圍的榆木。在這些高強度的射具跟前，兩層鐵甲根本不足護體，而且又有大石壓頂，金軍傷亡很重，滿山亂滾，慘叫震天。

但「鐵浮屠」士兵的身後都拖著拒馬木樁，有進無退。先者既死，後者代攻，死者山積，始終不肯撤軍。

惡戰持續了六個晝夜，每日數十戰，其慘烈程度為南渡十三戰之最。

撒離喝的三千「鐵浮屠」死傷殆盡，但他已經殺紅了眼，不管，繼續催動後面的軍隊冒死進攻。

王彥借助吳玠的火力掩護，盡發精兵乘高禦賊，殺出陣地，與金軍肉搏，長槍衝突，奮迅飄忽。

金軍披靡摧折，棄甲鳥散，傷痍踵路。

撒離喝快要崩潰了。

他的軍隊殺馬代糧已有半個多月，現在深入重地，「欲退不能，進益窘」。

看來，帶來的三十萬大軍就要被吳玠、劉子羽、王彥這些人悉數埋葬在這饒風關下了。

眼看宋軍就要取得饒風關的勝利了，金軍陣營裡卻出現了一個不該出現的人——那個將校，那個該死的將校，那個被吳玠責以軍法的差點被處死的將校，因為心懷不滿，竟趁夜投奔金營。

他把饒風嶺上宋軍的虛實、軍事部署全部詳詳細細地告訴了撒離喝，給撒離喝獻計獻策。他說：「宋軍統制官郭仲荀所守的陣地雖險，但他的兵將寡弱，很容易擊敗。」並自告奮勇在前面引路。

於是撒離喝發一支精兵跟隨著他，從饒風嶺左側攀崖而上，沿著祖溪小路，越過蟬溪嶺，繞到了饒風關的後面，準備在半夜偷襲郭仲荀的山寨。

偷襲前，撒離喝又來了手陰的，「乃縱所掠婦人還山寨」，將軍中搶掠來的婦人趕到山寨去，實施美人計。

這一招得逞了。

貪圖美色的郭仲荀一軍被打得七零八落，撒離喝在郭仲荀的山寨中乘高下饒風關，以精兵實施前後夾攻。

饒風關上的宋軍腹背受敵，陣腳大亂。

經過一番頑強的抵抗，饒風關失陷。

吳玠、劉子羽、王彥等人在敗退中，不忘將所有積糧燒毀，劉子羽更是將興元城內來不及運走的公私積蓄燒得一乾二淨。

南宋版喬峰，忠孝難全

兩宋年間的淮西兵變是一件劃時代的大事。

這次兵變，使得南宋朝廷對金的態度從戰與守轉為了守與和。趙構徹底否定了張浚的進攻性軍事戰略，採取了被動的防禦性戰略。

也就是說，酈瓊叛國是南宋對金人戰略變化的一個轉捩點。

遠在鄂州的岳飛寫信向趙構提出：「陛下移駕建康，就要展開恢復中原大計，近忽傳淮西軍馬潰叛，酈瓊等人脅迫軍民而去。事出倉促，其實不是士眾本心，聽說半道逃回來的軍馬不在少數，對國計造成的損失並沒有想像中的那樣大，皇上不必太過憂慮。臣度今日事勢，劉豫賊子還不敢輕舉妄動，襄陽上流目前沒有賊軍侵犯。唯有淮甸迫近行在，臣願提全軍進屯。萬一金國、偽齊窺伺，臣當竭力奮擊，期於破滅。仍乞另外派遣軍馬，措置襄陽一帶。伏乞睿斷，詳酌施行。」

很明顯，這個建議的核心內容就是以攻代守。

趙構哪裡敢從？只是「降詔獎諭而不之許」。將略懂軍事的兵部侍郎王庶提為兵部尚書、樞密副使，讓他到江淮視師，遣調諸路兵馬重新構建江淮防線。

趙構如臨大敵地做「補漏」工作，生怕金國和偽齊又聯兵南下。

其實，那邊的金國與偽齊也不過貌合神離，現在，他們的藩屬關係已走到頭了。

金國當初之所以要扶植偽齊劉豫，主要是自身力量不夠，小蛇難吞大象，為了把已經到手的河北地區消化掉，就建立起了這樣一個傀儡政權，希望其一方面能代理自己統治中原地區，另一方面也可以在自己前面抵擋住南宋的軍事進攻。

然而，偽齊政權被豢養快七八年了，還未能斷奶，還一直依賴著金國的軍事支援才能存活。這就大大地違背了金國扶植它的初衷。

吳乞買、完顏宗翰這批老一輩的統治階層死去，新當權的完顏昌、完顏宗弼等人就準備將它廢掉。

完顏昌說：「大金立國以來，用兵無往不捷；而自從有了劉豫的齊國，咱們只要幫他，就處處失利，大挫威武。」

完顏宗弼附和說：「建立了這麼一個小邦國，也已經八年了，年年都要咱們勞師動眾、傷財害命，是沒什麼存在的必要了，廢除了吧。」

紹興七年（1137年）十一月，完顏昌、完顏宗弼「以侵江南為名」，直抵汴京，將劉豫像捉小雞一樣捉了起來，在宣德門外宣布廢掉偽齊國號，將偽齊主劉豫貶為蜀王。

金國與偽齊之間的關係竟是如此脆弱，說廢就廢，毫不猶豫。

而金國內部，也並非毫無分歧。

金兵以迅捷如風的速度平遼滅宋，從閉塞落後的寒苦關外進入了河南河北，生活作風開始出現腐化，大大小小的兵將貪圖享受，軍事上逐漸進入「疲軟期」，而其北部的渤海、蒙古各部卻並不穩定。金國內部新形成了兩派勢力，一派是以左副元帥完顏昌、太師完顏宗磐為首的，追求安逸生活的「和平派」；另一派則是以右副元帥完顏宗弼、領三省事完顏宗幹為核心的，主張以武力征服世界的「好戰派」。

完顏宗磐是金太宗吳乞買的長子，原先是金國皇位的有力競爭者，雖然最終競爭失敗，但他的勢力還很大，「和平派」明顯占據了上風。

「和平派」的首腦之一完顏昌曾經豢養過一個名叫秦檜的大漢奸，而這名大漢奸現在正在南宋高居相位，執掌大權。所以，他們要追求「和平」，要與南宋簽訂停戰協議是件很容易做到的事。

紹興七年十二月二十六日，完顏昌向南宋放出了和議的訊息。

趙構求之不得。

偽齊的廢除，使宋、金之間的緩衝勢力消失，趙構害怕和金人直接接觸，早已屁滾尿流地把行朝從建康遷回了杭州。

驀然收到這樣的好消息，還不是上天保佑、祖宗顯靈？

趙構全然不顧國內反對的呼聲，也不管父親被害、母親被辱，起用秦檜為相，以勾龍如淵為御史中丞、施廷臣為侍御史、莫將為右史，鉗制輿論，果斷和議。

在秦檜和完顏昌的牽手下，紹興九年（西元1139年）正月，和議終於達成。

和議的主要內容為：

金國方面，交還趙構的生母韋氏、兄長趙桓，並且將宋徽宗趙佶及皇后鄭氏的屍骨一次性送回，並交還原來北宋淪陷的河南、陝西等地。

南宋方面，向金國稱臣，每年向金國支付銀五十萬兩、絹五十萬匹。

史稱「紹興第一次和議」，或稱「天眷和議」。

顯而易見，這是一個不對等的和議。

趙構的生母、父親的屍骨以及河南、陝西等地本來就是宋朝所有，現在只是在向劫匪交贖金。

而可悲的是，交了這筆贖金，也意味著南宋同意永久地放棄黃河以北的土地以及生活在那兒的全部漢族子民。

趙構可以輕易放棄他的子民，可是他的許許多多子民卻不肯輕易地離開他們所深愛的國家。

這其中最有代表性的是李顯忠。

李顯忠，原名李世輔，字君錫，黨項人。他的先祖有功於大唐，賜姓李，家族「世為蘇尾九族都巡檢使」，在綏德軍青澗定居。

黨項人李元昊建立了西夏王朝，該王朝屢犯中原；李顯忠的家族卻以大宋的子民自居，世代投軍，為捍衛大宋的主權與本是自己同族的國家開戰。

據說李顯忠出生時，母親難產，「數日不能娩」，有一位高僧路過，指點迷津，說：「所孕乃奇男子，當以劍、矢置母旁，即生。」家人按照指示，依法施行，李顯忠果然順利降生，左鄰右舍均引為異事。

李顯忠年方十七便投軍，跟隨父親李永奇出入於行陣。

1127年，金人進犯鄜延，經略制置使王庶讓李永奇招募諜騎。當時已經招到了一個名叫張琦的勇士，還想再招一個，李顯忠主動請纓。李永奇說：「汝未涉歷，行必累琦。」李顯忠答道：「顯忠年小，膽氣不小，必不累琦，當與琦俱。」

有敵人夜宿陶穴，李顯忠縋入穴中，連殺十七人，取馬二匹。

王庶大為驚奇，補承信郎，充為隊將。

由於曲端見死不救，王庶棄走延安府。李永奇勢弱不能抗，被迫接受了金國的官職。

受職之日，李永奇聚集家族，痛哭流涕，對子侄們說：「我乃大宋的臣子，世襲國恩，豈能為他們所用！」要求他們不忘大宋厚恩。

偽齊建立，劉豫調取李顯忠一軍駐防汴京。

李永奇大喜，悄悄對李顯忠說：「你如果找到機會，就馬上歸本朝，不要因為我的緣故而改變主意。你的事成，我也不枉一生了。」

李顯忠到了汴京，得授南路鈐轄。李顯忠人在曹營心在漢，一直不忘父親的叮囑，時刻尋找時機還歸宋朝，他三番五次密遣幕僚帶蠟書南下聯繫趙構。

之所以遲遲沒有行動，是想為國家立一件大功。

紹興八年（1138年），完顏昌、完顏宗弼到汴京宣布廢除劉豫，「以萬騎馳獵淮上」。李顯忠覺得機會來了，大為興奮。他命部將吳俊騎馬到淮水偵察可渡馬線路，自己則想辦法接近完顏宗弼，打算劫持這個戰爭狂人歸朝獻禮。

那一天，西風獵獵，李顯忠和完顏宗弼「獨立馬圍場間」。李顯忠面色如常，內心卻激蕩奔騰不已。他的雙手緊緊攥著韁繩，每一根神經都綳得緊緊的，渾身血液飛速流動，一個震驚世界的時刻就要到來！

時間一分一秒過去，他等待著、忍耐著……

吳俊回來了。

李顯忠按捺著內心的激動，向他投去一個充滿詢問的眼色。

吳俊卻輕輕地搖了搖頭。

怎麼了？

到了一個無人的角落，一問才知道，原來吳俊的馬匹在半路被竹刺傷了，只好半途而返，計畫被迫流產。

蒙在鼓裡的完顏宗弼根本不知道自己已經在鬼門關上走了一個來回。他非常喜歡李顯忠的勇武，授承宣使，知同州（今陝西省大荔縣）。

於是，李顯忠又回到了陝西。

李顯忠到鄜城縣省親，李永奇和他商議，說：「從同州入南山，是金人往來的驛路，你可以在這兒活捉金國要員，渡過洛水、渭水，經商州、虢州歸朝。我這邊得到了消息，就馬上發兵攻打延安，回歸本朝。」

李顯忠到了同州，又派遣幕僚持書由蜀地入吳，向趙構上報歸朝事項。

不久，金國安置在陝西的統帥撒離喝來同州視察。

李顯忠將本應用在完顏宗弼身上的擒拿術使了出來，全部用在撒離喝的身上。

這次，他成功了。

李顯忠將撒離喝牢牢擒住，疾馳出城。

到了洛水，舟船失期不至，而追兵越來越多。

李顯忠橫刀立馬，與之屢戰，由午到晚，始終不能脫。

李顯忠無奈，只好與撒離喝折箭為誓，同意放他，但要求他不得殺同州人，不得殺李氏親族。

撒離喝求生心切，同意了。

於是李顯忠釋放了撒離喝，自己攜老幼長驅而北，趕到鄜城縣，遣人亟告李永奇。

李永奇趕緊挈家出城，可是來不及了。

到了馬翅谷口，被金人追上。

撒離喝賭誓如同放屁，殘忍地將李永奇一家二百餘口悉數屠戮。

當日，天昏大雪，延安人聽到李永奇舉家遇害的消息，無不泣下。

李顯忠和部下二十六人奮力拼殺，突圍而出，但道路封鎖，南歸無路！

李顯忠仰天看著紛紛揚揚飄下的大雪，熱淚橫流，不得不向西投奔了黨項人的西夏國。

西夏國主詢問他怎麼回事。李顯忠強忍悲痛，咬牙切齒地詳述了父母妻兒被殺經過，稱「願得二十萬人生擒撒離喝，取陝西五路歸於大夏，李顯忠亦得報不共戴天之仇」。

西夏國主說：「你能為立功，則不吝借兵。」

有一個叫「青面夜叉」的部落首領，經常帶領他的部眾騷擾西夏，西夏國主分兵三千騎，讓李顯忠去除掉他。

李顯忠晝夜疾馳，殺到「青面夜叉」的老巢，將之生擒。

西夏國主大喜，以文官王樞、武將移訛為陝西招撫使，以李顯忠為延安招撫使，發兵二十萬，準備從金國手中奪取陝西。

然而造化弄人！

李顯忠殺回了陝西，延安城頭高高飄揚的卻是大宋的旗幟。

怎麼回事？李顯忠和手下的二十六騎部將面面相覷。

現在的時間是紹興九年（1139年）二月，而早在一個月之前，宋金已經簽訂了「紹興第一次和議」。

負責守城的宋將趙惟清向李顯忠大呼：「鄜延路現在已經回歸大宋了，我手上有敕書。」命人出示敕書。

按照宋金簽訂的協議書，金國已向南宋交還了原先淪陷的河南、陝西等地，大部分金軍已經撤回本國了。

彷彿就在一夜之間，天地已變了個樣兒。

向西夏國主借來的這二十萬兵是用來攻取陝西五路的，那現在還打不打？

自己本是黨項族人，身居黨項族國家的要職，打就可以立蓋世大功，讓延安招撫使的職位名副其實，但陝西五路已經回歸了自己的故國——那可是自己一直以來魂牽夢繞、念念不忘的大宋故國啊！而且，自己的父親、自己的一家正是為了這個故國而飲血盡忠的啊！

不打，西夏國主待自己恩深義重，這二十萬兵馬幾乎是傾國而來，一路耗費錢糧無數，又豈能說撤就撤？

還有，如果不借助這二十萬兵馬，自己的血海深仇又如何能報？

李顯忠站在了人生的十字路口，成了現實版的蕭峰。

他是黨項人，忠於母族的國家似乎無可厚非，但他又是如此深愛大宋。打，有負自己的良心，而且違背父親的遺願，不忠不孝；不打，又辜負母族，難報滅門之仇。

李顯忠彷徨無計，束手無策！

沉默了半晌，他不禁放聲大哭。

周圍的人無不跟著痛哭，百姓更是哭聲不絕。

他收了淚，帶著八百餘騎舊部來見王樞，說：「李顯忠已到延安府，看到了宋金講和的敕書。延安已歸屬大宋，招撫請帶兵回去吧。」

移訛不同意，他說：「當初你乞兵來取陝西，今既到此，怎能讓我們空走一趟，就此回去？」

李顯忠知勢不可為，猛然拔刀劈向移訛。移訛武將出身，反應奇快，一閃身，堪堪躲開。

李顯忠砍他不中，就勢反手將王樞攔腰擒下，挾在馬上回頭就走。

移訛率鐵鷂子軍緊緊追來。

李顯忠率部背城列陣，馳揮雙刀入陣，所向披靡。

宋軍上下皆感奮於李顯忠的忠義，一齊衝殺。西夏兵大潰，殺死蹂踐數萬人，獲馬四萬匹。

知撒離喝還停駐在耀州，李顯忠誓報血海深仇，在延安府揭榜招兵，每得一人，予馬一匹，旬日間招得上萬人，浩浩蕩蕩，直赴耀州。

撒離喝聽說李顯忠來了，驚得魂飛魄散，「一夕遁去」。

李顯忠捉到了殺害父母弟侄的凶手，全部押解到東城處斬。

朝廷剛和金人簽訂了和議，聽說李顯忠在追殺金兵，恐有「敗盟」之嫌，便派崔皋等六百使臣前來撫諭說：「兩國見議和好，不可生事，可量引軍赴行在。」

趙構見到了李顯忠，大為激賞，撫勞再三，賜名加賚，又賜田鎮江，授予承宣使、指揮使職銜。

本可媲美謝安，卻把一手好牌打爛

張浚為漢州綿竹（今屬四川省）人，西漢留侯張良之後。

建炎四年（1130年），為輕減宋軍在江淮一線的壓力，張浚提出經營川陝的建議，打算在川陝開闢第二戰場，以吸引金軍入陝，從而確保南宋朝廷的安全。

宋高宗趙構同意了張浚的請求，命其任川陝宣撫處置使，負責經營川陝。

到了川陝，張浚訓練新兵，任用劉子羽、趙開、吳玠等人，形勢煥然一新。

此外，張浚還集結了四川和陝西五路共四十萬兵馬，底氣陡壯，遂在富平屯營，要與金軍決一死戰。

可惜的是，富平之戰，宋金雙方互相搏殺，雖在戰鬥過程中勝負之勢數度更換，但最終還是以宋軍潰敗告終。

當時，作為大戰的總指揮，張浚本人並不在現場，而是坐鎮在邠州。

他並不是怕死，也從不惜死。

平心而論，張浚雖然是文士出身，但卻極有膽識，遇事有擔當，不惜死，也不畏死。

揚州驚變，趙構逃到江邊，上天無路，入地無門，是他仗劍到一個漁夫家打劫來了一條漁船，保護趙構順利渡江。

在平定苗劉兵變中，是他處變不驚，從容調兵遣將，有驚無險地幫助趙構完成了復辟。

家中來了刺客，他鎮定自若，和刺客談論理想、談論人生，最終化解了刺客的一顆殺心，使刺客放下屠刀，遠走高飛。

……

從這些事例中，我們絲毫看不出張浚是一個畏懼、怯懦的人。

他之所以沒親臨富平指揮戰爭，是因為他太自信了，認為這場戰爭的勝利毫無懸念。以至於潰兵逃回到邠州，他久久回不過神兒來。

天時、地利、人和，全在我這邊，怎麼會輸了呢？

但這失敗卻又是如此真真切切地出現在面前，天啊，我該怎麼辦？

一向從容自信的張浚，這會兒顯得是那樣地無助，那樣地舉止無措，他甚至不知道下一步該做些什麼。

要知道，宋軍在富平會戰中雖然以失敗告終，但這並不是世界末日，只要將軍隊重新組織好，失敗造成的後果和損失並不算太大。可惜張浚在冷酷的現實面前，夢想徹底破碎，心情跌到冰點，善後工作做得草率、粗暴，陝西的戰局開始出現糜爛之勢。

首先，張浚將都統制劉錫降為海州團練使，安置在合州閒居，然後召開了一次問責會議，嚴肅處理最先敗退的趙哲。

張浚高立堂上，殺氣騰騰，厲聲問堂下諸將：「誤國大事，誰當任其咎者？」

堂下諸將，噤若寒蟬，只好一致指證：富平戰敗，全因為趙哲的環慶兵臨敵賣陣！

這個理由多少顯得不地道。一場大戰如果失敗，肯定會有一個地方先被擊破，就像韓愈在《張中丞傳後敘》中說的：「人之將死，其臟腑必有先受其病者。引繩而絕之，其絕必有處。」

如要認真追究起來，這場大戰的失敗，最大責任者反倒是張浚本人。

當然，不能單單以一次的成敗論英雄。這場戰爭的進行雖然有些不合時宜，甚至有些兒戲成分，但以戰鬥的過程來看，宋軍也不是沒有勝利的機會，全營被動受到衝擊，劉錡卻能在危難之中大顯身手，險些就要拿下這場戰鬥。

但所謂「兵凶戰危」，雙方看似旗鼓相當，而勝負往往就在一線之間。戰場上的形勢瞬息萬變，戰機稍縱即逝，指揮官如果不對戰場的形勢有準確的判斷，密切掌握戰爭的走向，就無法做到勝利時將戰果擴到最大，失敗時將損失降到最少。

對金國而言，如果不是完顏宗弼的鍥而不捨，如果不是完顏婁室對戰場的正確把握，如果不是完顏宗輔的預備隊對趙哲的環慶軍進行試探性的進攻……老實說，這場戰爭的勝利一方是誰還真不好說。而如果是宋軍獲勝，張浚無疑就成了南宋的頭號名將，堪與赤壁之戰的周瑜、淝水之戰的謝安相媲美了。

但是現在，張浚要做的，只能是「欲斬大將，近以藉口」了。

他喝令士兵將環慶經略使趙哲推出去斬立決。

趙哲不服，奮力掙扎，口中大呼，歇斯底里地陳說自己曾有復辟大功，不該處死。

張浚為了讓他住口，竟命提轄官用鐵骨朵猛擊其嘴巴。

「鐵骨朵」是一種軍器，形如圓形大錘，有柄。

大錘擊打到嘴巴上，立刻門牙跌落，脣舌綻爛，口鼻變形，趙哲「血流不能作聲」，最後被「斬於堠下」。

一時間，眾語喧嘩。

環慶軍將領驚愕不已，人人自危，在統制官慕洧的挑動下，竟然集體叛入西夏國。

川陝局勢從此糜爛，陷入幾不可收拾之態。

北宋王朝的最後一個武狀元

徐徽言，字彥猷，史稱其「少為諸生，泛涉書傳」。他十五歲參加武科考試，「武舉絕倫及第」，藝壓群雄，力拔頭籌，成為武科狀元。

歷史上最為傑出的武狀元是唐朝的郭子儀，一生曆仕玄宗、肅宗、代宗、德宗四朝，出將入相，對唐朝有起死回生之功，威名蓋世。

宋代的武狀元除了考騎、射、武藝和體力外，還要考「策論」及對兵書的閱讀心得和研究。只可惜宋朝重文抑武，很多武科舉人進入了仕途就從文棄武，專事文職工作而不願帶兵打仗，所以兩宋時期很少有武科舉出身的名將。

徐徽言卻是例外。

少年徐徽言自中武魁便輾轉邊疆擔任武職，多次打敗西夏人的入侵，官職升到武經郎、知晉寧軍兼嵐石路沿邊安撫使。

建炎二年（1128年）九月，大金國西路軍統帥完顏婁室率部沿渭水西進，進攻長安，一路勢如破竹，很快就進攻到宋河東路最後的堡壘麟、府、豐三州。

河東路的轄區主要在黃河以東，大致相當於今山西省大部分地區，轄管到今陝北地區的只有麟州（相當於今陝西省神木市）、府州（相當於今陝西省府谷縣）、豐州（今陝西省府谷縣北）和晉寧軍部分地區（相當於今陝西省佳縣、吳堡縣兩地）。

原本，金軍南下，為了避免節外生枝，曾許諾將本屬於大宋的麟、府、豐三州賞賜給西夏。

而宋高宗趙構在金兵的逼迫之下，也忍痛同意割讓河東、河西兩路等黃河以北州府，將麟、府、豐三州及嵐、石等州併入西夏的版圖。

麟、府、豐三州位於陝西最北端，是宋、遼、西夏三國的交界地，「黃河帶其南，長城繞其北，地據上游，勢若建瓴，實秦晉之咽喉，關陝之險要也」，是宋夏對峙中宋朝河東路的重要障蔽。此外，這裡還出產良馬，是中原政府罕有的戰馬產地。

時任晉寧軍兼嵐石路沿邊安撫使的徐徽言大為悲憤，拒絕承認朝廷詔書的合法性，躍馬橫槍，將前來接收河西三州的西夏軍全部趕出境外。

他還收集了大量河東路的宋朝殘軍，聯結了數十萬汾、晉豪傑義士，準備搗太原、取雁門，收復故地。

他說：「只要平定了晉地，我們就有了地理上的優勢，中原指期可復，機會一旦失去，就貽害無窮！」

徐徽言所做的這些，並不是為他個人謀私利，而是為整個國家。

比如說府州原屬折可求家世襲的封地，徐徽言剛一收復，便將它交還給了折可求，自己率軍回晉寧，為人行事俐俐落落。

折可求的「折家」就是《楊家將演義》裡面佘老太君佘賽花的娘家「佘家」的創作原型，在北宋初期很有名望。

完顏婁室看準了折可求是個窩囊廢，這次進攻宋河東路，就率先攻打府州。

這年十一月，完顏婁室生擒折可求的兒子，迫降了折可求一家，順利拿下了麟、府、豐三州。

可歎折可求身為堂堂「折家軍」後人，竟然屈膝做了金國的走狗，主動請願為嚮導，和完顏婁室的兒子完顏和尼領三路大軍向徐徽言的晉寧軍殺來。

晉寧東面是黃河，西面是西夏，北面是已經淪陷的麟、府、豐三州，南面是失陷的延安，完全陷入金軍的合圍之中，是理論上的絕對死角。

徐徽言卻毫不動搖，據城堅守。

折可求將晉寧團團圍住，親自到城下勸降。

那天，折可求拍馬越眾而出，抬頭仰面大叫道：「徽言啊，看在你我的情分上，就不要做無謂的抵抗了，棄械投降吧。」

徐徽言的女兒嫁給折可求的兒子，兩人是姻親，應該說是有一定情分的。

徐徽言眼圈發紅，兩手挽弓，虎軀微微顫抖，厲聲說：「你對國家無情，我和你還有什麼情分？不但我無情，這支箭更無情！」話音未落，一箭射出。

徐徽言是武狀元出身，這一箭發出，豈有不中之理？

只聽「嗖」的一聲，折可求應聲倒地。

這一變故出乎眾人的意料，想不到徐徽言這麼狠！

宋金雙方士兵全都被鎮住了。

折可求並沒死，爬起來，往後狂呼暴走。徐徽言出兵縱擊，金兵陣腳大亂，紛紛倒退，完顏婁室的兒子完顏和尼躲避不及，被亂軍砍死。

完顏和尼是完顏婁室最心愛的兒子，很早就隨父征戰，歷經沙場，在宋金交鋒中，他最出彩的表現就是在殺熊嶺和銀朱可一起完殲了北宋勁旅「種家軍」種師中部。這次不明不白地死在徐徽言手下，完顏婁室豈能咽得下這口氣？

改日，完顏婁室大發雄兵，猛攻晉寧城，誓要將徐徽言碎屍萬段。

徐徽言堅壁持久，激勵將士，安撫傷患，與金兵連番鏖戰，殺敵不計其數。

而隨著攻防戰的不斷推進，城中的戰鬥力減損嚴重，徐徽言安排諸將畫隅分守，敵人一來就致力死守，另由健卒組成的機動部隊往來為遊援。

為了彌補戰鬥力的不足，徐徽言又找來幾個精通水性的人潛泳過河，把那些逃亡到山谷裡的百姓動員起來，浮筏西渡，在河邊不斷騷擾金兵。

晉寧城的外城廣闊，由黃河引水護城，城壕深不可測，城牆高大雄固，裡面備械齊整。

強攻看來是不行了，完顏婁室有些洩氣。

不過，完顏婁室能成為一方統帥，就說明了他是一個老謀深算之徒。

他不肯就此放棄，而是比平日多長了個心眼兒，耐心地尋找著破城的辦法。

慢慢地，他找到了。

找到了晉寧城的一個「死穴」。

晉寧城倚仗黃河護城，號稱「天下險」，但恰恰是因為有黃河護城，城中竟然沒有水井，所有的飲用水都是由城外的佳蘆河引入。

得知這一點，老狐狸完顏婁室豁然開朗，笑道：「晉寧可得矣！」

他命人將晉寧城團團圍起不打，然後派人四下運來石、木、竹、草堵死佳蘆河上游，打算就此斷絕晉寧的水源。

水是生命之源，沒有水，的確什麼都完了。

不久，「城中水乏絕，儲偫浸罄，鎧仗空敝，人人惴憂，知殞亡無日」。

徐徽言知大勢已去，給兄長徐昌言留下一封信，表達了自己必死的決心，鼓勵兄長勉力國事。接著他吩咐手下把守城的器械悉數毀掉，準備好大刀長槍做最後一搏。

建炎三年二月，飢渴難耐的監門官石贇打開晉寧外城城門投敵。

徐徽言和太原路兵馬都監孫昂誓死抗戰，卻堵不住如洪水一般湧入的金兵，只得退入內城。

當天晚上，徐徽言「置妻子室中，積薪自焚」。

火焰沖天，濃煙滾滾，耳聞妻兒老小撕心裂肺的哀號聲，徐徽言淚流滿面，執劍在手，慷慨激昂地對將士們說：「我是天子委任的守土大臣，不能落在敵人手中受辱。」說完，舉劍就要抹脖子。

將士們眼疾手快，一把上前攔的攔，抱的抱，將他的寶劍奪了下來。

這樣做，根本阻止不了徐徽言的死。

外面殺聲大起，金兵攻破內城衝了進來，將身無寸鐵的徐徽言逮了個正著。

不一會兒，完顏婁室來了。

殺子之恨，豈可不報？

他聽說徐徽言已經被控制起來了，胸中長長地出了一口惡氣，忍不住仰天獰笑，笑聲陰鷙刺耳，讓人不寒而慄。

然而，當他真正地看見徐徽言時，他笑不出來了。

站在他面前的這個人渾身是血，手臂、胸前、額頭，特別是脖子，血淋淋的，但這人似乎並沒感覺到疼痛，怒視著自己，眼神裡燃燒著一種東西。

這種東西，完顏婁室讀懂了，叫做正義和仇恨。

有人附在完顏婁室耳邊，悄悄地把徐徽言縱火焚燒全家及拔劍自刎的經過說了一遍。

完顏婁室被震住了。

他看了看徐徽言身後倒塌的房屋，不由又是敬佩，又是畏懼。

他用一種從來沒有過的語氣溫言相勸：「你們的兩個皇帝都已被我們捉走了，你說你，拚了性命地守城，到底是在為誰守？」

徐徽言凜然作色道：「我為建炎天子守！」

完顏婁室嘿嘿冷笑道：「我大兵南來，中原的歸屬不得而知，你這是何苦呢？」

徐徽言怒斥道：「恨我不能斬下你的腦袋叩見天子，現在只有一死以報太祖、太宗，其他什麼也不需要知道！」

完顏婁室慢吞吞地掏出了一個金字小制牌，說：「只要你能稍微屈服，我可以讓你世代當上延安元帥，甚至把全陝西的地盤都交給你管理。」

徐徽言厲聲斥責道：「我受國家厚恩，為國而死，死得其所，豈能向你等屈膝！請你親手殺了我，不要讓其他無名之輩汙了我的身體。」

完顏婁室於是抽刀作砍劈狀，徐徽言「披衽迎刃」，意氣自若。

完顏婁室悻悻地放下刀，命人拿來一杯酒賠笑說好話。徐徽言持杯向他的臉上一擲，喝道：「我豈能飲你等狗賊的酒？」

完顏婁室知道勸降是沒有什麼效果的了，抹了抹臉上的酒水，揮揮手，命人將徐徽言拖下，「射殺之」。

和徐徽言一同就義的還有太原府路兵馬都監孫昂，這位孫昂正是當年馳援太原城的猛將孫翊之子。正所謂將門虎子，父子都是忠義救急，為國捐軀，可敬可敬！

最凶悍宋將戰死，焚屍得箭鏃二升

小說《說岳全傳》第十回《大相國寺閒聽評話，小校場中私搶狀元》寫得特有意思。岳飛攜湯懷、王貴、牛皋等一眾小兄弟到東京奪取武狀元。武科考前夕，他們投宿於高升客店。

牛皋待眾兄弟睡了，私逛東京夜市，在大相國寺遇上兩條大漢，一個白臉，身長九尺；一個紅臉，身長八尺。兩條大漢手攙著手，說說笑笑走進了一個說書場。說書的正在說北宋金槍倒馬傳，即楊令公父子九人八虎闖幽州的故事。白臉大漢心中高興，立馬掏了兩錠銀子遞與說書的。說書的說到興唐傳裡羅成枷鎖山牛口谷一人鎖五龍的故事，紅臉大漢高興，也立馬掏了四錠銀子遞與說書的。

原來那白臉大漢姓楊名再興，乃是山後楊令公的子孫。紅臉大漢卻是唐朝羅成的子孫，叫做羅延慶。

楊再興埋怨羅延慶打發說書的銀子太多，是自己的兩倍。羅延慶道：「哥哥，你不聽見他說我的祖宗狠嗎？獨自一個在牛口谷鎖住五龍，不比大哥的祖宗，九個保一個皇帝，尚不能周全性命。算起來，我的祖宗狠過你的祖宗，故此多送他兩錠銀子。」楊再興道：「你欺我的祖宗嗎？」羅延慶道：「不是欺哥哥的祖宗，其實是我的祖宗狠些。」

由此，楊再興和羅延慶爭吵起來，上演了一場小校場私奪「武狀元」的故事。

實際上，楊再興出生於湖南武岡軍綏寧縣石井圖，瑤族人，祖居河南相州，和北宋威名赫赫的「楊無敵」楊老令公扯不上關係。

兩宋交替之際，江西人曹成趁勢而起，「擁眾十餘萬」，由江西過湖湘，占據了道州、賀州、全州、永州。楊再興投在曹成麾下為將，劫掠嶺南。

紹興二年（1132年）正月，岳飛任潭州知州兼荊湖東路安撫使，進討曹成。

岳飛自北而南，七戰七勝，把曹成打得潰不成軍。

但在桂嶺縣，遇上了楊再興的絕地反擊。

楊再興是個天生的殺神，不但武藝高強，勇力絕倫，而且善於率領騎兵進行突破，能冷靜判斷戰場形勢，準確選擇進攻位置。

岳飛手下第五將韓順夫攻破曹成莫邪關，正在營中大擺酒宴慶功。

楊再興領二百壯士悄悄摸到韓營，突然發難，呼喝著揮刀殺入。

營帳裡一下就亂了。

楊再興手提單刀，接連砍翻了幾名士兵，倏忽起落，轉眼就到了韓順夫跟前，沒等韓順夫拔劍，一刀揮出，把韓順夫的臂膀活生生劈落在地。

韓順夫倒地，官軍沒有了主心骨，更加混亂。

楊再興由此大砍大殺，全勝而歸。

韓順夫失血過多，當夜死亡。

岳飛的親弟弟岳翻怒極，自告奮勇，前去捉拿楊再興。

兩軍陣前，楊再興提槍迎戰岳翻，把岳翻挑落馬下，再補一槍捅死。

岳翻是岳飛唯一的胞弟，岳翻一死，岳飛痛不欲生，率眾圍殲楊再興。

楊再興部眾非死即傷，其本人跌落澗中，無路可逃。

官軍們團團圍住，張弓搭箭，準備亂箭將他射死。

楊再興情急之下，大喊：「我是相州楊再興，請執我見岳飛。」

岳飛的幹將張憲遂將之困縛，押到岳飛跟前。

大家都認為岳飛非報殺弟之仇不可，楊再興斷不能再活。

然而，岳飛卻敬惜楊再興是難得的將才，說道：「我不殺你，你當以忠義報效國家。」

楊再興感岳飛不殺之恩，從此成了岳飛手下最得力的一員猛將。

岳飛平楊么、北伐偽齊，楊再興屢建奇功。

但楊再興最出彩的表現，莫過於郾城大戰。

該戰，金兀朮利用女真人最為倚重的中型騎兵「拐子馬」從戰陣兩翼對岳家軍進行迂迴包抄，正面出動剛猛不摧的王牌之師「鐵浮屠」，堵牆而進，威風異常。

楊再興殺得性起，虎目圓睜，血氣上湧，「單騎入虜陣，欲直擒金兀朮」。

他於千軍萬馬之中橫衝直撞，所向披靡，無人能擋。轉瞬之間，就連挑數十人，形如鬼魅，勢如猛虎，一直殺到立馬於中軍大旗之下的金兀朮當前。

不過，金兀朮終究不是韓順夫之流可比，其身為金兵三軍統帥，身邊驍將勁卒無數，蜂擁而上，重重疊疊，圍著楊再興惡鬥。

史書稱，楊再興「身被數十創」，銳氣不減，金軍為之喪膽。

金兀朮也大為氣沮，在親隨的保護下退出戰陣。

金兀朮一走，郾城大戰宣告降下帷幕。

金兵兵敗如山倒，「拐子馬」和「鐵浮屠」損失殆盡。

郾城大戰是岳家軍在平原地區對金進行騎兵對對碰所取得的一場大捷，大振南宋軍心、民心。

金兀朮在郾城失利，改攻潁昌（今河南省許昌市）岳家軍王貴部。

岳飛派遣岳雲、楊再興和張憲率部前往潁昌與王貴部會師，共同對付金兀朮。

楊再興入援心切，率三百騎兵先行，在臨潁縣南的小商河與金兀朮開赴潁昌的十萬大部隊不期然而遇。

三百人遇上敵人十萬，一般人通常都會選擇繞道而行。

但楊再興不是一般人，在郾城沒能生捉金兀朮，引為憾事。這會兒與金兀朮狹路相逢，他再也不肯錯過，率三百騎士迎面殺上，口中大呼「活捉金兀朮」！

中。

可以說，這是一場沒有懸念的惡戰。

但楊再興等三百人竟然斃敵兩千餘人！

三百人盡數犧牲後，楊再興單槍匹馬闖出戰陣，涉水而走。

金兀朮大急，一迭聲下令放箭。

一時間，箭如飛蝗，密集如雨，楊再興身上一下子就插滿了箭矢，如同一個刺蝟，翻身倒落河中。

這個結局，和《說岳全傳》的描寫完全一樣。

第二天，岳雲、張憲大軍經過小商河時，發現河岸屍首縱橫，河水殷紅。

他們找到楊再興的屍體，點火焚化，竟「得箭鏃二升」！

掰一掰韓世忠的私生活

韓世忠，字良臣，陝西綏德人。他生得風骨偉岸，目瞬如電，早年鷙勇絕人，喜騎未經馴服的馬駒，能屈西邊諸豪，方圓幾百里的鄉里惡少在他面前俯首不敢出氣，爭先恐後為他服役。

其家貧無產業，但韓世忠卻嗜酒尚氣，喝起酒來，手不停盞，酒到杯乾，無拘無束，極其豪爽，人稱「潑韓五」。

跟很多人一樣，「潑韓五」酒醉了就容易鬧事。

有一次喝酒，同席有一個叫席三的算命先生，算他日後當位至三公。他不喜反怒，認為席三在拿自己尋開心，跳了起來，掀翻了酒席，將席三按倒在地痛毆了一番。

還有一次，他到米脂寨姻家喝酒，日暮才回，而城門已關閉，他拍打著城門，大發酒瘋。關吏遵守朝廷規定，不開，他心中焦躁，酒氣上湧，怒火沖天，用力拉門，只聽軋軋聲響，橫擱在門內的大木突然斷裂，兩扇上千斤重的城門應聲而開。關吏駭然，驚為神人。

「潑韓五」缺乏父母管教，天不怕，地不怕。「醉裡乾坤大，壺中日月長」，天天如此，開懷暢飲，無醉不歸。

有時在街頭巷尾的酒肆茶坊、妓院娼寮，又或者菜市場、垃圾角，他兩腳一伸，放倒就睡。長此以往，「潑韓五」染上了一身疥癩，通體臭腐不可近，連老婆兒子都感到厭惡。

「潑韓五」自己卻毫不在意，有酒照喝，放浪形骸。

某天酒後到溪澗泡浴，從澗嶺上忽然遊來了一條巨蟒，張開大嘴向他咬來。

「潑韓五」吃了一驚，酒意全無，張開兩臂，一手撐住巨蟒的上顎，一手按著巨蟒的下顎，猛一用力，要將巨蟒撕成兩半。然而巨蟒吃痛，「以尾繞其身」，盤繞他全身，越繞越緊，他胸口一悶，險些窒息，大吼一聲，翻身倒在水中，和巨蟒翻滾搏鬥，水花四濺，始終不得脫。

韓五心中焦躁，所幸下半身能動，他站了起來，卻不敢鬆勁，將巨蟒扛在身上一步一步挪回家，高聲呼喚妻兒拿刀斬殺巨蟒。妻兒哪見過這樣駭人的情景，嚇得全身發抖，別說拿刀，連動都動不了。

看來指望不上妻兒幫忙了。

韓五雙手發痠，脖子被箍得難於呼吸，情形愈見窘急。他勉強挪入廚房，見家裡的切菜刀仰置在案板上，「遂持蟒首就上極力按之，來去如引鋸，卒斷其首」。

蟒頭一斷，蟒身綿軟鬆弛，從韓五身上滑掉地上。

韓五如獲大赦，長舒了一口氣。

回頭想想自己無端端地吃了這番驚嚇，心頭來氣，操刀將蟒砍成幾段，一股腦拋入鑊中，用烈火煮熟，連肉帶湯吃了個乾乾淨淨。

神了！

第二天，韓五身上竟然出現了蛇式蛻皮現象，周身疥癩脫落，肌體瑩白如玉！

有了這段驚心動魄的經歷，再結合他日後每「與將吏騎馬出郊，喜坐於淺草間」，而且說話「語急而聲厲，每言則吐舌」，人們背後稱他是「蛇精」，且越傳越神。（詳見《名臣言行錄》）

北宋崇寧四年（1105年），北宋與西夏再度開戰，西北州郡急募士兵，「潑韓五」踴躍報名參軍。

在軍隊中，他挽弓二百斤，「挽強馳射，勇冠三軍」。

有一天興起，他手提鐵朔，騎了一匹悍馬，賓士到二郎山的懸崖峭壁上，來回疾舞，口中狂呼亂叫。閒觀者目眩神迷，無不膽裂。

軍府考究武藝，他自己一個人獨用鐵胎弓，所射金石無不貫穿，「騎射絕人類」。

每聽到邊報，他立刻上馬，甚至連馬鞍都不要。

他喜歡和將校們交遊痛飲，資費互通有無。韓世忠身無餘財，就在酒肆中和兄弟們約定，以後上陣，就用敵人的腦袋抵押。而每次作戰，他總能收割許多腦袋，同伴們樂不可支，更加願意請他喝酒。

西夏軍進犯銀州，韓世忠所在的部隊即將開拔接戰，部隊中有一個名叫黨萬的軍校，在家裡是獨子，父母極其不捨。韓世忠就去找到他的父母說：「大丈夫當建功業，取公侯，豈能齪齪自守？」黨公奇其志，同意了黨萬隨軍。

在銀州，韓世忠以一名小兵的身分，爬上城頭，斬兵殺將，將敵將首級擲出外。諸軍大受激勵，鼓噪而進，大獲全勝。

改日，宋、夏兩軍在蒿平嶺大戰，韓世忠為敢死隊員衝殺在前，發現西夏軍有名騎將異常生猛，便向俘虜打聽，得知此人竟是西夏軍的監軍駙馬兀口移。韓世忠毫不猶豫，立刻提刀衝上，只一刀，就將其斬落馬下，西夏兵大潰。

一名普通小兵能有這樣上佳的表現，總理邊事的童貫打死也不相信，懷疑軍中有所增飾，只給韓世忠提了一級工資，就此完事。全軍為之譁然。

不過，是金子就會一直發光的。

不久，韓世忠轉調劉延慶軍中，先在天降山砦夜登城斬敵將兩名，接著又在佛口砦斬敵數人，既而至藏底河又斬敵三人，終於積戰功升為勇副尉。

宣和二年，方臘起義，江、浙震動，朝廷四處調兵，韓世忠在王淵帳下做一員偏將，領兩千士兵在北關堰大破起義軍。王淵直歎：「真萬人敵也。」將隨身所帶金銀全部賞給了他。

為了早日「剿除」方臘，趙佶放出了話，「能得方臘首級者，授兩鎮節鉞」。

衝著這個誘人的獎賞，方臘往哪兒逃，韓世忠就往哪兒追，一直追到了睦州清溪峒。

方臘躲在清溪峒的岩窟。追趕方臘的人很多，但都不知方臘藏在哪兒，大家只好搓手歎息。成功總是留給有心機的人的。韓世忠沒有和那些人一樣只懂得在那兒聊天嗑牙，他不聲不響，潛行溪谷，挺身仗戈，透過向野婦問路，渡險數里，終於找到了方臘的巢穴，孤身殺入，格殺了數十人，活捉了方臘。

兩鎮節度使的位子就要到手了，韓世忠一戰功成名就！

可是，老天又一次和韓世忠開了一個玩笑。

一個叫辛興宗的宋將領兵截守在峒口，將方臘奪了過去，高高興興地做上了兩鎮節度使。真正的功臣韓世忠一無所得。

直到金人南侵，韓世忠的事業才開始出現轉機。

在抗金戰場上，他一如既往，奮勇殺敵，一刀一槍地博取功名。

他在滹沱河「躍馬薄（通「搏」）敵，迴旋如飛」，以五十騎擊潰敵軍兩千餘人；又在守將梁方平丟失浚州的情況下，力潰重圍，焚橋而還；更在真定府（今河北省正定縣）「以死士三百搗敵營」，將領軍的大酋刺於馬下。

趙構在相州辟大元帥府，南下濟州，遭遇金人縱兵逼城，人心兇懼。

韓世忠在大元帥前後左右中五軍中趙辟野的麾下，據西王台力戰。

金兵有數萬之眾，韓世忠部不過千餘人，但韓世忠不畏強敵，「單騎突入，斬其酋長」，終於將金軍殺退。

就是從這一刻起，趙構記住了韓世忠。

到了應天，韓世忠勸趙構登基最來勁。趙構將他升為光州觀察使、帶御器械，兼御營左軍統制。

而讓趙構真正感激，並徹底寵愛上韓世忠的，當屬建炎三年平定苗劉之亂。

那一年，御營統制苗傅和副統制劉正彥因不滿御營司的都統制王淵與宦官勾結，驀然發動兵變，處死了王淵，挾制了趙構，另立尚在繈褓中的趙構之子趙旉為帝，改年號「明受」。

時為定國軍承宣使、鄜延路副總管、平寇左將軍的韓世忠剛從淮陽（今江蘇省清江市西古泗水西岸）引軍退至沭陽（今江蘇省沭陽縣），聽到消息，大吃一驚，馬上從海道趕往平江府，向御前右軍都統制、浙東制置使張俊借兵兩千，「舟行載甲士，綿亙三十里」，開到秀州，打造雲梯，大治器械，從臨平發起攻擊。

韓世忠一馬當先，「瞋目大呼，挺刃突前」，率軍猛攻，於杭州北郊的堰橋（今德勝橋）登陸，破城門而入。

趙構聽到城外殺聲震天，知道救兵來了，倚在宮門張望，見到了韓世忠，不由一把握住他的手慟哭著說：「中軍吳湛協助苗劉造反最賣力，現在還在宮中監管著我，愛卿你能先將他誅殺嗎？」

這個容易。

韓世忠隨即入宮謁見吳湛，張開一隻蒲扇大小的手與之「握手與語」，突然發力「折其中指」，就地拿下，斬戮於市。

第二日，韓世忠又率部追擊從湧金門潛逃的苗傅和劉正彥，分別在漁梁驛和建陽將之擒獲，肢解於市。

趙構重見天日，親自手書「忠勇」二字賜給韓世忠，並授檢校少保、武勝昭慶軍節度使。

應該說，「忠勇」二字是對韓世忠一生最精練、最集中、最準確的評價。

史書也稱其「性戇直，勇敢忠義，事關廟社，必流涕極言」。

他常常告誡家裡人說：「我的名字叫世忠，你們卻不必因為這就諱言『忠』字，諱而不言，就是忘本，拋棄了『忠義』之心。」

「忠」之外，其「勇」也令人敬仰。

建炎三年，完顏宗弼發起代號為「搜山檢海」的追擊行動，撵著趙構從臨安到越州（今浙江省紹興市），走明州（今浙江省寧波市），奔台州（今浙江省台州市），從定海（今浙江省鎮海區）下海，一路雞飛狗跳，不亦樂乎。

等到春逝夏來，完顏宗弼由秀州（今浙江省嘉興市）沿浙西運河經平江府（今江蘇省蘇州市）、常州、鎮江，轉入長江渡船北返。

韓世忠時為浙西制置使，手下只有八千人。在其他諸部紛紛躲避的情況下，他高舉「勇」字大旗，移師鎮江，在焦山寺（今江蘇鎮江北焦山）下列開陣勢，予以完顏宗弼迎頭痛擊，最終將完顏宗弼的十萬主力截入黃天蕩，足足壓制了四十八天。

完顏宗弼求生不得，求死不能，非常窘迫，只得請求韓世忠出來說話。韓世忠「酬答如響，時於所佩金鳳瓶傳酒縱飲示之」，在陣前喝酒，豪氣沖天。完顏宗弼自慚形穢，大為沮喪。

古人有言：「天下安，注意相；天下危，注意將。」

當此千秋危難之時，韓世忠橫空出世，以孤軍迎戰完顏宗弼十萬之眾，可謂忠肝義膽，英雄蓋世！

這一戰，韓世忠的夫人梁氏也「親執桴鼓」助威，激勵將士們作戰。

這個梁氏並不是那個厭惡韓世忠得了疥癩的糟糠老妻白氏，而是一個在京口謀生的妓娼。相傳，這個梁妓娼去一個官員家過夜，五更時分出來，睡眼惺忪，「忽於廟柱下見虎蹲臥，鼻息齁齁然」，不由大為驚駭，定睛細看，原來是一個軍卒。

這個軍卒就是發跡前的韓世忠。

梁妓娼認定這個軍卒不是凡人，就推醒了他，悄悄帶回家，「具酒食，卜夜盡歡，深相結納，資以金帛，約為夫婦」。

韓世忠的四個妻子分別被趙構封為：秦國夫人（白氏）、楊國夫人（梁氏）、秦國夫人（茅氏，承繼了去世的原配白氏的封號）、蘄國夫人（周氏）。其中的蘄國夫人周氏也是妓女出身。

據說，這個周妓娼長得國色天香，被趙構的一個遠房大伯趙叔近包養。紅顏禍水，趙叔近並不知道，這個周妓娼還有一個相好，名叫王淵。

這個王淵就是韓世忠的老上級，曾在征方臘大戰中直歎韓世忠「真萬人敵也」的王淵！

他當時的身分是御營都統制，看見趙叔近橫刀奪愛，哪裡咽得下這口氣？

他指使部將張俊去幹掉趙叔近，以解心頭之恨。

張俊「素以父事淵」，唯王淵馬首是瞻，馬上找到了趙叔近，一刀劈去，「斷其右臂」，趁亂奪了周妓娼。

王淵對周妓娼也說不上什麼愛，他只是恨趙叔近，僅此而已。

他對張俊說：「這件事，你處理得非常得體，深合我意。但我豈能要這種女人，不如就留給你自己了。」

張俊也是一個好色之徒，但現在正要竭力逢迎王淵，怎麼敢答應？他討好地說：「父親既不要，我焉敢要！」

對於這對「父子」的一對一答，站在旁邊的韓世忠並沒聽到，因為他的注意力全被周妓娼吸引了。

王淵覺察到了他的眼神，笑著說：「你要喜歡就拿去吧。」

這句話韓世忠倒是清清楚楚地聽到了，一字不漏。他馬上伏倒拜謝。

周妓娼就成了日後的蘄國夫人，「甚寵」，為韓世忠生下一子。

而秦國夫人茅氏的出身也不乾淨。

據同時代文人胡舜申的《己酉避難錄》上記載：這個茅氏原是杭州雛妓，名叫呂小小，韓世忠替她贖身，改姓茅。

紹興五年（1135年），韓世忠任武寧安化軍節度使、京東淮東路宣撫處置使，置司楚州。

韓世忠身為戰區大將，經常到部將家喝酒；每次喝酒，必定要對方的妻女奉觴作陪。遇上有姿色的，就乾脆留宿，酒色兩足才歸。

部將呼延通為之憤憤不平。

呼延通的不平是有原因的。

臨安有一個名妓，叫韓婉，美麗而聰慧，呼延通傾力為她贖身，帶回家中萬千寵愛。

韓世忠就像聞到了魚腥味兒的貓，慕名而到呼延通家喝酒，指名要韓婉侍酒。

某天，韓世忠來了，同來的還有水軍統制郭宗義。

遇上了這樣的上司，算呼延通倒楣，他只好乖乖獻出韓婉。

酒不醉人而人自醉，色不迷人而人自迷。

幾盅黃湯落肚，韓世忠抱著五百年前同是一家人的韓婉上床，吩咐呼延通關門出去。

可憐呼延通頂天立地的漢子，卻只得低下頭戴上這頂超級大綠帽。

呼延通站在門口，不由怒火中燒，鋼牙咬碎。

終於按捺不住，「嗆啷」一聲，他拔出了佩刀！

身旁的郭宗義大吃一驚，搦住他的手，低聲連喝不可。

韓世忠在裡面聽到了動靜，大驚，穿衣奪門而出，跳上馬一陣風兒地走了。

呼延通和淮陰統制官崔德明有宿怨，韓世忠將呼延通斥為小兵，故意將他安排到崔德明軍中。

在韓世忠和崔德明的通力「合作」下，呼延通被折磨至死。

掰一掰張俊的發跡史

張俊，字伯英，鳳翔府成紀人，政和七年改投軍，在和西夏人的作戰中立過一些小功，被收編入種師中的「種家軍」。

靖康元年，種師中任制置副使前去救援太原，在榆次殺熊嶺被圍，基本全軍覆滅，張俊見機得快，早早溜之大吉。他沿路收集了幾百潰兵，並以此為資本，在信德府整軍。

如果事情到此為止，張俊不過是歷史上一個無名小兵痞，僅此而已。

然而，幾個月後，他迎來了生命中的轉機。

金人攻打汴京，趙構在開德府設大元帥府。張俊二話不說，立刻勒兵來投。

從信德到開德，路程短，報到比別人快，而他本人又長得高大英偉，一下子就給趙構留下了深刻的印象，從此一路升遷，風光無限。

先是任大元帥府的後軍統制，後轉榮州刺史、桂州團練使兼貴州防禦使、徐州觀察使。

趙構在應天稱帝，張俊勸進最積極，擁戴得最起勁，深得趙構好感。初置御營司，趙構就以張俊為御營前軍統制，擔任要職，並交給了他一項光榮的任務：回汴京張邦昌處迎隆祐太后。

應該說，這是一項難度係數極低的任務，但卻是張俊擔任朝廷大將以後帶兵親力親為的唯一一項軍事行動——如果這也能稱軍事行動的話。

果然，一路沒有出什麼意外，任務勝利完成。

張俊因此獲得了趙構的高度讚揚，權領秦鳳兵馬鈐轄。

苗傅、劉正彥兵變，作為趙構的鐵杆粉絲，張俊反應最快，他帶領所部八千人火速趕到平江，向文臣之首的張浚請示：下一步怎麼辦？要不要救趙構？

瞧，這不是廢話嗎？

這一年，張俊四十二歲，年紀不算小了，而人家張浚才不過三十四歲。

就這點素質，就這點覺悟，還出來混，唉！

張浚指示他抓緊和劉光世、韓世忠合兵，火速展開營救行動。

張俊於是非常慷慨地把自己的軍隊交給韓世忠，要韓世忠在前面開路。

趙構復辟成功，認為多虧張俊提供了這八千軍馬，張俊功勞最大，出力最多，「嘉勞久之」，拜其為鎮西軍節度使、御前右軍都統制；趙構想想覺得不足以表示自己的謝意，又擢升其為浙東制置使。

剛升浙東制置使那陣子，張俊的內心的確樂開了花兒。

可是，正是這個浙東制置使的位子差點兒要了他的老命。

金軍第四次入侵，分兵深入，渡江攻浙，嚇得趙構出海逃生，留下負責浙東戰事的張俊拒敵。

張俊敢怒不敢言，豎著耳朵聽趙構的吩咐。

趙構說：「國家沒有你，則誰先宣導忠義？我沒有你，則前功俱廢。希望你能力殲敵兵，一戰成功，加封王爵。」這番話可謂推心置腹，一般的武夫，立馬會被收買，即便暴屍街頭，也心甘情願。

張俊不。

當年除夕，金軍兵至明州城下，張俊命部下楊沂中、田師中、趙密拚死力戰，自己則金蟬脫殼，往台州而去。

明州一戰，死於戰火中的居民占了十分之七八。

這樣一場戰爭，張俊竟好意思向趙構請功，自吹自擂，大肆宣揚，說自己殲敵無數，空前勝利。

因為吹得太逼真了，竟然騙過了當朝史官，被選入「南渡中興十三功」中。張俊也由此升為兩浙西路、江南東路制置使，除了劉光世、韓世忠的軍隊之外，其餘軍隊全部接受他的節度。

該年六月，趙構又改御前五軍為神武軍，張俊本人為神武右軍都統制，除檢校少保、定江昭慶軍節度使。

也是這一年，張俊一軍在軍事史上大放異彩——因為趙構將已經獨立成軍的岳飛岳家軍劃到了張俊的屬下。

時逢亂世，許多亂軍亂匪叛亂為盜，割據稱王，其中有孔彥舟據武陵；張用據襄漢；李成更是據江、淮、湖湘十餘州，連兵數萬，有席捲東南之意。張俊改任江、淮路招討使，岳飛為其麾下先鋒，連番力戰，將群盜悉數蕩平。

趙構認為，這些功勞全在於張俊指揮有方，張俊由此功高蓋世，拜太尉。

紹興四年（1134年）十月，金軍和劉豫分道入侵，南宋舉朝震恐，很多人主張跑路，避敵鋒芒。對這種逃跑主義，張俊表現得非常不屑，他大聲疾呼：「往哪兒跑？往哪兒跑？現在只能進，不能退，我當聚天下兵守平江。」

然而，令人大跌眼鏡的是，敵人真正來了，張俊卻聲稱自己騎馬摔傷了手臂，不能上陣作戰，也無法到軍事指揮部指揮作戰。

所幸韓世忠在大儀鎮和金軍連番廝殺，朝廷這才化險為夷。

紹興五年，張俊將同樣的情節又演了一遍。這一次，金軍並不參與作戰，只是偽齊的單方面入侵，張俊依然被嚇得屁滾尿流，他和劉光世一道，一個退回太平州（今安徽當塗），一個逃到泗上，十足窩囊廢。

氣得趙構直跳腳，聲嘶力竭地叫道：「若有一人渡江，即斬以徇！」

於是張俊派出張宗顏、王瑋、田師中，劉光世則派出王德，協同楊沂中在藕塘展開血戰，將偽齊軍隊趕跑。

趙構這才鬆了口氣。

鑑於張俊長期臨陣脫逃的劣跡，趙構曾打算解除他的兵權。

但張浚在調整劉光世一軍時，玩出了火，酈瓊裹脅十餘萬軍民集體投奔偽齊，趙構也因此暫時停止了對張俊的處理。

宋、金簽訂了「紹興第一次和議」，接替張浚相位的趙鼎秉承了張浚的想法，準備將張俊的兵權回收朝廷。

副相王庶對此舉雙手贊成，他和趙鼎訂下了一個解兵方案：借視師江淮之機，逐步調離分開張俊的諸部，將他架空再動手。

張俊作戰雖然怯懦，卻狡猾陰詐，很快嗅出了朝廷解兵的氣味。

王庶剛將他的部將張宗顏部移駐廬州，張俊就覺察到了王庶的想法，他設宴招待王庶屬下的錢糧官劉時，對劉時說：「麻煩你向王庶遞個話，他搞這種小動作瞞得過別人瞞不過我。朝中大事還不到他說了算的地步，他那個位置恐怕坐不了幾天，照顧好他自己就行，別多管閒事。」

王庶雖是文人，上馬打仗的次數比張俊還要多，哪裡會被張俊嚇到？

他不妥協，不退讓，對劉時說：「你回去告訴張俊，不管我在這個位子坐多少天，只要坐一天就要盡一天的責。」

將相之間弩張劍拔，一觸即發。

不過，這場收兵權行動卻因為金人渝盟、舉兵南下而不了了之。

紹興十一年（1141年）十一月，宋金簽訂了第二份和約書，史稱「紹興第二次和議」。這次的和議比紹興八年（1138年）那一次更加難看。

南宋方面：

一、南宋向金國稱臣；

二、南宋每年向金國進貢銀二十五萬兩、絹二十五萬匹。

三、南宋與金國東自淮水中流、西以大散關為界，南宋割唐、鄧二州，商、秦二州的一半給金國。

金國方面：

放回宋高宗生母韋太后，歸還宋徽宗趙佶和鄭皇后的梓棺。

面對這樣一份不堪入目的和議，趙構毫不猶豫地簽訂了。

究其原因，一方面，趙構擔心和金國的戰爭稍有差池就會殃及自己的生命；另一方面，他更擔心的是隨著抗金戰爭的深化，本朝武將的權力不斷膨脹，如果不想法停戰，武將權力一旦尾大不掉，就會威脅到自己的皇位，趙構甚至認為來自國內的武將的威脅比來自金人的威脅更嚴重，「所至驅擄，甚於外患」。

王夫之在《宋論》中稱：「高宗之為計也，以解兵權而急於和；而檜之為計也，則以欲堅和議而必解諸將之兵；交相用而曲相成。」收回兵權與向金媾和這兩者是相輔相成的，只有成功媾和，才能收回諸將兵權；反過來，只有收回諸將兵權，才能確保議和的順利進行。

而在趙構和秦檜議和收兵權的行動中，張俊充當了一個極其醜惡的角色。

他非常配合地上繳出自己的兵權。

為了爭先進，他主動給趙構上了一道奏章：「臣已到院治事，現管軍馬，伏望歸屬御前使喚。」

上一次王庶要收他的兵權，他的抵觸情緒異常強烈，那麼，到底是什麼原因使他在短短一年內發生了這麼大的轉變呢？

原來，他已經和秦檜走到了一起，「時俊與秦檜意合」，兩人好得像連體嬰兒一樣，同穿一條褲子還嫌肥。

收兵權行動前夕，秦檜哄他，說「盡罷諸大將，悉以兵權歸汝」，表示解除了岳飛和韓世忠的兵權就把全國的軍隊都撥歸張俊掌管。

在對金態度上，他們一文一武，一唱一和，大肆鼓吹和議的種種好處。

張俊雖以奸猾著稱，但在超級大奸臣秦檜面前，就只是小兒科水準了。他被秦檜哄得五迷三道，弄得暈暈乎乎的，對秦檜的許諾信以為真，「力助其謀」。

有趙構這樣的奸帝作為主持人，又有秦檜這樣的奸相相輔佐，更有張俊這樣的奸將在鞍前馬後跑腿，收兵行動進行得很順利。但秦檜忌憚韓、岳兩軍的軍隊還原封不動地駐守在防區上，而以韓、岳這兩個人在軍隊中的影響，這兩支軍隊隨時會被他們策反。於是，他讓張俊全面負責「肢解」這兩支軍隊。

張俊充分展示了自己的破壞、整人才能。

尤其在處理岳飛一軍時，他凶狠殘暴，喪盡天良，不但將岳家軍徹底整垮，而且私設刑堂，「親行鞫煉」，對岳飛的部將進行嚴刑拷打，意欲誣告岳飛謀反。

雖說殺害岳飛是趙構急於促成媾和向金人做出的表現，同時也是為了震懾武人，拿軍區大將開刀的結果，但張俊無疑在其中充當了一個極其無恥的角色。

岳飛一死，趙構和秦檜終於得償所願地和金人簽訂了停戰和約，而且，在血淋淋的刀鋒下，所有的武將都感受到了不同程度的警示和震懾，只能匍匐「效媚以自全」。

向以武勇聞名的韓世忠也只能低著頭，夾緊尾巴做人，「自此閉門謝客，絕口不言兵，時跨驢攜酒，從一二奚童，縱遊西湖以自樂，平時將佐罕得見其面」。

而張俊、秦檜之流，則過著幸福的腐敗生活。

據南宋人羅點著的《武陵聞見錄》記載，宋金停戰，南宋君臣就過上了紙醉金迷的生活。

一日，趙構在宮中設宴，有一個自稱精通天文地理的戲子說：「世間貴官人必定對應天上的星象，只要用渾儀，設玉衡，讓人坐在跟前，就見星而不見人，可知其人對應的天上星相。我現在無須玉衡，只用銅錢一文即可。」

在座的腐敗人員興趣一下子被提了上來，紛紛掏錢嚷著要他給好好看看。

於是戲子煞有介事地拿著一文銅錢一個個地照看。

先看趙構，說，帝星是也。
再看秦檜，說，相星是也。
看韓世忠，說，將星是也。
……
輪到張俊，看了又看，不說話。
到底什麼星？說呀！大家催他。
他擠眉弄眼，左看右看，就是不說話。
大家感到奇怪，不斷追問。
過了好一會兒，他才說：「看不見星。」
眾人大駭，一齊叫他再好好看看。
戲子抓了抓頭皮，悠然歎道：「真沒見到星，就見張郡王坐在錢眼兒裡。」
在座的人登時全笑翻了。
笑過之後，眾人也才明白過來，原來戲子故意拿張俊尋開心，譏諷他工於斂財，一天到晚就知道坐在錢眼兒裡。
當時的南宋大臣中，就數張俊最會營生，「歲收租米六十萬斛」，斂財手法新、奇、狠、毒、辣。
紹興初年，時局動盪，戰事頻繁，岳飛、韓世忠等人都在一線指揮作戰，與士卒同甘共苦，流血流汗，而張俊一軍卻優哉游哉地在臨安做生意。

據說，張俊曾從軍隊中挑選出幾百名花樣美男來裝點門面，在他們的身上刺滿錦繡花紋，號稱「花腿軍」，弄得士兵怨恨，百姓歎氣。

張俊役使這些士兵營造宅第廊房，蓋了一座名叫「太平樓」的酒肆，賺錢營私。

其他軍隊非常鄙視他們，編歌謠諷刺說：「張家寨裡沒來由，使他花腿抬石頭。二聖猶自救不得，行在蓋起太平樓。」

南宋人羅大經著的《鶴林玉露》上說，張俊有一個堂兄，叫張保，經常埋怨張俊不拉兄弟一把。張俊對他說：「我給你十萬緡銀錢，要使這些錢流轉不息，你能辦得到嗎？」

張保沉默良久，說：「不能。」

張俊說：「那你就不要怪我不幫你了。」

又記載，一日，張俊看見一名老卒在自己的花園裡睡著曬太陽，就踢了他一腳，呵斥道：「起來，這麼慵懶！」

老卒揉著眼睛，不情不願地爬起來，嘴裡嘟嘟囔囔道：「又沒什麼事情做，不睡覺幹嘛？」

張俊低下頭問：「你會做些什麼事？」

老卒瞪著眼睛答道：「什麼事都會一些，比如做生意，就比較在行。」

張俊奇道：「你會做生意？我給你一萬緡本錢，你去做好了，別一天到晚都在睡。」

老卒摳了摳鼻孔，摳出了一坨鼻屎，說：「一萬緡太少。」

張俊來了興趣，說：「那就給你五萬緡？」

老卒將指甲上那團黑乎乎的東西彈飛，漫不經心地說：「還是少。」

張俊拍了拍錢包，財大氣粗地說：「要多少，你開個數。」

老卒笑了笑，說：「沒有一百萬，給個五十萬也勉強能湊個數。」

張俊被震住了，但還是很欣賞老卒的膽識，就從庫房裡劃了五十萬緡銀錢給他，由他自由支配。

這個老卒得了銀子，便大造巨艦，購買了百餘個能歌善舞的美女，廣收綾錦奇玩、珍饈佳果，還有種種精奇的金器銀器，雇了百十個隨從、水手，吃吃喝喝了一個多月，選了個風和日麗的日子，飄然出海。

過了一年，老卒從海外歸來，滿載珠犀香藥，還有數不清的駿馬，盈利數十倍。

張俊喜得合不攏嘴，細問其經過。

老卒答道：「我們出海浮游，凡到沿途所經洲國，就自稱大宋海外貿易大使，拜見他們的國王，饋送綾錦奇玩，並請他們的高導人員上船用餐，珍饈畢陳，女樂迭奏，全都是他們從沒見過的。將他們服侍得舒暢了，就用美女來交換他們的名馬，用綾錦交換他們的珠犀香藥，由此獲得了豐厚的盈利。」

張俊大聲喝彩，拍著掌鼓勵他說：「那你還能再出一趟海嗎？」

老卒說：「冒充大宋海外貿易大使，偶爾為之則可，再去事情敗露，就死無葬身之地了。我還是繼續回後花園睡覺好了。」

張俊為此大為歎息。

紹興四年夏，韓世忠從鎮江府回臨安，所領的兵將全部戴著青銅面具，威風凜凜。

老百姓借機戲謔張俊說：「韓太尉銅臉，張太尉鐵臉。」「鐵臉」在當時是貶義詞，意思是臉皮跟鐵一樣，既厚，又硬，沒有禮義廉恥，不知羞恥為何物。

張俊的軍隊作戰能力差也就罷了，軍紀也很差，經常禍害百姓。對軍隊這種行為，他不以為恥反引以為榮，沾沾自喜地稱自己的軍隊是「自在軍」。

他本人原本就是盜賊出身，他的軍隊充滿暴戾匪氣，不但比當年高俅的軍隊惡劣，也比劉光世的軍隊惡劣，打了勝仗就要燒殺擄掠百姓來獎勵士兵，打了敗仗也同樣要屠殺搶劫百姓來發洩怨憤。

紹興十年（1140年），岳飛在郾城、潁昌將金人打得落花流水，金國上下為之膽落。金軍的士氣幾近崩潰，很多金兵金將扛不住了，紛紛舉旗投降，甚至完顏宗弼座前的第一猛將韓常也不能免，他「密遣使，願以其眾五萬降」。

被拘留在金國的宋使洪皓寫信回國，稱：「順昌之敗，岳帥之來，此間震恐。」

在這種背景下，金國宿州（今安徽省宿州市）知州馬秦倒戈投降，金國亳州（今安徽省亳州市）知州酈瓊率眾遁逃，張俊在楊沂中、王德等人的保護下兵不血刃地進駐了亳州。

亳州百姓不知這是一支豺狼匪軍，全都自發走上街頭，「列香花迎軍」。

本來很和諧的一幅畫面，被張俊徹底糟蹋了。

他揮軍「擄掠良人妻妾，奪取財物，其酷無異金賊」，嚇得百姓哭爹喊娘，四下逃竄。

在惡整韓、岳的過程中，他無所不用其極，「勝利」地完成了趙構、秦檜交給他的任務。

他誤以為這樣一來，自己就可以成為軍界中的頭牌，可以獨攬全國軍隊的指揮權了。卻不知到頭來竹籃打水一場空，什麼都沒得到，白白給秦檜當槍使。

不過張俊也沒怎麼難過，他被封為清河郡王，敕建府第，興致勃勃地展開了他的兼併土地運動。

他生性貪婪，早年趙構指導他讀《郭子儀傳》，就告誡他「毋與民爭利，毋興土木」，但這怎麼可能？這比要求狗戒掉吃屎還難上萬倍。

張俊倚仗著趙構對他的寵愛，大批量侵占民田，「占田遍天下，而家積巨萬」，富可敵國。據查，他家共有良田一百多萬畝，每年收租米六十萬石以上；他家的園苑、宅第多不勝數，每年僅收房租一項，就多達七萬三千貫錢！

家裡的銀子堆積如山，為了解決這些銀子的存放問題，他命人以每千兩為單位，鑄成一個個大銀球，命名為「沒奈何」，意思是小偷搬也搬不去、挪也挪不走，無可奈何。

張俊死後，他家的錢財仍然是充粱盈棟，多得用不完。他的子孫曾經一次捐獻給南宋朝廷十萬石租米，清單上分別開列了江東和兩浙路六個州府所屬十個縣，共計十五個莊的租米數額。

張俊有一個孫子，名叫張功甫，很喜歡吟風弄月，附庸風雅，「一時名士大夫莫不與遊，園池聲妓服玩之麗甲天下」。

他在南湖園的四棵古松間建了一座空中樓閣，名曰「駕霄亭」，用巨索吊起，懸在半空，每當風月清夜，就和客人乘梯登樓，飄搖雲表。

有一次，他辦了一場以賞牡丹為主題的酒會。

月朗風清，酒至半酣，他問左右準備好異香沒有？

回答說，準備好了。

於是命人捲簾，則有異香不絕如縷地從裡面傳出，滿座郁然。

接著，一大群體態豐腴的妓女以酒肴絲竹次第而至，另有十名穿著白絲紗衣的名妓嬌滴滴地奉酒，「襟領皆繡牡丹，首帶照殿紅」。

一名妓女執板奏歌侑觴，一歌既罷，眾妓退去。簾子垂下，眾賓客談論自如。

良久，又有異香飄起。

簾子像剛才一樣卷起，十名妓女換了衣服出來，紫衣者簪白花，鵝黃衣者簪紫花，紅衣者簪黃花。

酒席中所唱的歌全是前輩牡丹名詞，每飲一杯酒換一批妓女，前後飲了十杯酒則換了十批妓女。

一席酒飲完，侍奉的姬妓不下一百幾十人。

其時燭光香霧，歌吹雜作，客皆恍然如遊仙也。

張俊及其子孫的侈靡生活基本是南宋小朝廷偷安歲月裡醉生夢死的一個縮影。

古羅馬人在皮洛士戰爭中曾對希臘人理直氣壯地說過這樣一句話：只要有一個外國人在義大利的土地上，羅馬就決不談和。

再弱小的國家，也有責任去捍衛自己的領土和尊嚴，縱使國滅身死，也在所不惜！

而南宋君臣面對蹂躪和欺凌，竟然選擇了卑躬屈膝。

自靖康元年到紹興十一年，整整十六年的血戰，一寸山河一寸灰，無數忠烈捨生取義、慷慨赴死，到頭來卻全被趙構政府出賣。

為了換取一段短暫的偷安生活，堂堂大宋國竟然稱臣納貢！

東起淮水中流、西至大散關以北的大好河山，淪為金國領土，萬千子民慘遭遺棄，直到南宋結束，再也沒能回來。

掰一掰劉光世的「光輝事蹟」

劉光世，字平叔，父親劉延慶，是北宋末年著名的「長腿將軍」。

這名「長腿將軍」曾在童貫手下任宣撫司都統制，統兵十萬，「聯金攻遼」，前去收復燕京，然而戰鬥尚未打響，他在後面已經開溜了。不過，他溜來溜去，最後溜不過命運。靖康元年（1126年），金軍攻入汴京，他和長子劉光國一起開溜，還沒出城，就被亂兵砍死。

劉光世是劉延慶的第二個兒子，以蔭補入官為三班奉職，累升領防禦使、鄜延路兵馬都監、蘄州防禦使。他的脫逃術顯然深得父親真傳，而且經過自己努力修煉，登峰造極，爐火純青，歷經多次戰亂，從未失手。

在劉延慶統兵攻遼的戰爭中，劉光世也隨軍參加了。不過，他擺了郭藥師一道，讓郭藥師全軍覆沒，自己則早早收兵回營。

完顏宗翰大軍圍攻太原城，河北各州府郡縣紛紛發兵救援，朔寧府知府孫翊兵不滿兩千，全軍殉國。

劉光世時為鄜延路馬步軍副總管，也領著他的鄜延兵來了，他的兵力和折可求的麟府兵加起來有四萬多人。然而大戰未開，劉光世望風而逃，連累得折可求陣腳大亂。

金人二次圍困汴京城，北宋國勢日趨危急，陝西宣撫使范致虛率主力出武關，嚴令鄜延經略使張深和劉光世南下虢州，從汝州迂迴入援汴京。

劉光世卻按兵不進。不日，范致虛在鄧州千秋鎮大敗，劉光世於是不再猶豫，東進濟州投奔趙構而去。

這一次，劉光世的逃跑逃出「成績」了。

趙構正在招兵買馬，組建流亡政府，得到了劉光世這支軍隊，頓時聲勢大振，劉光世也因此成了南宋中興四大將之首。

趙構登上帝位，以劉光世從龍有功，任其為提舉御營使司一行事務、行在都巡檢使；幾個月後，又升其為領奉國軍節度使。

劉光世，這位靠逃跑起家的將軍，居然成了南宋第一個建節的將領。

劉光世擔憂金人渡江，經常在暗中選擇撤退躲避的地方。右諫議大夫黎確彈劾他無心作戰、逃跑思想嚴重。

趙構不但不追查此事，還將劉光世升為寧武軍節度使、開府儀同三司。

建炎三年（1129年）二月，金軍五百騎兵追擊至天長，趙構從揚州倉皇渡江南逃。劉光世所部三萬多人連金兵的影子都沒見到就潰退渡江，屯守鎮江府。

隆祐太后在南昌，趙構擔心她老人家有失，特別詔令劉光世移師江州作為南昌遮罩，保護老人家的安全。

劉光世到了江州，日日置酒高會，根本不把隆祐太后當回事兒。

九月，金軍從黃州渡江，劉光世心膽俱裂，隆祐太后什麼的，統統拋諸腦後，腳底抹油，迅速南逃。

他的表現導致的直接後果是隆祐太后被金軍追得披頭散髮，像個瘋癲婆子一樣大呼小叫，沿路雞飛狗跳地向虔州一路狂奔，差點命喪黃泉。

劉光世慶倖自己逃得快，之後還像沒事人一樣：來，喝酒。

有人勸劉光世，說：「賊軍深入，已犯了兵家之忌。他們前進則距山，後退則背江，百無一利，他們之所以敢這樣肆無忌憚地橫衝直撞，就因為前無抗拒之師，後無襲逐之旅。你劉太尉但能帶一支精兵開往洪州（今江西省南昌市），伏兵掩擊，便可使之匹馬不還。」

劉光世不聽，從信州引兵往南康而去。

建炎四年（1130年）六月，劉光世任御前巡衛軍都統制，兼任兩浙路安撫使、知鎮江府，又加開府儀同三司為使相，可謂位高權重。可是金將完顏昌圍攻楚州，趙構連發了八道金牌，五次傳遞手詔命劉光世發兵前去救援。

劉光世違詔不援，眼睜睜地看著抗金英雄趙立戰死，楚州失陷。

趙構算是氣得夠嗆！劉光世手執重兵，無論怎麼說，都能在一定程度上對金兵構成牽制。但此時南宋政權基礎還不穩固，他的部隊仍是不得不依靠的軍事力量，趙構只能將他改兼淮南、京東路宣撫使，置司揚州，算是小小的懲罰。
然而劉光世不賞臉，拒絕奉詔。
沒辦法，趙構不敢和他扯翻臉，紹興二年（1132年）六月又將他升領寧武軍、寧國軍兩鎮節度使。
紹興三年（1133年）四月，將他改兼江東路宣撫使，置司建康。
同年九月，又將他改為江東、淮西宣撫使，置司池州。
十月，偽齊軍渡淮南犯，劉光世移駐建康設防。
紹興五年（1135年）升少保，其部改為行營左護軍。
紹興六年（1136年）加領保靜軍節度使，領三鎮節度，移屯廬州。
就這樣，劉光世寸功未立，官卻越做越大。相比之下，像吳玠、岳飛、韓世忠，他們能建節封侯，都是靠沙場百戰，一刀一槍用性命搏來的。
劉光世領三鎮節度使，已經達到了兩宋朝廷中武將功名事業的巔峰。
這既是時代的黑色幽默，也是對南宋政府的一個莫大的諷刺。
那麼，劉光世既對金軍畏之如虎，每逢奉詔移駐前線，又拒絕奉詔不斷退避；即使遇上了打仗，自己也絕不肯親臨前線，而是坐守後方，以便及時逃跑。這種人，為什麼不但沒受到罷斥，官還越做越大呢？
究其原因，其實很簡單。
劉光世的軍紀很差，士卒恣橫，軍隊過處，姦淫婦女，搶劫財物，本質跟盜匪差不多，但它的政治地位崇高，國家正規軍，全部行為合法化，在軍隊中不但毫無紀律約束，而且還是國家正式在編人員，由財政發工資，還有額外的獎金和補貼……種種的好處吸引了不少流寇、叛軍前來投附，部隊就越來越龐大，部隊的首領劉光世在趙構心中的分量也就越來越重，似乎劉光世大帥的一舉手一投足都會影響到南宋的生死存亡。

劉光世領悟到了這一奧祕後，更加恃寵生嬌，肆意妄為。

他還經常虛報軍額，多占軍費，對部下的封賞大手大腳。

完顏昌攻破楚州，屯軍於承州、楚州。劉光世不敢和他硬碰，就別出心裁地想出了一招：從朝廷申請了一大批金銀，命人鑄上「招納信寶」四字，到陣前像發傳單一樣，大量散發，招叛納降。

結果招來了形形色色很多人。

這其中就有在五湖「掠人為食」的千餘捕魚人、郭仲威的淮南餘黨、通州盜賊邵青。

劉光世將這些人編成「奇兵」、「赤心」兩軍，軍中的開支大到驚人。

宰相范宗尹對趙構說：「劉光世軍多冗費，請將他部隊中的那些老弱者遣散回家。」趙構不同意，想方設法地滿足劉光世後勤軍需的供應，一下子就撥了「苗米三十七萬斛」，還不斷對劉光世本人加官晉爵，目的就是防止他的部屬潰散為流寇或投奔偽齊。

另一位宰相呂頤浩到劉光世的軍隊視師後，大加彈劾劉光世「兵冗不練」，請求趙構將他的軍隊調回朝廷。

趙構卻善解人意地說：「劉光世軍糧不足，若突然移動，一定會引發兵變。當下只能先犒軍，好好撫慰，不可以輕動。」

呂頤浩至鎮江，劉光世又向他哭窮，威脅說自己軍中發不出軍餉了，朝廷不給解決，軍隊就有嘩變的危險。

呂頤浩問他，每月所需軍費是多少？

劉光世斬釘截鐵地答：二千萬緡。

呂頤浩不由心中生疑，向趙構申請派出差官到軍隊考核。

可這事卻不了了之。

趙構為了解決劉光世一軍的開支，不得不詔令兩漕臣措置鎮江酒稅務贊助軍費，又從宮中拿出七百萬緡加以補充。

劉光世做過的噁心事還不止於此。

給事中程瑀認為劉光世的軍隊連長江都不敢過，不但守不了淮河，甚至連長江都守不住，斷言「金人或渡淮，江、浙必震」。

趙構認為程瑀是亂嚼舌根，誣陷忠良。

他詔令劉光世過江，並不斷鼓勵他。

然而趙構終究失望了。劉光世「遷延如故」，一直不肯動窩。

看來，劉光世確實是扶不上牆的爛泥。

趙構黯然神傷，決定下令讓他和韓世忠交換防區，同赴行朝交割換防事宜。為了哄好他，授他檢校太傅、江東宣撫使。

可是，等韓世忠到了鎮江城下，劉光世的勇氣充分展示出來了。

他認為自己的地盤神聖不容侵犯，惡狠狠地聲稱韓世忠「遣奸人入城焚府庫」，要和戰神韓世忠動刀子。

縱觀劉光世的一生，可謂劣跡斑斑。

現在既然張浚當著一眾大臣提出要罷免劉光世，而國家除了劉光世外，又有了吳玠、岳飛、韓世忠等一大批可以依靠的力量，罷免劉光世便是時候了。

趙構於是贊同說：「劉光世的軍隊本來極其驍銳，但主將不勤，疏於訓練，每日白白耗費了那麼多納稅人的錢米，實在是可惜了！做將帥的絕不可驕惰，更不能沉迷於酒色之中，否則，怎麼率三軍之士建功立業？」

劉光世對打仗的事興趣本來就不大，聽趙構是這麼一個意思，就乾脆提出了辭職，「引疾請罷軍政」，要求回家享福。

趙構也異常乾脆，拜少師，充萬壽觀使，奉朝請，封榮國公，賜甲第一區，以兵歸都督府。

被趙構、秦檜玩死的宇文虛中

宋高宗趙構、秦檜有多齷齪？他們狼狽為奸，用「莫須有」的罪名害死大英雄岳飛之事，已是千古皆知。

這裡，說一個被他們用卑鄙無恥手段害死的忠義之士的故事。

這個忠義之士可謂忠貫日月、義薄雲天。趙構、秦檜合夥害死了他，連趙構的繼任者宋孝宗都覺得內疚和羞慚，宣布追贈其開府儀同三司，謚號為肅湣，並賜廟號為仁勇。後來的宋寧宗覺得這還不夠，又加贈少保，賜姓趙氏。

看，就是這樣一個忠肝義膽之人，趙構、秦檜為什麼要置之於死地呢？

下面，我們來仔細梳理一下。

這個人複姓宇文，雙名虛中，字叔通，成都華陽人，宋徽宗大觀三年（1109年）進士，在宋徽宗趙佶執政的宣和年間任中書舍人。

宋徽宗是個昏庸的君主，在王黼、蔡攸、童貫等一批奸臣的慫恿鼓動下，聽信了從遼地逃回的漢人馬植的建議，要與東北女真人建立的金國結盟，對遼國進行南北夾擊，以收復五代時期被石敬瑭割讓給遼國的燕雲地區，成就「不世之功」。

在舉朝昏迷、狂亂之際，宇文虛中卻保持著清醒的頭腦，上書堅決反對。

宇文虛中認為，宋國和遼國自澶淵結盟以來，保持了近百年的和平，一旦背盟與金夾攻遼國，那就是失義之舉，天下厭之。另外，滅了遼國，鄰居就會換上更為強悍野蠻的金國，到時，他們垂涎中華富庶，難保不會趁勝利的勢頭南下，那麼「以百年怠惰之兵，當新銳難抗之敵；以寡謀安逸之將，角逐於血肉之林。臣恐中國之禍未有寧息之期也」。

忠言逆耳，正在做著收復燕雲美夢的宋徽宗君臣哪裡聽得進？將之斥出朝堂。

宇文虛中不屈不撓，連著「建十一策，上二十議」。

但都被宰相王黼壓下沒有上報。

接下來的事，證明了宇文虛中的預見。

平滅了遼國後，金太宗完顏晟分東西兩路大軍伐宋。

其中的東路金軍行動神速，先破檀州，又陷薊州，很快就占領宋國剛剛到手的燕京及所屬六州。

西路軍也風卷大旗，煙塵滾滾，直取山西重鎮太原。

宇文虛中此時正和大太監童貫在太原城內。

童貫嚇得膽子縮成細胞乾，聲稱自己要向宋徽宗當面匯報軍情，不由分說，拉著宇文虛中逃離了現場。

為此，連累宇文虛中背上了臨陣脫逃的罵名。

宋徽宗聽童貫匯報了前方軍情，嚇得呆若木雞，良久，想起宇文虛中先前的勸告，趕緊向宇文虛中問計，並埋怨說：「怪就怪王黼當初沒有聽你的話，鬧得事情不可收拾了，該如何是好呢？」

宇文虛中不打馬虎眼，直截了當地說：「惹出這一事端，您是第一責任人，只有先下罪己詔，然後革除政務中的弊端，方能收回人心。」

宋徽宗羞慚萬分，只好讓宇文虛中代自己草擬罪己詔，發布於天下。

不久，乾脆把帝位讓給兒子趙桓，自己退居二線，當太上皇。

靖康元年（1126年），東路金軍兵臨宋朝帝都東京汴梁城下。

宋朝君臣面面相覷，震響莫名。

經過一番戰與和的激烈爭吵，為保險起見，剛登基的宋欽宗決定議和，派使者鄭望之出城與金東路軍主帥完顏宗望談判，賠款割地，奉上金銀絹采各一千萬，馬駝驢騾等萬匹，割太原、中山、河間三鎮。

完顏宗望心滿意足，答應撤軍。

主戰派的李綱認為金軍必定麻痺大意，乃是出擊的大好時機，指揮武將姚平仲前去劫營。

結果姚平仲全軍覆沒，其本人逃得無影無蹤。

這一下，捅破天了。

金軍再次圍城猛攻。

宋欽宗要戰無將，只得再次派人前往金營議和。

宋國的言而無信，肯定把金人惹毛了，誰去誰倒楣，滿朝大臣，無一人領命。

宋欽宗欲哭無淚，無比失望。

最終，是宇文虛中挺身而出，用三寸不爛之舌，息卻了金軍的雷霆之怒，再次簽訂了和議書。

金軍退去，宋欽宗長舒了口氣，感謝宇文虛中為自己排憂解困，任命他為簽樞密院事。

也因為金軍已經退去，滿朝文武都從懦弱中「復活」了過來，一個個精神抖擻、神勇無比，紛紛彈劾宇文虛中擅自議和，割讓了三鎮。

主戰派的精神領袖李綱更是當眾譏笑宇文虛中，說宇文虛中當上樞密是賣國求榮得來的，還捎帶上說宇文虛中從太原「臨陣脫逃」，是個貪生怕死的小人。

俗話說，眾口鑠金，積毀銷骨。

壞話說得多了，宋欽宗左看右看，也覺得宇文虛中不是人，完全忘了割讓三鎮是自己拍板的事，把過失全推到宇文虛中身上，趕他出京城，先任青州刺史，不久又下令免職。

宇文虛中也因此因禍得福，躲過了第二年（1127年）的「靖康奇禍」。

該年，金軍再次兩路攻宋，攻陷東京汴梁，把宋徽宗和宋欽宗及眾王公大臣、宗室貴族，全都一鍋端，押解到了冰天雪地的北國。

北宋滅亡，宋徽宗的第九子康王趙構在南京應天府（今河南省商丘市）登基稱帝，史稱宋高宗，建立了南宋。

金軍哪能允許宋朝死灰復燃？立刻舉兵南下，展開斬首行動，捉拿趙構。

被追趕得東奔西竄的宋高宗趙構，上天無門，入地無路，一個勁地想向金人告饒，卻苦於找不到代言人。

他下詔懸賞出使金國的人——名義上是去迎接被金軍擄走的徽欽二帝，但實際上就是去求饒，談投降條件。

這時候金兵的殺氣籠罩了半個天地，誰有這個膽子去辦這檔子既丟臉又會丟性命的事？

宇文虛中有。他認為，做臣子的，必須義無反顧地為君父解憂。

他勇敢地站了出來，一意承擔北上出使金國的任務。

宋高宗喜出望外，任命他為資政殿大學士和祈請使，風風光光地禮送他出使金國。

金國人非常詫異地接待了宇文虛中，說，什麼？你們要來迎接徽欽二帝？我們現在還想捉拿趙構，讓他們父子團聚呢。

不過，金國人也敬宇文虛中是條漢子，沒有為難他，讓他回去。

宇文虛中卻牽掛著徽欽二帝的死活，說：「奉命北來祈請二帝，二帝未還，虛中不可歸。」

金國人表現得比宋欽宗好，沒有驅趕他，讓他留了下來。

宇文虛中這一留下來，就有了做臥底的機會。

您想呀，金國是剛從奴隸社會進化來不久的政體，一下子就占領了大量遼國和宋的地區，正需要高等文化的治國人才。而宇文虛中原先是北宋的中書舍人，才華出眾，讓他閒置，豈不是浪費人才？

沒多久，宇文虛中就得到了金國的提拔和重用，從翰林學士做起，一直做到知制誥兼太常卿，被封河內郡開國公，後來還被封為金紫光祿大夫。金國上下，人人尊稱他一聲「國師」。

但是，宇文虛中人在曹營心在漢，他悄悄給家人寫信說，自己在金國當官是被迫的，對宋朝「惟一節一心，待死而已」。

宇文虛中在金國身居高位，接觸到大量金國政府檔，不僅瞭解到許多金國內部鬥爭的情況，也摸清了在北方做官卻心懷故國的漢臣，「遂密以信義結約」，準備有朝一日舉旗起事，解救徽欽二帝回國。

不過，由於宇文虛中做的是極其機密的大事，有相當多北來的宋人不知內情，只看到他在金國地位尊榮，對他不屑一顧。

其中，被稱為「北宋蘇武」的洪皓就非常鄙視宇文虛中，「見而甚鄙之」。

宇文虛中不被同道中人理解，卻仍能忍辱負重，默默地為自己擬訂的「大事」努力。

他不斷運用離合詩及符籙隱語的方式向南宋朝廷提供情報，有時還鋌而走險，使用當時最常見的蠟丸書，「以蠟書潛言虜中事」。

就這樣，宇文虛中積極行間、用間，利用完顏宗幹為宋朝除去了對宋朝作惡最多的完顏宗翰。而每當金國朝廷要策劃南侵，宇文虛中就大說特說南征的壞處，打消金國高層南征的念頭。

宋徽宗在北國病死，奉趙構命令前來迎還宋徽宗屍骨、兼向金國議和的議和使者王倫有機會接觸到宇文虛中，知道了他的忠義和苦心，回去向趙構匯報，說：「虛中奉使日久，守節不屈。」趙構表示明白，讓宇文虛中的兒子宇文師瑗到福州擔任轉運判官，並下令福州地方官務必照顧好宇文虛中的家屬。

金皇統元年（宋紹興十一年，1141年），向來對宇文虛中言聽計從的完顏宗幹去世，完顏宗弼掌握了金國朝政。

完顏宗弼就是岳飛的死對頭金兀朮，此人不但凶悍殘暴，而且鬼心眼兒特別多。

他一上位，就向南宋索要在金國做官的宇文虛中、張中孚、張中彥、鄭億年、杜充、張孝純、王進等人的家屬，說是要讓這些人無後顧之憂，安心工作，其實是要把這些家屬作為人質，使這些人不敢有二心。

宇文虛中知道這個消息嚇壞了，趕緊給趙構遞密信，說如果金國人要我的家屬，您就跟金國人說全死了，或者說全失散了，找不著。

但是，秦檜卻制止了趙構，命人把宇文虛中的家屬打包，一股腦遣送去了金國。

秦檜為什麼要這麼做呢？

宋史的解釋是：「檜慮虛中沮和議，悉遣其家往金國以牽制之。」即秦檜害怕宇文虛中會破壞議和，所以把他的家屬全部送往金國。

有人也許感到奇怪，宇文虛中不是在金國朝廷大力反對金國南攻宋國，主張金國和南宋議和的嗎？為什麼秦檜會害怕宇文虛中破壞議和呢？

原來，宇文虛中主張金宋議和，是在金強宋弱、南宋面臨滅頂之災的時候，但到了金天眷二年（宋紹興九年，1139年），宋金之間的形勢已經逆轉過來了，岳飛甚至揮動大軍進攻到離汴梁只有四十五里的朱仙鎮，勝利的天平已經傾向南宋。完顏宗弼也感覺到金軍已失去了絕對的軍事優勢，有意講和。身在金國的宇文虛中對這種情況瞭若指掌，開始反對議和。

也就是說，宇文虛中此時和岳飛等主戰骨幹的想法是一樣的：收復兩京，直搗黃龍。

但趙構骨子裡還是渴望議和。

主要原因有三：

一、這些年來，實在是被金軍打怕了，擔驚受怕的日子真不好受。

二、因為兩國開戰，各地武將的勢力不斷坐大，已經威脅到中央政權，必須儘快停戰，早日解決這個問題。

三、如果不答應議和，完顏宗弼放話說要放出被俘虜的宋欽宗趙桓在汴梁為帝，這事兒可受不了。

在這一年年底（宋紹興十一年，1141年），趙構下令殺死了岳飛。

接著，趙構像放棄岳飛一樣，要放棄宇文虛中了。他讓秦檜親自監督和催促，把宇文虛中的家屬一個不漏地遣送到金國。

金皇統六年二月，金國有人告宇文虛中謀反。該年六月，宇文虛中被大火焚死，一同上刑場的，還有全家百餘口人，全部被活活燒死。

史載：「虛中與老幼百口同日受焚死，天為之晝晦。」

宇文虛中被告謀反，具體怎麼謀反，宋史和金史的記載都語焉不詳，只說了個非常牽強的解釋，即恃才輕肆，牽涉文字案致死。

真實情況肯定不是這樣。

《建炎以來繫年要錄》提供了一個這樣的答案：「資政殿大學士宇文虛中，既為金人所用，知東北之士憤為左衽密以信義感發之，從者如響。乃與其翰林學士高士譚等同謀，欲因亶郊天就劫殺之。先期以蠟書來告於朝，欲為之外應，秦檜拒不納。會事亦覺，虛中與其子直顯謨閣師瑗皆坐誅，闔門無噍類。」

即宇文虛中會同另一個在金國做官的漢人高士談合謀，準備趁金熙宗完顏亶去祭天的時候劫殺他。事前派人送蠟丸書給朝廷，希望得到接應，但秦檜拒不接受。事情暴露後，宇文虛中全家被殺。

而宋人施德操筆記則提到了另一個答案：「紹興十五年，（宇文虛中）謀挾淵聖（宋欽宗）南歸，為人告變。（宇文）虛中急發兵直至金主（金熙宗）帳下，金主幾不能脫，事不成而誅。」

即宇文虛中暗中策劃把欽宗皇帝帶回江南，被人告發，不得已，鋌而走險，領兵直衝皇宮，想把金熙宗殺掉，事不成被誅。

清代全祖望另在其他宋人筆記中找到大致相同的答案，記錄在他的《鮚埼亭集》中：「虛中偽受金官，志圖挾淵聖南歸，事已垂成。秦檜以其蠟丸泄之金，遂與同謀高士談闔門受害，故宋為之贈官予諡立廟置後。」

這條紀錄說得更明白：宇文虛中假裝接受金國官職，志在謀劃帶宋欽宗南返，事情已經接近成功。秦檜卻把他寫的蠟丸信交給金國，使他與同謀的高士談一同受害，這就是後來宋孝宗、宋寧宗對宇文虛中「贈官予諡立廟置後」的原因。

這個，應該是事情的真相了。

宇文虛中帶宋欽宗趙桓返回宋國，那是趙構萬萬不能接受的。於是趙構和秦檜出賣了宇文虛中，把他的計畫洩露給金國，借刀殺人，除掉了宇文虛中。

岳飛之死，天下皆知其冤。

宇文虛中之死，知道真相的人卻是少之又少。

掰一掰岳飛那些不為人知的私生活

紹興五年（1135年），朝廷下令更改五支屯駐大兵的軍號，統一稱為行營護軍。張俊軍稱行營中護軍，韓世忠軍稱行營前護軍，岳飛軍稱行營後護軍，劉光世軍稱行營左護軍，吳玠軍稱行營右護軍。

岳飛作為後起之秀，分別致書信與另外四位軍界「大牌」通好。這四位「大牌」反應各異。

劉光世對帶兵打仗不感興趣，全身心投入到致富大業中，對岳飛的來信不置可否，由營中幕僚代寫的回信客客氣氣，完全一副公事公辦的樣子。

韓世忠和張俊眼看著岳飛「以列校拔起」，短短幾年，就與自己平起平坐，一直憤憤不平。他們對岳飛多次的書信通好都熟視無睹，隱含敵意。岳飛平定了楊么，將繳獲的樓船給他們每人獻了一座，上面的兵將和戰守的器械全套必備。

張俊見了，火上澆油，鼻孔像火車頭的煙囪，呼呼噴著粗氣，破口罵道，岳飛送來這個大傢伙，分明就是要在我面前炫耀！

而韓世忠的表現卻非常有意思，他破怒為笑，搖搖頭，自言自語，這個岳飛，倒也會做人！

岳飛派到韓世忠處的使者叫王忠臣，王忠臣完成了任務準備告辭，韓世忠叫住了他，神祕兮兮地說：「你回去報告岳宣撫，他的前妻劉氏現在就在我的軍營中，下嫁給了一個小隊長。如果岳宣撫不忘舊情，可以派人來接她回去。」

王忠臣回來將韓世忠的話密報給岳飛，岳飛沉吟不答。

人生有些事，不談是個結，談開了是個疤；心裡有座墳，葬著未亡人。

可以想像得出，他對這個女人是又愛又恨。

俗話說，一日夫妻百日恩。

而且，這個女人還為他生下了雲、雷二子。

可是這個女人終究不能與他長相廝守，因為不堪寂寞，她紅杏出牆，離家與人私奔，是可忍，孰不可忍？

都說英雄無情，其實不是英雄無情，而是烈女難得。

多少柔情似水，幾多耳鬢廝磨，卻經不起現實的一點點挫折、一點點磨難、一點點誘惑。

哭倒長城、三千里尋夫的孟姜女只是一個神話；苦守寒窯、十八載盼夫的王寶釧不過是一個傳說。

既然移情別嫁，那麼所有的恩情就已灰飛煙滅！

續弦夫人李娃，雖說目不識丁，相貌平平，也是二婚，還比自己年長兩歲，但是勤儉持家，孝順老人，憐恤嬰幼，得妻如此，還有何奢求？

我岳飛需要的，只是一個能對我噓寒問暖的人，餓的時候給我溫一碗粥，冷的時候給我添一件衣，足矣！

整整歎息了一夜，第二天一早，岳飛叫來王忠臣，命他再回楚州（今江蘇省淮安市），找到了那個小隊長，送上鉅資，以資其家用。

也不知韓世忠想搞什麼鬼，看到岳飛無動於衷，竟把這事兒上報給了趙構。

趙構大為好奇，專門下書詢問岳飛不接劉氏的原因。

岳飛坦然奏道：「當初踏冰渡黃河之時，我留下妻子在家侍奉老母親，沒承想，她竟然一嫁再嫁，前後兩次改嫁他人。我雖恨之入骨，但已派人送了錢給她貼補家用。現在聖上提起，岳飛直言相告，只擔心天下人不知其中緣由，罵我為負心漢也。」

要說，換一般人，肯定咽不下這口氣。而以岳飛的身分和地位，他要想採取點什麼行動一泄當年戴綠帽子之憤，可謂輕而易舉，可是他並沒這麼做，而是饋贈鉅資，情義之重，天地可鑑。

軍界中第四位「大牌」吳玠的表現與其他三人截然不同，他對待岳飛，是英雄惜英雄，好漢愛好漢，和岳飛書信互往，使者相通。

吳玠的使者發現岳飛衣著樸素，用度簡單，吃飯對飯菜也沒有什麼講究，席間更談不上什麼姬妾、歌童、舞女之類作陪，不由大為驚奇。

要知道，當時的將帥，無論是劉光世、張俊、吳玠還是韓世忠，每人都是聲色犬馬、妻妾成群。就連那個以道德楷模標榜的李綱，也是過著極其侈靡的生活。史載：「李綱私藏，過於國帑，侍妾歌童，衣服飲食，極於美麗。每饗客肴饌必至百品，遇出則廚傳數十擔。其居福州也，張浚被召，贐行一百二十盒，盒以朱漆銀鏤，妝飾樣致如一，皆其宅庫所有也。」

張俊甚至還曾為了一個姓周的名妓爭風吃醋，拎刀子捅了趙氏宗室趙叔近，又將這個妓女轉手送給了韓世忠。那時，一夫多妻妾是常態，韓世忠家裡已經「國夫人」、「郡夫人」、「淑人」、「碩人」一大群，但他還意猶未盡，垂涎於部將呼延通妻子的美色，強行姦污，逼得血性男兒呼延通自殺身亡。而吳玠家裡更是蓄有美姬千百，軍務稍有閒暇，就縱情享受。

吳玠聽回來的使者述說了岳飛的清苦生活，不惜豪擲鉅資，購來一個出身官宦的大家閨秀，配以八大箱籠的金玉珠寶作為妝奩，敲鑼打鼓，從川陝出發，不遠千里送往鄂州（今湖北省武昌區），給岳飛做妾。

因為動作搞得太大，岳飛納妾的消息被炒得沸沸揚揚。

幕僚黃縱「被檄差出」，出發前軍中還沒有人知道吳玠要做媒的事，行走在路上，耳中已經盡是岳飛「納士族之女以為妾」的新聞。

生得國色天香的名姝被送到了鄂州。岳飛正患目疾，用沾了水的紗巾敷在眼上，命人將女子安置在一間大屋，隔著屏風與之交談。

岳飛說：「我的一家老少都是穿麻布衣服，吃粗糧雜麵，你若能和我們一起同甘共苦就留下來，不能我絕不敢留。」話音未落，屏風後響起了一陣哧哧的笑聲，似乎對岳飛說的話大不以為然。

岳飛於是站起，說道：「看來，我留你不得了。」一邊的部將勸道：「你正準備聯結關陝，為什麼不借這個機會和吳玠交好？」

岳飛說：「吳玠太厚愛岳飛了，但國恥未雪，國仇未報，聖上睡不安枕，做大將的又怎能偷閒取樂呢？」女子被無情地退了回來，大家都以為吳玠會因此怨恨岳飛不近人情，豈料吳玠不但不以為忤，反而更加敬佩岳飛。

其實，岳飛官居兩鎮節度使，每月的俸祿比宰相還高，每月有「料錢」四百貫、「祿粟」一百五十石、「公用錢」一千貫，另有鹽七石及羅、綾、絹、綿二十匹。此外，岳飛升節度使外，還封爵至武昌郡開國公，隨封食邑六千一百戶，食實封二千六百戶。

有這樣豐厚的收入，岳飛真要過和韓世忠、劉光世、張俊、吳玠等人一樣窮奢極侈的腐敗生活，又有何難？

可是，岳飛從一介農夫到成為獨掌一方兵權的軍區司令員，仍以自己的信念、理想和抱負來嚴格要求自己，自始至終保持著簡樸的生活作風。

正可謂：唯大英雄能本色，是真名士自風流！

在衣食行住各方面，岳飛都表現得極其樸素。

他平日只穿麻布，不著綢緞。有一次，妻子用家裡的繒帛做了一件衣裳，還未來得及穿，岳飛就大發感慨地說：「我聽說被掠到北地的後宮妃嬪食不果腹，衣不遮體，你應該和我一同為天下憂樂，不應該穿這種名貴服裝。」此言一出，全家人再不敢穿戴絲綢。

岳飛是北方人，那時北方大米難得，以麵食為主；遷到南方，南方盛產水稻，可岳飛還是不捨得吃米飯（白米比麵貴），家裡的日常食物依然是麥麵加齏菜，很少沾腥葷。有時候宴請部屬，才偶加豬肉。有一次和部將會餐，桌上端上了雞肉，岳飛大為詫異，找來廚師悄聲詢問：「這雞肉是從哪裡來的？」廚師據實回答：「雞肉是鄂州知州衙門送來的。」岳飛感慨道：「為什麼要多殺生命？」立即勒令：「以後絕對不能這樣了。」

還有一次，他到部將郝晸家做客，郝晸深知岳飛為人，只安排了一種名叫「酸餡」的麵食作為招待。岳飛初嘗此物，覺得其雖鄙而味美，便認真地請教它的用料和做法，並把吃剩的打包帶回家裡去晚上吃。他這樣節儉的行為，讓眾人驚慚不已。

岳飛對自己的言行舉止要求極其嚴格，他常常說：「某被主上拔擢至此，倘有纖毫非是，被儒生寫在史書上，萬世揩改不得。」嚴於律己之外，他對兒子們的管教也極其嚴苛。他激勵兒子們要從戎報國，刻苦讀書，每當閒暇，還親自帶領著他們到田圃裡扶犁握鋤，操持農務。岳飛是這樣教導兒子們的：「種植艱難，你們不能沒有體會。」

為了籠絡人心，趙構曾經向岳飛承諾，要在臨安府為他打造一座豪宅。岳飛當即就借用了漢朝霍去病的話給予堅拒：「北虜未滅，臣何以家為！」岳飛的回答讓趙構大為激賞。因為他清楚地知道，其他四大將中最「清廉」的韓世忠不但擁有了江南西路臨江軍新淦縣大片田宅，還收購了北宋名奸朱勔的平江府（今江蘇省蘇州市）南園和一千二百畝水田以及著名的永豐圩。而岳飛只在江州（今江西省九江市）城蓋造和購買了一些房廊、草屋和瓦屋，這些房地主要的用途還是用來救濟其故里湯陰縣前來投親的難民。

岳飛用度如此節儉，他的俸祿收入用在哪兒了呢？

《岳武穆公遺事》上記載著這樣一件小事。

有一天，黃縱看見岳飛指揮軍士不斷地從他自己家裡往外搬運物品，以為他要搬家，上前一打聽，原來他是要將這些物品全部變賣。

「宣撫很缺錢花嗎？」黃縱奇怪地問。

「是急著等錢用。」岳飛答。

「準備購買什麼呢？動用到這麼大的一筆款子。」

「交付軍匠的工料錢，打造良弓兩千張。」岳飛簡捷地說。

黃縱更加奇怪了：「既是軍用器械，這錢應該由政府出，哪用得著你掏腰包？」

岳飛說：「官錢要打多少個報告才申請得來啊，我等著急用，所以就先這樣了。」岳飛的回答讓黃縱感服不盡。

根據史料記載，紹興四年（1134年）的第一次北伐，朝廷預支了「錢六十萬貫，內以二十萬貫」作為戰後的獎金，可戰事結束一算，「錢已支九十七萬五千貫去訖」，超支了足足三十七萬五千貫。這超支了的三十七萬五千貫全是由岳飛從自己口袋裡掏出來的。

在岳飛看來，只有「頒降功賞」，才能「使人蒙恩」、「庶得將士盡力」、「恐將士之賞薄，不能無觖望」。在政府撥款不到的時候，他就經常將「所得錫賚，率以激犒將士，兵食不給，則資糧於私廩」。

一次，趙構在岳飛跟前歎道：「天下未太平。」

岳飛當即應道：「文臣不愛錢，武臣不惜命，天下當太平。」

這也是岳飛一身正氣的寫照，清乾隆帝對這句言簡意賅的話大為讚賞，稱岳飛是：「兩言臣則師千古，百戰兵威震一時」。

史家稱其「平居潔廉，不殖貨產，雖賜金己俸，散予莫嗇，則不知有其家」，堪稱其嘉言懿行彪炳於史冊，垂楷模於後世也。

岳飛的單挑能力到底有多可怕

岳飛天賦異稟，神力蓋世，自小癡迷武術，十三四歲的年紀，就能挽弓三百斤，開弩八石。這個紀錄，從兩宋交戰史中看，只有金國悍將韓常在壯年最佳狀態時能勉強達到。

史書中載，岳飛挽弓發出的箭強勁霸道，可揳入鐵中！

更奇的是岳飛箭法精妙，曾隨名師周同學射。周同先射一箭，岳飛跟著再射。一箭發出，竟「破其筈」，從箭尾一直破到箭頭，這還不算，接著連發數箭，箭箭均是如此，讓周同驚歎不已。

此外，岳飛還苦研十八般武藝，擅長使大刀、長槍。

他憑藉槍擊之技在家鄉湯陰縣的武術大賽上連挑數人，「一縣無敵」。

抗金初期，他戰於太行山，單騎持丈八鐵槍，一槍將金國大將挑於馬下，「走其眾三萬，虜兵破膽」。

而東京留守宗澤病死、汴京大亂時，岳飛更有「一刀驚走十萬」的壯舉。

話說，宗澤病死後，接任留守的是庸才杜充。

杜充對宗澤從江湖、綠林中收編過來的豪傑、義軍十分冷淡，這就使得諸如李成、張用、曹成、楊進等自感根不正苗不紅的人內心非常不安，生怕哪一天被扣上一個盜匪的罪名丟下監獄中。

「沒角牛」楊進乾脆拉自己的兄弟占據了鳴皋山，稱王稱霸去了。

李成、張用、曹成等人和楊進同為義兄弟，各擁兵數萬。楊進雖然叛亂，但他們大多數人還留在東京，其中張用所部為中軍，屯在京城南面的南御園；王善所部為後軍，屯軍在京城東面的劉家寺。

楊進的造反行為把杜充嚇壞了。

杜充想：李成、張用、曹成和楊進是結義兄弟，楊進既然造反了，那李成、張用這些人遲早也會造反。

於是，杜充就把李成、張用等人當成了身邊的敵人，一天到晚磨刀霍霍，欲除之而後快。

這些人中，張用的士兵平日最為驕橫，杜充將他列為頭號「假想敵」。

一天早上，張用的部隊入城搬運糧食，杜充乘其不備，下令駐紮在京西的李寶部向他突然發起攻擊。

張用無端吃這一悶棍，當然惱怒，勒兵相拒。而京東的王善知道自己的拜把兄弟被杜充暗算，也引兵來援，很快京西部大敗，李寶被擒。張用和王善哥倆惱恨杜充不能見容，一鼓作氣，從城南往城中殺來，指名道姓要將杜充剝皮拆骨。

身為統制官的岳飛這時也駐紮在京西，接到杜充的指令，火速趕到東京城南三大門中的中門南薰門。

南薰門外，鼓聲震天動地。

杜充遠遠見了岳飛，驚恐萬狀地大叫道：「京師存亡，就在此舉！」

岳飛拍馬上前，安慰杜充道：「留守不用驚慌，我這就去勸叛軍投降。」

勸他們投降？事情是我挑起的，不殺了我他們是絕對不會投降的！杜充急得直衝岳飛斥喝道：「我哪裡要你去勸降？你務必為我擒住他們！」聽了杜充此言，眾人相顧失色。

岳飛所部不過兩千餘人，張用和王善的部下號稱二十萬之眾，以兩千迎擊二十萬，無異於以卵擊石！

此時，已值隆冬，亂雲低薄暮，急雪舞回風。

岳飛手心直冒冷汗，握緊手中大刀，硬著頭皮喝道：「賊從雖多，軍容卻不整，我這就去為留守破之！」

然後策馬向前，大聲叫道：「你等既叛亂為盜，岳飛前來與你等挑戰！」

張用部中有一魁首躍馬橫槍，跳出陣中。

岳飛左手抖韁，右手執刀，「馳騎獨往」。兩馬相交，岳飛雙手緊握大刀，猛然一刀劈下，神力所至，那人竟連人帶甲「自頂至腰分為兩」！

現場的人都驚呆了！

想想看，就算是一頭縛好了的豬羊伏定在地，屠夫要殺死它，還得費許多功夫。

岳飛所持的大刀不過是一把普通的軍刀。這種軍刀在戰場上，全仗揮舞起來的刀勢砍物，不以鋒利見長。可這一刀劈下，不但把賊魁的槍柄砍斷，而且將其頭上的鐵盔砍裂，身上的鐵甲分開，像破竹筒一樣，刀從腦袋直落到腰際，足見勢道威猛，神力蓋世！

兩軍將士見了，齊聲驚呼！

張用、王善的部眾更是面無血色，膽戰心驚，全被眼前的慘像嚇傻了，哪裡還有作戰的心思？岳飛趁機「領數騎橫衝其軍」，叛軍幾萬人鼓噪而來，其中的很多人並不想就此反了朝廷與政府作對，只是抱了一種看熱鬧的心態跟來圍觀的，突然有人高呼一聲：「快逃啊！」於是都一哄而散，分別向京南的南御園和京東的劉家寺而去。

張用、王善營中尚有大部分兵馬沒出動，但已「為杜充所疑」，是不可能再在杜充手下混飯吃了，也不可能強取東京取代杜充的職位，於是拔營而去。

關於南薰門這一刀的威力，事過多年，岳飛和手下幕僚談及，猶自心有餘悸，說當時「奮大刀劈之」，萬料不到這一刀威力竟然如此之大，自歎「人力不至於此，真若有神助之者，某平生之戰類如此」。

岳飛為什麼考取不了武狀元

《說岳全傳》裡面，有岳飛槍挑小梁王、輕鬆奪取武狀元的橋段。其實，這橋段是假的，岳飛本人從未參加過武舉考試。而且，從曾經發生在岳飛身上的一件事來看，以岳飛的性格，是根本不可能考得上武狀元的。

岳飛在老將宗澤帳下效力，宗澤很欣賞這個年輕人的才華、勇氣和資質，將他升為統制官，經常和他徹夜長談。

有一次，宗澤語重心長地對岳飛說：「以你的勇智才藝論，堪稱一流良將。但你偏好於野戰，而對古戰陣法極為輕視，這樣是不行的。現在，作為一個偏將還可以，但要成為統率三軍的大將，豈可不習兵書陣法？」

為了提攜後進，他特意以幾本陣圖兵法相授，這其中有宋太宗趙光義繪製的《平戎萬能全陣圖》和宋仁宗趙禎在位期間所編寫的《武經總要》。

當初為了收復燕雲十六州，趙光義嘔心瀝血，費盡心機專門針對遼人的騎兵軍團研究出了一套步兵的布陣圖。

騎兵騎在馬背上賓士驅策可以形成巨大的衝擊力，從某種意義上來說，高速機動的騎兵部隊就是冷兵器時代的機械化部隊，具有大規模殺傷力！但是，中原馬匹奇缺，即使有，也是本地圈養的，這些馬匹比較矮小，速度慢，耐力不足，爆發力也欠佳，和遼人的馬匹根本無法相提並論，因而和遼人作戰就不得不考慮如何以自己的步兵優勢去對抗騎兵。

和遼人相比較，宋軍的優勢是掌握了高超的鍛造技術，武器精良，戰甲一般用鐵製造，防護性能好，如果能組成科學的步兵方陣，就能在正面作戰中所向無敵。

趙光義和他領導下的軍事團體經過反復的推演和刻苦的研究，在古人留下的八陣圖的基礎上，結合了宋朝特有的神臂弓、子母弩等特種武器，由弩兵、盾牌兵、長槊兵、重步兵、騎兵和機動步兵等多樣兵種排成大陣，畫成圖形，在實際中操練，層層疊疊，變化無窮。

宋仁宗趙禎的《武經總要》，將「古陣法」、「大宋八陣法」都進行繪圖說明，並在《陣法總說》中強調說：「孫武云『紛紛紜紜，鬥亂而不可亂；混混沌沌，形圓而不可破』，不用陣法，其孰能與於此乎？」

也從仁宗一朝開始，《孫子》、《吳子》、《六韜》、《司馬法》、《三略》、《尉繚子》、《李靖問對》等七部經典兵書被匯編在一起。宋神宗於元豐三年（1080年）命令當朝最高學府國子監司業朱服等人組織力量校定、匯編、出版上述七書。武學博士何去非參與了此項工作。校定這七部兵書，用了三年多的時間，到元豐六年（1083年）冬才完成了刊行的準備工作。校定後的這七部兵書命名為《武經七書》，共二十五卷。《武經七書》和《武經總要》從此成了各地方軍事學校的必修課程。

得到這樣的奇書，岳飛如獲至寶，歡喜不盡。

然而，才粗讀一遍，岳飛便將書束之高閣，置之不理。

為什麼會這樣呢？

宗澤覺得非常納悶，問他：「那些行兵布陣之法，你讀得怎麼樣了？」

岳飛回答道：「按圖布陣，屬於拘泥不化。兵無常形，所以不必深究。」

宗澤聽了，非常不高興，說道：「照你說的，太宗的陣法是沒有什麼用處了？」

岳飛認真回答道：「布下陣勢，然後交戰，是戰場上最常見不過的戰爭模式，但這陣法的布置不應該一成不變，而應該在於統帥對天時、地利、人和的充分利用和靈活調度，所謂運用之妙，存於一心，請留守明察。」

宗澤一怔，看著岳飛，沒說話。

岳飛又解釋道：「留守所賜的陣圖，都是清一色的固定格局。試想，一年中有春夏秋冬四季，同一季節，又有雨雪風霧；不同的地點，又分廣狹險易，兩軍對壘，難道都照搬書上的陣圖？兵者，詭道也。用兵之要，貴在出奇制勝。兩軍相遇，敵人還沒摸清我的虛實，我已取勝，哪還用得著布置陣勢？現在我兵力不足，布陣反而讓敵人得知我軍的虛實，弄巧成拙。」

沉默了良久的宗澤最後說道：「你說的是對的。」

說到這兒，就得插說幾句宋朝的武舉制度了。

宋朝武舉與唐朝武舉不同，宋朝武舉一改唐朝武舉只片面追求武藝的做法，考試時既考武藝，又考軍事理論，文武並重，注重考查武舉子的軍事理論與軍事技術，將武舉授官與軍隊建設緊密地結合在一起。為了顯示對選拔武備人才的重視，朝廷還首開武舉殿試之先河，制定了解試、省試、殿試的三級考試制度。武藝考試以弓馬為主，理論考試則先答策問，後考由朝廷專門編制的軍事教材《武經七書》，「以弓馬定高下，以策問定去留」。

按照岳飛這種不拘泥於兵書的做法是很難通過主考官這一關的，更遑論奪取武狀元了。不過，宗澤卻強烈地感覺到，面前的這個年輕人頗具軍事天賦，能夠在複雜形勢下做出正確的判斷，將來前途不可估量。

也正因如此，宋人在評論宗澤時道：「雖身不及用，尚能為我宋得一岳飛！」

而岳飛在其短暫一生中雖然沒有時間專門著述系統的軍事著作，但他在實戰過程中留下的戰例，在和幕僚閒談時涉及的軍事思想，足以與歷代軍事家的軍事理論相媲美。

直擊岳飛被害的深層原因

天教宋祚不如唐，保身闒冗非汾陽。
祖宗取人作法涼，狄青先已遭猜防。
由來利害策其長，大藩參錯內勢張。
冬青樹小埋雪霜，折衝豈若留忠良。

上面的詩是清朝人何焯所寫，直言宋朝統治者對武將的猜忌達到了極點，以致軍事疲軟，一任異族欺凌。

事實如此，有宋一代，歷屆統治者最擔心的事就是武人跋扈，權力過大，威脅中央政權的發展。

王夫之一針見血地指出：趙匡胤「懷黃袍加身之疑，以痛抑武夫。」

當年，為了壓制武將，太祖趙匡胤「杯酒釋兵權」，將全國的正規軍分別劃歸殿前司、侍衛馬軍司、侍衛步兵司三衙掌管，明令規定他們無調兵之權，調兵之權由樞密院掌控。有兵的三衙無權調兵、有權調兵的樞密院無兵可調，這就從根本上消除了武人專權的可能。倘有武將膽敢伸手去握權柄，就堅決予以剪除。這既是制度，也是祖宗家法，代代相承，縱是風雨飄搖的危急關頭也不能例外。

靖康之亂以來，政府正規軍的編制基本被打散，國內的軍事武裝大都在戰爭中建立，從某種意義上說，他們都是統軍將領的私人武裝，既不屬三衙統管，樞密院也調動不了，只聽命於主將，比較有代表性的就如「岳家軍」、「韓家軍」、「劉家軍」等。

趙構迫於大敵當前，不得不承認這些軍隊的合法性，並做了很多表面工作，如提高武將的權力、多賞他們金銀田地等，收買人心，用以維護自己的統治地位。

但這只是一個權宜之計。

德國軍事理論家克勞塞維茲說，戰爭不僅是一種政治行為，而且是一種真正的政治工具，是政治交往的繼續，是政治交往透過另一種手段的實現。

趙構的戰爭目的很簡單，以戰求和，透過戰爭乞求偏安一隅。

隨著武將的權力不斷膨脹，趙構也就越來越坐臥不安。

他無法容忍本朝傳統國策發生改變。

在他看來，國內武將的威脅比金人的威脅更嚴重。

從某種程度上來說，他之所以不惜放棄大片疆土，一退再退，偏安江南，甚至屈膝求和，就是不願意讓武將的權力在戰爭中得到進一步的發展。

不解散「岳家軍」、「韓家軍」這幾支龐大的軍事武裝，趙構無法安睡。

故土能不能收復，他並不在乎。

他在乎的是自己能擁有多大的生存空間，有沒有被金人俘獲的危險，能不能平安地苟活下去。

就在這種思想的支配下，他義無反顧地選擇了走求和投降路線——只要和議成功，所有的擔心就可以統統歸零。

有人推測，趙構之所以不支持、不贊成、不回應北伐，是擔心北伐成功，二聖歸來，自己就當不成皇帝了。

這種推測，其實並不成立。

宋徽宗趙佶早在五年前就被金人虐囚致死，所謂的「迎回二聖」就只剩下宋欽宗趙桓了。趙桓與趙構是同輩，按封建禮數，趙構並沒有讓位的義務，又怎麼會擔心自己當不成皇帝呢？

再說了，趙桓是在宣和七年（1125年）十月登基的，靖康二年（1127年）二月就落入金人的魔爪，在位期間既無建樹，對金策略又一錯再錯，整個皇族被人家一鍋端。到了金國，又受盡凌辱，尊嚴盡喪，假使能回國，又有何面目與弟弟爭登帝位？況且，現在南宋朝廷的文武大臣全是趙構在長達十四年的執政期間一手提拔起來的，根基穩固，他趙桓在位時間不過短短一年，手下的大臣被擄到金國，死傷殆盡，自己形單影隻，哀鳴不暇，又拿什麼資本來跟弟弟爭？

對此，宋史研究大師王曾瑜就認為「中國歷史上唐玄宗和肅宗，明正統和景泰的事例證明，即使宋欽宗回來，也未必威脅宋高宗的寶座」。

唐玄宗和明正統回朝的時候，他們在朝中還有一股潛在的政治勢力可以倚仗，然而在新君面前，他們只能接受既定事實，俯首稱臣——至於正統帝后來發起的「奪門之變」，其實是景泰帝沒有兒子，帝位自動傳回來的。

退一萬步說，如果趙構真覺得趙桓會威脅到自己的帝位，他只需像朱元璋謀害小明王韓林兒一樣，在大破金國之際，人不知鬼不覺地將趙桓「黑」了，這樣，所有問題不是全都解決了嗎？

所以，趙構並不害怕趙桓回國，相反，為了提高自己在國內的政治聲望，他多次打出「迎回二聖」的旗號。

很多人以為「迎回二聖」的口號是岳飛的專利，其實不是，趙構才是最早喊出這個口號的人，其即位後的第一封詔書中就有「同徯兩宮之復」的言論。

在趙構看來，將趙桓接回，由自己直接控制顯然要比留在金國充當金人的人質要好得多。

不過，趙構認為金人是無比強大的，他自始至終都認為靠打仗是絕對要不回「二聖」的，他自己就說過，「今日梓宮、太后、淵聖皇帝畢未還，不和則無可還之理」。

自從得知父親徽宗皇帝的死訊，每次和議，他都不厭其煩地要求金人送還趙桓。

當然，送還趙桓只是和議內容中的一個附帶條件，和議的真正目的還是為了爭取自己的生存權。

為了和議，他可謂處心積慮，絞盡腦汁。自東京逃亡出來的那一天起，他從來都沒放棄過對和議的追求。

心懷善意的人們也許會說，南宋初建，基礎差，底子薄，又遭受金國連續打擊，國民經濟嚴重受創，民生凋敝，趙構覺得金國過於強大，自己無力收復失地，他想透過和議來解除來自金國的威脅，使國家得以生存，又可以休養生息，使國力得到恢復，不也很好嗎？

這時宋金的勢力對比已經發生了天翻地覆的變化，宋軍收復中原失地並非不可能的事。從一個國家領導人的角度出發，你能眼睜睜地看著自己的一半領土被異國占領，自己的一半人民被異族奴役嗎？

再弱小的國家，也有責任去捍衛自己的領土和尊嚴，縱使國滅身死，也在所不惜！

可惜，趙構既沒有這樣的血性，也沒有這樣的勇氣。

在蹂躪和欺凌面前，他選擇了卑躬屈膝。

金人摧毀了他的故國家園，擄掠他的臣民，殘殺了他的許多親人，甚至虐殺了他的父親，姦淫了他的母親，奸殺了他的妻女……但面對金人，他只能口口聲聲地自稱「臣構」。

對他而言，和議實現才是金人放過他的承諾。

只有和議，才可以獲得自由，獲得新生。

為了和議，他可以不惜一切代價。

不會在乎歲幣，不會在乎領土。歲幣給得再多，也不會影響到臨安小朝廷的侈靡生活；領土割得再多，也還有半壁江山可以揮霍。

膽小如鼠的趙構是真的擔心岳飛的北伐行動「稍有挫衄」，全盤皆輸，因為戰火一旦引到江南，臨安就做不成安樂窩了，最好的選擇莫過於見好就收，鞏固現有成果。

所以，當金人主動放出了和議的訊號，他便迫不及待地連發金牌催岳飛班師。

奉命回來的岳飛心灰意冷，覺得「今日得地，明日棄之，養寇殘民，無補國事」，便懇切地向趙構申請解除兵權，回家養老。

岳飛主動解除兵權，應該說是趙構希望看到的，但和金人的媾和才有一點點眉目，還遠沒到過河拆橋的時候，趙構不得不假惺惺地說：「方資長算，助予遠圖，未有息戈之期，而有告老之請。雖卿所志，固嘗在於山林；而臣事君，可遽忘於王室？所請宜不允。」

《皇帝中興兩朝聖政》上記錄有趙構本人沾沾自得的一段話：「紹興以來，所以為國者有二：

金欲戰，則分江淮之鎮以授將帥；金欲和，則收將帥之權以歸朝廷。規模既立，守備益固，操縱自我，比之謂定論。」

等柘皋之戰結束，金人已經確切敲定了和議的方案，趙構便急匆匆地山寨了一把「杯酒釋兵權」，成功地解除了岳飛、韓世忠、張俊三人的兵權。

但僅僅這樣，還是不夠的。

要知道，三人的兵權雖然解除，但他們的軍隊還原封不動地駐守在防區上，而以這三個人的影響，軍隊還有被他們策反的可能。

尤其是岳飛和韓世忠，他們多年來與將士們一起浴血沙場，患難與共，情同手足，因而威望素著，將士對他們「有念舊而不能忘者」比比皆是。岳飛的軍隊班底更是由其本人在宜興駐軍期間一手一腳組建起來的，活脫脫就是一支私人武裝。

要消除這方面的疑慮，就必須徹底地肢解這三支軍隊！

趙構安排秦檜進行操作：利用三大將之間的嫌隙，挑撥他們互相誣陷和自相殘殺。

第一步，由張俊和岳飛組成二人審核小組，前往韓世忠軍駐地楚州（今江蘇淮安市），隨便找個理由把淮東軍撤回到長江南岸的鎮江府。秦檜認為，韓世忠兵權被除，他手下的兵將肯定會產生種種猜疑，再加上調動軍隊，人心就更加惶亂不安。那時，由張、岳二人出面進行彈壓，放大事實，激化矛盾，從而肢解軍隊，黑掉韓世忠。

第二步，如法炮製，由張俊去搞垮岳家軍。

第三步，秦檜出馬，直接收拾張俊。

後來的事情證明，這三點，趙構都做到了。

那麼，肢解了這三支軍隊，趙構為什麼一定要岳飛死，而放過了韓世忠和張俊呢？

據負責掌管南宋朝廷文獻的官員查籥後來揭發，金人撕毀了紹興八年的盟約，單方面發起戰爭，岳飛大舉雄師，直闖中原。秦檜與金人暗中勾結，力勸趙構班師，而金兀朮忌岳飛之勇，曾給秦檜寫了一封信，特別交代：必先殺岳飛而後再和談。

這就是歷史上迷離撲朔的「金兀朮遺檜書」的來由。

金兀朮認為岳飛意志堅定，武略出眾，善於進攻，雖然被罷職賦閒，但仍是一個巨大的潛在威脅。

被扣押在金國的宋使洪皓曾寫信給趙構說：「金人所畏服者惟飛，至以父呼之。」

金兀朮本人也不無忌憚地對手下說：「飛雖不掌兵，亦足以強國。」早晚欲除之而後安。

對金兀朮的這個議和條件，秦檜完全贊同，一直以來，他就認定「飛不死，終梗和議，己必及禍」。

為了和議成功，岳飛在劫難逃。

在南宋初年的許多史料都被秦檜、秦熺父子銷毀的情況下，金兀朮寫給秦檜的這封信已經查不到了，那麼，它到底有沒有存在過呢？千百年來，眾說紛紜。

著名歷史學者鄧廣銘認為這封信之所以查不出來，是因為它只是金兀朮口授給南宋使臣魏良臣，由魏良臣捎給南宋朝廷的口信，並不是記錄在紙質材料上的實體信。依據是在金兀朮和秦檜的通信錄中，有「其間有不可盡言者，一一口授，惟閣下詳之」的語句。

著名歷史學家、宋史研究泰斗王曾瑜則不但認為這封信曾經出現過，還推測過它的出現時間是在紹興十年（1140年）七月中旬。當時潁昌大戰剛剛結束，金兀朮自料在正面戰場上難以取勝，就寫了這樣一封信派人祕密送給內奸秦檜。

應該說，這個推測相當靠譜。

除了透過殺害岳飛促成媾和外，趙構也有自己的一部分私心。

王夫之說：「高宗懲苗劉之難，心惴惴然。」趙構認為來自國內武將的威脅比來自金人的威脅更嚴重，「所至驅擄，甚於外患」，因此才迫不及待地秉承祖宗家法，與官僚集團聯手收取武人兵權。而為了進一步震懾武人，將他們牢牢控制在股掌之中，他一直想拿個有較大影響力的人來開刀。

岳飛抗金心切，要求增兵、提議建儲等，都無一例外地觸動了趙構的神經。而岳飛整軍訓兵、禮賢下士，也讓他疑神疑鬼。所以，儘管岳飛一再表示要功成身退，一旦「恢復兩河之地為漢家江山」，就到廬山東林寺看經念佛，以度餘年，但從趙構的角度看，這是極其不可思議的，根本不相信。

同時，在抗金過程中，岳飛屢立戰功、威高望重，治軍嚴明、秋毫無犯，不僅得到岳家軍將士的愛戴擁護，而且也受到廣大民眾的尊崇。趙構擔心岳飛會有功高震主之威，對岳飛的疑忌愈來愈深。

說到底，趙構最忌恨的，是岳飛出眾的能力和集萬千愛戴於一身的軍心、民心。

這就叫功大而謗興，德高而毀至！

因為擁有蓋世的戰功，岳飛必然會招致卑鄙小人的仇視。

因為卓爾不群的優秀品格，他也必然會招致陰險偽君子的排擠。

這世界上就有這樣一撮人，自己是蛆就恨不得全世界是一個大糞池。

岳飛文武兼備的才能、仁義兼愛的品格、千秋赫赫的戰功、四海所瞻的威望，根本不能見容於專制政權的統治階層中。

誠如朱熹所說：「岳飛較疏，高宗又忌之，遂為秦所誅，而韓世忠破膽矣！」（《朱子語類》卷一百三十三《中興至今日人物上》）同其他大將相比，岳飛既無家世背景，個人資歷又淺，長期在外打仗，和朝中大臣交往少，根基淺，沒有任何關係網。

綜合上述幾條，岳飛無疑就是最適合開刀的人選！

殺掉一個岳飛，不但可以促成和議，還可以充分顯示皇權的威嚴，震懾警示其他武將，使他們只能匍匐在自己跟前「效媚以自全」，何樂而不為？

不過，在岳飛臨刑前的一個月（紹興十一年十一月，1141年），趙構和秦檜已經在金人送來的和約上簽字了。

這也從一個側面看出，處死岳飛並不是和議成不成功的必要條件，但為了徹底解除岳飛對南宋小朝廷形成的威脅，在趙構的運作下，岳飛非死不可。

岳飛死得極其慘烈，史稱「其斃於獄也，實請具浴拉肋而殂」。

「實請具浴拉肋而殂」是一段觸目驚心的文字，它記載了一個慘不忍睹的暴力過程：趙構遣力士進入大牢，佯稱請岳飛沐浴，將他帶到刑房之後，立刻用大鐵錘猛擊其雙肋，讓他肋骨碎盡，五內摧震，吐血而死。

幾百年後，明朝大文人文徵明讀到這一段，不由得憤然提筆，揮淚題詩，云：

拂拭殘碑，敕飛字，依稀堪讀。
慨當初，倚飛何重，後來何酷！
豈是功成身合死，可憐事去言難贖。
最無辜，堪恨更堪悲，風波獄。

岳飛「不援淮西」是否屬實

宋高宗和秦檜要殺岳飛，一共捏造了三條罪狀。

第一條：岳飛曾經公開說自己和宋太祖一樣，都是在三十歲得授節度使，其不臣之心，昭然若揭。

第二條：金兵入侵淮西，岳飛前後親受御札十三道，卻反應遲鈍，行動緩慢，屬於擁兵觀望，有意逗留，當斬。

第三條：岳飛的兒子岳雲寫信給張憲，信中有「可與得心腹兵官商議」，有謀反嫌疑。當追一官，罰金。

三條罪狀中，第一條屬於警告；第三條只是對岳雲、張憲「追一官，罰金」；問題最嚴重的是

第二條，「當斬」。

以第一條論，岳飛有沒有說「和宋太祖一樣，都是在三十歲得授節度使」之類的話，那個時代沒有錄音器材，口說無憑，不可能有物證。秦檜所提供的人證，就是已被收買的王俊之流，這些人說什麼就是什麼了。第三條的犯罪行為是寫信，本來應該有物證的，但王俊等人卻咬定，信已經被張憲燒了，最終還是他們說什麼就是什麼了。

第二條是關鍵，因為岳飛被害時物證尚在。

這物證，就是高宗的「御札十三道」。

準確地說，岳飛前後親受的御札並不是十三道，而是十五道。岳飛有沒有「反應遲鈍，行動緩慢，擁兵觀望，有意逗留」，就得細細剖析了。

為此，岳飛的孫子岳珂的《籲天辯誣錄》首篇就是《淮西辯》。

我們先來看看《淮西辯》的核心內容，然後再做必要的補充。

《淮西辯》是這樣寫的（為了方便閱讀，我改用白話文敘述）：秦檜在淮西戰事中誣陷先臣的地方有四個：一是逗留違詔，二是辭以乏糧，三是不攜重兵，四是緩於救濠。但是，先臣收到十九日御札上有文字為：「聞卿見苦寒嗽，乃能勉為朕行，國爾忘身，誰如卿者！」此語足證先臣無任何逗留。先臣所收到三月十三日御札上又有文字為：「卿聞命，即往廬州。遵陸勤勞，轉餉艱阻，卿不復顧問，必遄其行。非一意許國，誰肯如此。」此語亦足證先臣並未辭以乏糧。至於先臣奉詔出師，以大軍為緩，親自領八千背嵬騎兵為先驅，不幸背上「不攜重兵」之罪，殊不知，先臣曾在南薰門以八百人破王善五十萬，在朱仙鎮以五百騎破金兀朮十數萬。即八千餘騎並不為寡。金兀朮在第一階段戰事結束後退兵，先臣還軍舒州。哪知金兀朮又復窺陳州。三月初四日，先臣聞警，沒有等候詔書指示，火速麾兵入援。但金兀朮已於初八日攻破了濠州。雖說先臣沒能在濠州失陷前抵達，但已在「警報未上聞、詔命亦未至」的情況下發兵了，指責先臣救濠為緩，實屬冤枉。

由於岳珂的《淮西辯》是以高宗御札作為證據來為岳飛辯白的，所以，有很多東西不能說得太透。那麼，我們再做些補充。

紹興十年（1140年）七月，金兀朮悍然打破宋金雙方簽訂於紹興八年（1138年）的和議，奪回河南諸路、陝西，信心大增，遂於該年臘月下旬向淮西地區（淮河以南長江以北的安徽省所屬地區）進犯。

南宋在淮西地區兵力空虛，僅有的勁旅是駐紮在太平州（今安徽省當塗縣）的劉錡軍，其本欲率兵渡江守衛廬州（今安徽省合肥市），無奈金兵勢大，只得退至巢縣一帶阻擊。

《高宗本紀》記宋高宗於正月二十九日下令楊沂中、岳飛援淮西，而二月十九日高宗發給岳飛的第九封御札中記載「得卿九日奏，已擇定十一日起發」，即岳飛收到高宗發來的第一道御札的時間是二月九日，起兵時間是十一日。

注意，宋高宗從臨安發給遠在鄂州（今湖北省武昌區）的岳飛的八百里加急快件，其郵遞用了十天時間，可以用這時間參照下隨後岳飛大軍的行軍速度。

自古兵凶戰危，大軍不動則已，一動必如岳轉山移。

所以，岳飛接到高宗的指示，雖然不敢怠慢，但也必須全面部署好分守各駐地的軍隊，備足糧草器械，集結整訓，方可動身。

即岳飛用了一天時間來做以上工作，出兵的時間為十一日。

九日接到指示，僅用了一天時間就部署好軍隊出發，這算得上「逗留」嗎？

又必須注意，高宗的第一札內容為：「據探報，虜人自壽春府遣兵渡淮，已在廬州界上，張俊、劉錡等見合力措置掩殺。卿可星夜前來江州，乘機照應，出其前後，使賊腹背受敵，不能枝梧。投機之會，正在今日，以卿忠勇，志吞此賊，當即就道。」其沒有給岳飛安排任何具體作戰任務，只叫他「乘機照應，出其前後」。

岳飛大軍的始發地是鄂州，先奔江州，後經黃梅繞大別山區前往舒州（今安徽省潛山市），行程在六百里以上。

實際上，金兵已於二月初三占領了廬州，前鋒部掠至和州（今安徽省和縣）、無為軍（今安徽省無為縣）等地。

張俊則於二月初四率主力部隊從建康（今江蘇省南京市）渡江，招集諸軍會合，往奪廬州。

岳飛到了舒州後，又改道趕往廬州。

舒州往廬州的路是四百餘里，岳飛急趕慢趕，於二月二十日抵廬州。

而由於楊沂中已於十八日取得了柘皋戰役的勝利，金兵退去，張俊已經收復廬州。

掰開手指頭算一算，岳飛用九天時間從鄂州到達廬州，行程近千里，平均每天行軍近百里，中間還包括徵集民船渡長江，這速度並不算慢。

岳飛到了廬州，張俊不願意岳飛來分享勝利果實，派人傳信讓岳飛打道回府。

岳飛於是從廬州返回舒州，又走了三百多里。

但是，敗退後的金兀朮並未走遠，又入寇距離舒州有六百多里的濠州（今安徽省鳳陽縣）。岳飛於三月初四入援濠州，但初八到達定遠時，濠州已經淪陷。這就是所謂的「緩於救濠」，從舒州到定遠，也有五百多里路，岳飛仍是以每天一百多里的速度行軍，說他「緩」，根本說不通。

最後補一句：宋高宗是給岳飛發了十五道御札，但其中的時間間隔是很不一致的。戰事緊張時每日發一札，戰事緩和時數日無音信。而且絕大部分是在岳飛採取行動之後，在後面追著岳飛發的。

所以，指責岳飛「不即策應，犯擁兵逗留罪」，實在是欲加之罪，何患無辭？

●為什麼《金史》很少稱讚岳飛的戰績

《金史》是元朝人根據金朝史官修訂史料編纂而成的權威官修史書。本來各朝修訂自己的史事資料，但凡涉及對外作戰，都有「揚勝諱敗」的特點，金朝史官的這個特點尤其突出。

清著名史學家趙翼在他所著的《廿二史箚記》中論及「宋金用兵需參觀二史」，特別指出宋金「兩國交兵，國史所載，大抵各誇勝而諱敗」。

眾所周知，韓世忠戰績中最為人所稱道的就是黃天蕩之戰了。

對於此戰的結局，《宋史・韓世忠傳》的記載是：「敵得絕江遁去。世忠收餘軍還鎮江……是役也，金兀朮兵號十萬，世忠僅八千餘人。」

《金史・完顏宗弼傳》的記載卻是：「世忠不能軍，（被宗弼）追北七十里，舟軍殲焉，世忠僅能自免。」

看到了吧？《金史》說在黃天蕩之戰中「舟軍殲焉，世忠僅能自免」，即水師幾乎被全殲，他韓世忠本人僅僅撈了條性命。

再來說說劉錡。

劉錡在抗金戰場上的代表作是順昌之戰。

遺憾的是，整部《金史》都是極力回避順昌之戰的。原因也好理解，後來的金世宗完顏雍曾參與此役，遭遇了慘敗，由此金朝史官必須極力隱諱回護。

其實，無論是《金史》還是金代文獻中，都沒出現過劉錡（包括同音的「劉奇」、「劉琦」）的名字。

疑似的一次，是在《金史・烏延胡里改傳》中，其記載為：「（天會）八年，攻廬州，至柘皋鎮，胡里改領甲士三十為前鋒，執宋所遣持書與劉四廂錡者七人。」

劉錡在紹興九年（金天眷二年，1139年）二月曾被宋廷任命為龍、神衛四廂都指揮使，並代解潛權主管侍衛軍馬司公事。所以，這裡說的「劉四廂錡」似乎指的就是他。

但《金史・烏延胡里改傳》寫烏延胡里改「攻廬州，至柘皋鎮」的時間是天會八年（宋建炎四年，1130年），而劉錡此時的官職是隴右都護（該年八月被張浚奏擢為涇原經略使兼知渭州），一直在與西夏軍作戰，並無在淮南的經歷，而他得任龍、神衛四廂都指揮使也是九年以後的事，所以，這裡的「劉四廂錡」應該不是他。

有史學家對南宋將領在《金史》中出現次數做過統計：岳飛一共出現在8個紀、傳中，韓世忠的這個數字為7，張俊為2，宗澤為1，張浚＋張俊為11（金人把張浚、張俊弄混成了一個人），吳玠為10，吳璘為10，劉光世為3。

根據這個資料，大致可以推測出這些南宋將領在金軍中聲望及能力的高低。

吳玠和吳璘兄弟在川陝戰場的和尚原、饒風關、仙人關等幾場硬仗中打得碧血橫飛、浩氣四塞，與他們對應的數字為10並不奇怪。

除了他們哥兒倆，就以岳飛為最了，足見金人對岳爺的忌憚。

當然，有人可能會說，《金史》是多處提到岳飛，但提到的都是岳飛的敗績，有什麼好誇耀的？

美國亞利桑那大學教授陶晉生對《金史》中的「岳飛敗績」做過翔實考證，認為都是「失實、錯謬」的記載。

這些「失實、錯謬」，或出於金軍的錯覺，誤以為南宋北伐之師都是岳家軍，或因北方義軍假借岳家軍的聲威，打著岳飛的旗號，起而抗金。

即使是這樣，也可以從一個側面反映出岳家軍的巨大影響力，從而推知在南宋諸將中岳飛乃是金軍最看重的敵人。

最後補一句，《金史》中「失實、錯謬」的記載實際上比比皆是。清朝史學家施國祁經過「辨體裁，考事實，訂字句」，共發現了四千多處錯訛不實、顛倒混亂的記述。為此，他花了二十多年時間，修訂成《金史詳校》十卷，訂正了《金史》中的許多史實錯誤。

南渡十三處戰功，為何岳飛無一處入選

龔自珍《古史鈎沉論》中說：「欲要亡其國，必先滅其史。」

這句話，用在秦檜對待岳飛的態度上，也同樣適合。

秦檜深知岳飛在民眾心目中的分量，深知如果他不能徹底將岳飛搞黑搞臭，那麼他自己勢必成為萬民唾罵的大奸臣。

所以，詆毀岳飛，就是一場你死我活的個人聲譽爭奪戰。

當然，秦檜也清楚這麼做的難度係數有多高。

要知道，早在建炎四年（1130年），岳飛年僅二十八歲，任武德大夫、英州刺史、御營使司統制軍馬，官階不過正七品，武職十六階，卻已被宜興士人和民眾尊崇為神，自發為他立生祠。百姓感念他保境安民，敬他如再生父母，稱讚說：「父母生我也易，公之保我也難」。

同樣是建炎四年（1130年），岳飛因收復建康有功，升通、泰州鎮撫使。十一月，在既無糧草又無後援、更無險隘可守的情況下，掩護江北的幾十萬平民百姓和幾萬軍屬順利渡江。難民渡江後在揚子江畔的靖江定居，為感念岳飛護民恩德，在揚子江上建了一座「望岳橋」，橋旁建了一座「岳王生祠堂」，供奉岳飛的長生牌位。

紹興二年（1132年），岳飛在江西平定吉州、虔州的民眾「叛亂」。趙構以「叛軍」曾經驚

嚇隆祐皇太后為由，下密旨命岳飛屠城以泄私憤。岳飛斷然拒絕受命，屢次上書，力勸趙構收回成命。在趙構下旨以「卿欲何為」等隱含威脅的語句質問下，岳飛仍舊堅持己見，迫使趙構同意由其自行裁決。岳飛只處死了少量的「叛軍」首領，釋放了一萬多被俘民眾。吉、虔二州百姓感激岳飛悲天憫人的俠義情懷，家家戶戶懸掛岳飛的畫像，香火供奉，敬若神明。

紹興三年（1133年），岳飛奉命平定楊么起義，俘獲了包括義軍首領楊么家眷在內的二十多萬人。部屬牛皋的意見是，只有將他們「剿」殺，才可示威。岳飛當即批評說：「其徒黨皆是國家赤子，殺之豈不傷恩，有何利益？況不戰屈人之兵，而全軍為上，自是兵家所貴，若屠戮斬，不是好事。」隨後又連喝了數聲：「勿得殺！勿得殺！勿得殺！」從此，當地民眾聽到岳少保大名，多「有手以加額」以示敬重。

還有，大大小小數百支河朔義軍都在不約而同地打著岳家軍的旗號與金軍作戰，時人稱岳飛「忠勇壯烈，柱石本朝，德望威名，夷夏充滿」，岳飛享有朝野的一致讚譽。

可以這樣說，在有生之年，岳飛已經是民眾心目中的一尊神了。

要改變人們對岳飛的認識，難度不是一般的大。

在這樣「嚴峻」的形勢下，秦檜知難而上，以宰相之職兼領「監修國史」、「專元宰之位而董筆削之柄」，毅然向世俗發出挑戰，決心以一己之力把白的寫成黑的、把黑的寫成白的。

岳飛還沒死，秦檜就開始了篡改史實的「大業」。

據南宋的一個史官說：「自八年冬，檜接既監修國史，岳飛每有捷奏，檜輒欲沒其實，至形於色。其間如闊略其姓名，隱匿其功狀者，殆不可一、二數。」

試想，岳飛彼時身踞高位、手握重兵，秦檜尚且如此膽大包天地隱毀岳飛的戰功、戰績，而等岳飛已死，秦檜獨攬大權，一手遮天，還有什麼可以顧忌的？

而且，在篡改史實這條道路上，秦檜並不孤單。

他有大量可供遣使的爪牙心腹。

他甚至直接指派養子秦熺主編南宋國史編年體的日曆和實錄，大行篡改史實之能事。

他還在史館中大力安插親信。史稱，秉記事之職者「非其子弟即其黨羽」、「凡論人章疏，皆檜自操以授言者，識之者曰：『此老秦筆也』」。

在南宋的國史檔案中，凡是出現對秦檜不利的奏章、詔書及其他文獻，一個字：燒。凡是對岳飛有利的檔檔案，也是一個字：燒。

當然，燒並不能解決所有問題，岳飛對國家的貢獻實在是太大了，所有的都燒光了，那麼剩下的豈不是只有一份空白檔案了？

實在不得已，秦檜奸黨就故做曲筆，肆意篡改刪削史料、顛倒事實以達到貶損、詆毀岳飛的目的。

《宋史・秦檜傳》記載：「檜乞禁野史。又命子熺以祕書少監領國史，進建炎元年至紹興十二年《日曆》五百九十卷。熺因太后北還，自頌檜功德凡二千餘言，使著作郎王揚英、周執高上之，皆遷秩。自檜再相，凡前罷相以來詔書章疏稍及檜者，率更易焚棄，日曆、時政亡失已多，是後記錄皆熺筆，無復有公是非矣。」

在史書上胡編亂造出的內容令人髮指，無怪南宋史宮張震在紹興三十三年上奏說：「自建炎元年至紹興十二年，日曆已成者五百九十卷，多所舛誤。」

秦檜除了瘋狂篡改官史外，還大興文字獄，嚴禁私史。

十幾年的努力下來，他成功了。

一個我們認為不可能完成的事情就被他輕而易舉地做到了。

天下悠悠眾口，全被他一個人所箝制。

甚至，在他的影響下，他的黨羽万俟卨、湯思退等人在他死後，接過他的筆繼續醜化甚至妖化岳飛，在南宋紹興十一年至紹興三十一年二十多年的時間裡，岳飛可謂身死名裂，遭受了許許多多不明真相群眾的唾罵和詛咒。

如果不出意外，時間會掩蓋一切，一代忠魂恐怕就要被釘死在恥辱柱上，永不超生。

偏偏，意外還是發生了。

是金國的海陵王完顏亮，這個幻想著「提兵百萬西湖上，立馬吳山第一峰」的恐怖分子，無意中拯救了岳飛。

完顏亮發兵大舉南侵，南宋朝野震盪，人人驚惶不已。

南宋君臣這才開始追憶那個「揞拄乾坤十六年」的岳飛和他的岳家軍。

大家紛紛要求給岳飛平反，以「激天下忠臣義士之氣」。

然而，這時當政的還是當年親自下旨殺害岳飛的宋高宗，宋高宗不肯也不願自己打自己的臉，斷然拒絕為岳飛平反。

最終給岳飛平反的是宋高宗的養子宋孝宗，而時間已經推至淳熙五年（1178年），這一年，離岳飛被害已經過了長長三十六年。

宋孝宗大張旗鼓地為岳飛平反，按照慣例給岳飛賜謚之時，大家都一致認為岳飛戰功居第一，但在議賜「武穆」謚號時，要在南宋官修史書中查找岳飛的戰功，卻怎麼查都查不出與岳飛有關的任何戰功！

沒辦法，宋孝宗只好號召朝臣集體回憶，根據朝野傳聞進行分析，派人四處訪問岳飛的故將遺卒。

現在看到的很多岳飛的資料，都是「獨得之於舊在行陣間者」。

這是一個英雄人物的悲哀，也是一個時代的悲哀！

岳飛冤案得以平反，岳飛三子岳霖才開始收集整理與父親相關的各種文獻資料，他上疏請求歸還宋高宗當年賜岳飛的御札、手詔以及岳飛的奏摺，準備匯結成集，惜未成而卒。其子岳珂承繼父業，將費盡周折收集來的岳飛表奏、戰報、詩文舊事、被誣始末資料，以及宋高宗給岳飛的御札、手詔，加上為岳飛辯冤的考證，還有根據時人著述舊聞而撰寫的部分岳飛傳記匯集在一起，終於編成《鄂國金佗稡編》和《鄂國金佗續編》，保存了不少關於岳飛的原始史料。

然而，有一個殘酷的事實擺在我們面前：岳飛在紹興十一年正月（1142年1月）被冤殺，全家被抄，岳飛生前的所有奏摺全被秦檜黨羽收繳，因此不難想像，岳霖從南宋政府的左藏南庫加閣中求回的宋高宗當年賜岳飛的御札、手詔以及岳飛的奏摺，不過是秦檜之流刪削、篡改、銷毀後的劫後餘灰。

除《鄂國金佗稡編》和《鄂國金佗續編》以外，《建炎以來繫年要錄》和《三朝北盟會編》也是研究岳飛的重要史料，但同樣遺憾，這兩部書所據材料也同樣受到了秦檜大肆篡改官史、嚴禁私史的影響。以《建炎以來繫年要錄》為例，其取材雖然廣泛，但主要還是以一千卷的《高宗日曆》為底本，在《高宗日曆》的基礎上，參考其他材料刪削而成。

饒是李心傳以秉筆直書自律，但也不得不說：「按：此《日曆》乃秦檜領史院，秦熺為祕書少監時所修，張孝祥嘗乞刪改，疑未可盡信，姑附著此，更俟參考云。」

儘管岳飛的兒子岳霖、孫子岳珂兩代人所嘔心瀝血搜集整理出來的《鄂國金佗稡編》、《鄂國金佗續編》所錄關於岳飛的史料十而不足一二，但就憑這十而不足一二的史料，已堪讓人窺斑見豹，深為岳飛的忠義浩然之氣所折服。

於是尊岳、崇岳的風氣漸起，到了明代更是一發不可收拾，岳飛躍居「武聖」之位——號稱武之聖人，與文聖孔子相比肩。

為了表達對這位武聖人的敬意，民間開始流行各種各樣關於他的傳說。

比較有名的小說有《精忠錄》、《大宋中興通俗演義》、《精忠旗》、《宋大將岳飛精忠》、《岳飛破虜東窗記》、《精忠記》、《續東窗事犯傳》等，數不勝數。此外，還有戲劇《關岳交代》、《救精忠》、《如是觀》等等。

因為缺乏充足的史料為依據，這些戲曲小說的作者就充分發揮自己的想像力，飽含崇敬之情對岳飛進行天馬行空的刻畫，在戲曲小說中，岳飛不但是武聖人，而且是神、是仙，撒豆成兵，無所不能，起死回生，快意恩仇。

描寫岳飛的作品由是偏離正軌，走向誇張的想像和演繹。

如《宋大將岳飛精忠》中，岳飛單槍匹馬便殺敗金兀朮前部四十萬大軍。籠罩在岳飛身上的傳奇色彩越來越濃，岳飛開始由一個歷史人物往文學人物蛻變。

在明人小說《西遊補》中，岳飛竟然成了一個神仙級別的人物。孫悟空拜他為師，替閻王審問秦檜，施酷刑將秦檜化為膿血水，情節令人瞠目結舌。

明雜劇家凌星卿的《關岳交代》則把關羽崇為天尊，把岳飛化為天將。而另一雜劇家祁麟佳則在《救精忠》裡寫岳飛沒有奉詔班師，而是直搗黃龍，迎還二聖，誅殺秦檜。稍後的《如是觀》就沿襲了這條路子，大寫「翻精忠」。

當然，其中也不乏打著「紀實」旗號的，如依據《大宋中興通俗演義》刪節而成的《岳武穆精忠傳》和《岳武穆盡忠報國傳》。其刪節的目的，就是剔除神怪思想，使故事接近史實。但這樣一來，情節就未免過於簡陋，遠不能滿足人們對岳飛這位傳奇英雄的膜拜。到了清代，曲藝藝術極為發達，岳飛的故事更以歌謠、南詞、八角鼓、四川竹琴、彈詞、子弟書、鼓子曲、石派書、快書等各式各樣的曲藝形式在民間流傳，岳飛的文學形象一變再變。

而最終對岳飛的文學形象進行立體式、全方位刻畫，並給人物形象定格的，是清人錢彩的《說岳全傳》！

《說岳全傳》是在前人留下的筆記、小說、戲劇中的有關故事素材的基礎上進行的再創造，它的問世是岳飛故事達到成熟的標誌。

書中關於忠奸之辨、因果報應，以及唯心的宿命論很符合普通平民百姓的趣味，書一刊行，就捕獲了很多眼球，從而擁有了廣大的讀者群。

時至今日，人們對岳飛「瀝泉洞殺蛇得神槍」、「槍挑小梁王」、「青龍山八百破十萬」、「氣死金兀朮」等故事仍津津樂道，深信不疑。甚至還有很多人認為，岳飛死後，他的兒子岳雷大破金兵、直搗黃龍、誅殺秦檜夫婦及其子秦熺等，都是歷史事實。

秦檜毀史太狠，史料已失，事已難考。

不管怎麼樣，岳飛作為一個歷史上曾經出現過的身居高位的人物，絕不應該是《高宗日曆》裡那個南渡十三處戰功無一處入選的低能兒，也不應該是戲曲小說裡那個上天入地的怒吼天尊。

也許，我們已不需要考究太多關於岳飛的生平，只要知道，這個世界上，他曾經來過，並已經化身為了一個符號：精忠報國。這樣，就已經足夠了。

文天祥稱讚岳飛說：「岳先生，我宋之呂尚也。建功樹績，載在史冊，千百世後，如見其生。」

《金史》是如何評價岳飛的

《金史》是一部紀傳體史書，與《宋史》、《遼史》同為元朝人編寫，岳飛是宋朝人，其傳記只能出現在《宋史》，而不可能出現在《金史》裡。而按照紀傳體史書體例，只能是在各傳記的傳末評價各傳主，所以，《金史》是沒有關於岳飛的直接評價的。

直接的評價沒有，那麼間接的評價有沒有呢？

有，可見於《金史・完顏綱傳》。

完顏綱和岳飛不是同一個時代的人。大家都知道，南宋寧宗朝首相韓侂冑主持搞了一個「開禧北伐」，準備雖然不是很充分，但也讓金國一度陷入被動。完顏綱作為金國要員，出任蜀漢路安撫使、都大提舉兵馬事，負責川陜戰場，他的對手是南宋名將吳璘的後人、宋四川宣撫副使吳曦。金章宗寫了一封招降吳曦的詔書，封吳曦為蜀國王，鑄印賜詔，由完顏綱策劃處理。

金章宗的詔書裡提到了岳飛，說：「且卿自視翼贊之功孰與岳飛？飛之威名戰功暴於南北，一旦見忌，遂被參夷之誅，可不畏哉。」

看，編著《金史》的人沒有評價岳飛，但金國皇帝已經在不經意中給予了岳飛戰神一般的評價——「飛之威名戰功暴於南北」！

但為什麼岳飛在《金史》中都是以失敗者的面目出現？

金國是浴戰火而生的國度，以武力立國，其對戰爭的記載那是十足的「隱敗揚勝」，您查《金史》，金國基本就沒有關於本國敗績的記述。

南宋人所稱道的和尚原、仙人關、順昌、郾城、潁昌等大捷，《金史》裡基本是沒有蹤影的。

南宋大將劉錡算是一個狠角色，《金史》連他的名字都不屑記。

這樣的「隱敗揚勝」，已經到了喪心病狂的地步，怎麼可能找得到岳飛的勝績記載？

金國史官總在強調岳飛「敗」、「退」、「走」，目的是想說岳飛也沒有什麼了不起，但強調得越多，越讓人覺察出他們的心虛——岳飛既然沒有什麼了不起，為何您一天到晚總要拿他說事？這豈不恰恰說明了您實際上是最忌憚他的？

下面簡單舉兩個例子，看看金國史官寫岳飛的「敗」、「退」、「走」背後所透露出的東西。

一、《金史》卷八十一《王伯龍傳》中記載「（金）軍渡採石，擊敗岳飛、劉立、路尚等兵，獲芻糧數百萬計」。這場戰事發生在南宋建炎三年（1129年）秋，當時的岳飛只是宋軍統帥杜充手下的一員偏將，在宋方作戰部署上沒有什麼話語權，在戰場上並非主導，敗了就敗了，可笑金國史官不寫擊敗杜充，而寫「擊敗岳飛、劉立、路尚等兵」，顯然，在他們心目中，寫擊敗岳飛比寫擊敗杜充意義更重大。

其實，按照這個邏輯，不管岳飛是一名小兵還是一個偏將，只要他曾經在戰場上出現過，金國史官都可以一律寫成是「擊敗岳飛」了。

二、《金史》卷八十二《僕散渾坦傳》說「天眷二年，與宋岳飛相拒，渾坦領六十騎深入覘伺，至鄢陵，敗宋護糧餉軍七百餘人，多所俘獲」。實際上，金國天眷二年，也就是南宋紹興九年，這一年，宋金達成第一次紹興和議，並無戰事發生。只能說，這是一場無中生有的戰鬥。讓人噴飯的是，即使是虛構的戰鬥，金人也只是說自己的偵察小分隊襲擊宋軍的運糧隊成功。運糧隊不過是由民夫組成，本於岳飛威名無損，金國史官卻也要在此大書特書一筆，足見就算能抓獲岳家軍的民夫，也要高興得像過節一樣，滿地打滾，鳴鑼慶祝。

《金史》中關於岳飛的記載，全部是諸如此類，本書限於篇幅原因，這裡就不一一展開述說了。不知誰會傻乎乎地上它的當，以為岳飛真如其所描繪的那樣不堪。聰明的讀者往往會透過那些稀奇古怪的記載，悟出金人最在乎、最念念不忘、最畏之如虎的人，其實就是他們常常掛在嘴邊，並將之抹黑成「常敗將軍」的岳飛！

一場發生在兩宋戰場上的近身肉搏

紹興五年（1135年），韓世忠任武寧安化軍節度使、京東淮東路宣撫處置使，置司楚州。到了楚州，韓世忠披草萊，立軍府，與將士同心協力，作戰備計。甚至他的夫人梁氏親自織薄為屋，也加入到建設隊伍中來。

軍中有怯戰將士，韓世忠就設樂大宴，賞女人的衣裙給他們，羞辱他們。在韓世忠的惡搞羞辱之下，楚州將士人人奮厲。

韓世忠又注意撫集流散，通商惠工，很快，楚州就成了一座軍事重鎮。

韓世忠還注意遣間結山東豪傑，相約緩急為應。

紹興六年（1136年）二月，張浚在鎮江府召開了一個都督行府軍事會議，接待各路軍隊首腦人物，鼓勵他們，打算將原來對金、偽齊的守勢調整為攻勢。

張浚的設想是由行營五路大軍齊頭並進、分道合擊。

可是遭到了張俊和劉光世的一致反對。

會議最後制定的戰略部署是，劉光世屯軍廬州（治安徽省合肥市），以招北軍；江東宣撫使張俊練兵建康（今江蘇省南京市），進屯盱眙；權主管殿前司公事楊沂中領中軍，為張俊後翼，採取守勢；韓世忠屯軍於承州（今江蘇省高郵市）、楚州（今江蘇省淮安市），進取淮陽；岳飛屯軍於襄陽，窺取中原，採取攻勢。

韓世忠是個實幹家，說幹就幹，一點也不含糊，回到楚州，立刻盡發軍馬，直取淮陽軍。大軍到了宿遷縣（今江蘇省宿遷市），命統制岳超帶領二百餘名將佐親隨作為硬探，到前面偵察敵軍情況。

事有湊巧，淮陽城中的偽齊知邳州賈舍人和金國都統阿里聽說韓世忠準備來攻打淮陽，也派遣千騎南來，和岳超在途中狹路相逢。

岳超的部下看見敵人勢大，紛紛以「硬探不可迎戰」為由，勸岳超趕緊退走，回軍覆命。岳超慨然說：「遇敵不擊，何以為將？」

敵人的戰鼓已經擂響，岳超不再猶豫，率眾將衝入敵陣，出而復入者數四，將敵軍蹂躪得潰不成軍，這才心滿意足地收兵而回。

這一戰，「有中傷者數十人，然無一落陣者」。

如果說岳超這一場遭遇戰打得驚心動魄，那麼，接下來由另一員猛將呼延通擔任主角的陣前單挑更讓人覺得心驚肉跳、血脈僨張。

主將單挑的勝利只能提升自己軍隊的士氣，並不能決定兩軍勝敗。所以，歷史上雖然發生過無數次單挑，史書上卻記載無多。

呼延通的這場單挑肉搏戰分別被李心傳和徐夢莘詳詳細細地收入《建炎以來繫年要錄》和《三朝北盟會編》，足見這場打鬥的凶險、激烈和奪人眼球。

打鬥的全過程基本是史實的白描，讀來卻恍如小說筆法。

以下文字是由《三朝北盟會編》中整理而來的。

韓世忠到了淮陽軍城下，吩咐呼延通單人獨騎走在前面，自己領一名「一把雪」執信字旗跟在後面，（「一把雪」是韓世忠軍中對專門執掌令旗的旗頭兵的稱呼，通常都是由矯健擅長奔跑的人擔任），而命令諸部騎兵繼進，見信字旗停則停，見信字旗進則進，步兵緊隨其後。

呼延通在前面走了二三十里，遇上了金軍。

韓世忠於二三里外登上一個高坡眺望，後面的大軍在三里之外，在信字旗的指揮下停止了前進。

呼延通馳馬衝到陣前請戰。

金軍陣中衝出一員名叫牙合孛堇的猛將，喝令呼延通解甲投拜。

呼延通喝道：「我乃呼延通也。我先祖呼延太保在太祖、太宗朝殺契丹立大功，曾設誓不與契丹俱生，況爾女真小丑，侵我王界，我豈與爾俱生？」（呼延太保即為宋初名將呼延贊，其身上文有「赤心殺賊」的字樣，家裡所有的妻、妾、奴也無不如此，兒子的耳後更刺有「出門忘家為國，臨陣忘死為主」十二字，呼延通忠義報國，有其祖遺風。）

呼延通挺槍刺向牙合孛堇，牙合孛堇與呼延通交鋒，兩人槍來槊往，難分難解。

轉戰移時，兩人兵器均被擊飛，並且一齊跌落馬下。

但格鬥並不停止，兩人繼續徒手相搏，你一拳，我一腳，追擊逐殺，離兩軍戰陣越來越遠。

牙合孛菫體力出現不支，腳步踉蹌，摔了一跤，呼延通跳起來坐在他的身上亂拳暴打。

牙合孛菫掙扎著抱住呼延通的腰，兩人在地上滾來滾去，纏鬥不休。

惡鬥了大半天，呼延通開始大口大口喘氣。

兩人鼻青臉腫，衣甲脫落，眼角、口鼻全是汙血，喘氣聲加在一起，如同悶雷，卻依然手腳不停。性命攸關，誰也不敢鬆手，最後抱持著掉入了一個大水坑中。

在大水坑中，水被攪渾，兩人成了泥人。

牙合孛菫出陰招了。

他摸到了腰間的一把篦刀！

牙合孛菫原本想割呼延通的咽喉，呼延通將他的手緊緊攥住，並往下壓。

掙扎中割到了呼延通的左腋，血流如注。

呼延通大怒，另一隻手捏住牙合孛菫的喉頭，竟將喉頭捏爆！

戰鬥發展到此，我們有理由懷疑《三國演義》中小霸王孫策惡鬥東海悍將太史慈的情節就是從這兒演化而來，類似的還有《水滸傳》中雙鞭呼延灼大戰河東大將韓存保的那一大段。

這邊呼延通和牙合孛菫在深坑裡殊死搏鬥，那邊的韓世忠為敵軍所圍，韓世忠按甲不動，對手下的將領說：「大夥兒看我的馬頭往哪兒就往哪兒衝！」言畢，奮戈一躍，已潰圍而出，不遺一鏃。

韓世忠回頭簡單清點了一下自己隊伍的人數，說：「敵易與耳。」

又回頭乘銳掩擊敵軍，敵軍抵擋不住，全軍敗去。

第二日，韓世忠圍攻淮陽軍城。敵人堅守不出，城防嚴密，城中街衢全部遮上了厚重的木板，以防韓世忠的克敵弓矢。

劉豫遣使趕往河間府向金國右副元帥完顏宗弼求援。

圍攻了六日，沒能攻下。第七日，劉豫的侄子劉猊和金國右副元帥完顏宗弼的援軍趕到。

和敵人相比，自己的軍隊人少、勢單力薄，韓世忠只好向江東宣撫使張俊請援。

張俊置若罔聞，不予理睬。

這樣，在強大的敵人面前，韓世忠只好選擇了退兵。

回師途中，還出現了一個小插曲。

在符離，韓世忠遇上了一支金軍部隊，韓世忠勒陣向敵，命小校郝彥雄朝對方大呼：「穿錦衣騎驄馬立於陣前的，正是韓相公也。」

部將聽了大驚，認為這樣做太危險。

韓世忠笑道：「不如此，不足以制敵。」

等金軍近了，韓世忠派數名騎將向對方挑戰，「殺其引戰者二人」，然後乘勝追殺，將敵人殺退。

戰後論功，呼延通升永州防禦使。

呼延通和韓世忠將帥相得，軍中煥發出一種強勁的鬥志。

秦檜是怎麼從金國攜帶家屬逃回的

關於秦檜南歸，的確迷霧重重。

試想，和他一起被擄北上的大臣那麼多，文的武的都有，但其他人都沒能回來，秦檜卻全身而退，實在神奇。

而且，如果只是秦檜一個人回來，我們還可以想像他或許像跟隨關羽敗走麥城的廖化一樣，易容化裝，混在逃難的人群裡，一路行乞逃回來。

問題是，秦檜的行裝並不簡單，不但帶著自己的老婆，還有大批家奴，前呼後擁，攜帶著大量財寶，大搖大擺地從燕地回到了楚州（今江蘇省淮安市），行程長達兩千八百里！

太不可思議了。

當然，秦檜本人是有一套自認為圓滑的說法的。

他在《北征紀實》中說，自己是趁完顏撻懶帶兵大舉圍攻楚州之機，遠遠跟在隊伍後面，逾河越海，機智巧妙地躲過金人的盤查，就這麼溜回來的。

關於從楚州出逃過程的個別細節，秦「大人」還做了特別的描述，說自己本來是打算深夜騎馬出逃，但看到金兵四面都有埋伏，難於從陸路出走，才改從水路逃跑的。當晚，奪船行舟六十里，抵丁家寨，曾欲拜訪將軍丁祀，不得見，另從海上發舟，終於到達行在。

南宋人趙甡之所著《中興遺史》支援秦檜的解釋，說秦檜是個很有氣節的大臣，到了金國，不忘故國，得到了金太宗的堂弟撻懶的欣賞。

撻懶攻打楚州，秦檜即隨大軍南下。

秦檜為了能帶上家人一起，自導自演了一出苦肉計：夫妻吵架，明確表示要拋棄夫人王氏。爭吵聲驚動了撻懶夫人一車婆。

一車婆對秦檜的負心行為看不慣，「強行」要他帶上夫人同行。

這樣，秦檜就帶著夫人，還有小奴硯童、小婢興兒、御史衛司翁順、親信高益恭等，高高興興地上路了。

關於在楚州脫逃的情形，與秦檜《北征紀實》的敘述大致相同。

另外，徐夢莘的《三朝北盟會編》和李心傳的《建炎以來繫年要錄》等也都採取了這種說法。即秦檜是依靠自己的聰明才智逃回來的。

當然，在這種說法裡，金兵的表現如此弱智，很多人打死也不肯信。

朱勝非的《秀水閒居錄》就反對此說，另外提出新觀點，說秦檜得金人重用，在楚州，金人遣舟送歸。送歸之日，金人還從秦檜岳父王仲山處取了一千緡錢作為離別的贈禮。

即朱勝非認為秦檜並非「逃歸」，而是金人的有意「縱歸」。

朱勝非之說影響很大，《林泉野記》等書都沿襲了此說。

李心傳的《建炎以來繫年要錄》也收錄了朱勝非的原話。

後來的陸游乾脆在《老學庵筆記》中把「逃歸說」和「縱歸說」糅合在一起，說：秦檜在山東計畫南逃，已備好船隻，卻心中惴惴，躊躇不定，擔心有人告發。某頗有交情的金人鼓勵他說：「可以找監軍商量，如果得其允許，其就會擔起有關責任，即使事敗被殺也是死而無憾。否則，你若逃而被抓，就算他想寬恕你也是不敢的。」秦檜於是找監軍商量。監軍說：「你真這麼想回去？別說我不提醒你，曾經有契丹人逃回遼地，但回去後遭受懷疑，生不如死。你考慮清楚，如果真要走，不必顧慮到我。」秦檜表示真要走，在監軍的允許下就走了。

陸游的說法肯定不靠譜。

原因很簡單，真是金人的有意「縱歸」，內幕肯定沒這麼簡單。

無名氏的《中興姓氏錄》就記載：秦檜在金國時，為徽宗作書上粘罕，以結和議。粘罕喜之，賜錢萬貫、絹萬匹。建炎四年，大金軍攻楚州，乃使秦檜乘船艦全家厚載而還，使結和議為內助。不過，當時的形勢是南宋屢屢求和而不得，這兒卻記載粘罕為求和而遣返秦檜，並賜他巨額錢、絹，還使其「乘船艦全家厚載而還」，不但與史實不符，也違背常理。

倒是金國通直郎、祕書省著作、騎都尉張師顏寫的《南遷錄》比較能解釋得完滿。

書中寫：天會八年（宋高宗建炎四年，1130年），大金國想要止住南宋的攻勢而又不願主動求和，魯王完顏昌（撻懶）建議，故意放歸一個抓來並已經投降的宋朝大臣，讓他回宋國當奸細，用大話嚇唬宋朝君臣，讓宋朝君臣跪地向大金國求和，彼時，「我佯不從而勉強以聽，或可以定」。忠獻王完顏宗翰（粘罕）舉手贊同，說：這件事我也盤算了很久，派回宋國當奸細的人選，我早考慮好了，這人就是秦檜，「我喜其人，置之軍中，若縱之歸國，彼處喜慷慨說事，必是得志，惟此人可濟吾事，更須恩結其心」。後來「陰縱秦檜以歸，一如忠獻王之所料」，「順昌之戰，劉錡欲徑進，而召劉錡。商虢之戰，岳飛欲徑進，而召岳飛。終於殺岳飛，廢韓世忠、張浚，貶趙鼎，而南北之勢定」。

秦檜南返，殘害忠良，呂中《中興大事記》因此痛斥：「自金兀朮有必殺飛而後可和之言，秦檜之心與虜合，而張俊之心又與檜合，媒孽橫生，不置之死地不止……飛死，世忠罷，中外大權盡歸於檜，於是盡逐君子，盡用小人矣！」

張邦昌被殺，到底冤不冤

張邦昌是死得冤，而且名聲也被別有用心的人搞得很臭。

話說，女真人平遼滅宋，一下子就擁有了廣袤無垠的領土，但他們人口有限，要全面管理，實在力不從心。

所以，他們必須選出一個代理人，替自己管理中原大地。

選來選去，就選中了張邦昌。

必須澄清一點，張邦昌不是女真人，也不是女真人的親戚，也沒有投降女真人。

女真人為什麼會選中他呢？

主要是他脾氣好，是個老好人。

當然，張邦昌原來還是北宋的大官——他官居太宰兼門下侍郎，為國家首席大臣。

張邦昌脾氣好，好在哪兒呢？

他是進士出身，憑著天生好脾氣，誰也不得罪，誰都處得來，深受大家喜歡，因此官運亨通，先後擔任過大司成、知州、禮部侍郎、尚書右丞、尚書左丞、中書侍郎等職。

張邦昌對朋友客氣，對敵人也客氣。

金軍入侵，他主張和氣生財，力主和議。

而當完顏宗望大軍兵臨汴京城下時，張邦昌就陪同康王趙構（即後來的宋高宗）出使金營。

後來割讓中山等三鎮的合同，也是他代為簽訂的。

不用說，「投降派」的帽子張邦昌是戴定了。

完顏宗望也因此對張邦昌產生了好印象，而當撤軍北返時，就指定張邦昌來當傀儡國的皇帝。

張邦昌嚇得屎尿齊出，哭叫說：「趙氏無罪，遽蒙廢滅，這是邦昌所不忍聞的。如強要立邦昌，邦昌唯有一死。」哭著喊著要上吊自盡。

完顏宗望先是騙他說：「大金皇帝早有詔令，立宋太子為新帝，以你為相，請你善妥輔佐，不要毀敗宋金兩國的結盟，請趕緊入城。」

等張邦昌入了尚書省，受了金人威嚇的百官父老全都跪下了，為首的王時雍、徐秉哲、呂好問等人對張邦昌說：「大金準備冊立你為新帝，三日不立，將夷平宗廟，殺盡生靈。」

張邦昌一聽，如遭電擊，再次尋死覓活。

但父老百姓都哭求他「即權宜之計，救取一城老小」。

張邦昌相當清醒，知道自己一旦答應，絕對會死得很難看。他對王時雍等人說：「諸公怕死，把僭號的大罪推給了邦昌，就算能脫責而歸，焉可免禍？他日只有一死而已。」

但為了汴京父老百姓，他還是勉為其難地應承起來。

張邦昌稱帝，只是在金人面前做做樣子。金人一走，他就對眾人說：「本為生靈，非敢竊位。」要求大家不許行跪拜禮。

王時雍等人不管，率百官「遽拜」。張邦昌轉身向東，「東面拱立」，以示自己不配、不敢、也不能做這個所謂的「皇帝」。

張邦昌對自己簽發的命令不稱「詔書」，而稱「手書」；接見百官不稱「朕」，而稱「予」；百官稱他「陛下」，他也總是義正詞嚴地「斥之」。嚴格把自己和「皇帝」的身分區分開來。

而當金兵北返，張邦昌便到民間尋訪到當年被宋哲宗廢掉的元祐皇后孟氏，將她隆重地迎入延福宮，由她垂簾聽政，自己退位。

當時，王時雍曾提醒說：「騎虎者勢不得下，你可得想清楚了，他日噬臍，悔之晚矣。」但張邦昌不理，不但讓孟氏垂簾聽政，還派人把刻有篆文「大宋受命之寶」的玉璽送到應天府，交給趙構，一再辯白自己僭位實是迫不得已。

也就是說，金人成立的傀儡政權「大楚」前後存活時間不過三十三天而已。

趙構於是原諒了曾和自己有過患難之交的張邦昌，詔張邦昌為尚書左僕射兼門下侍郎，後又升太保、奉國軍節度使、加封同安郡王。

但是，一年前被宋欽宗從汴京趕到揚州賦閒的李綱得趙構重用後，強烈要求處死張邦昌。

李綱說：「張邦昌篡逆已成不爭的事實，如果仍留他在朝廷，百姓將認為朝廷有兩位天子，臣不願與賊臣同居。如果一定要用張邦昌，我寧願罷職！」

沒辦法，趙構只得從了他，歷數張邦昌罪狀，將之貶為昭化軍節度副使，安置在潭州。不久，又從潭州流放到長沙，遣人送詔書到長沙賜其自盡。

為什麼說「遼國是因為一隻鳥滅亡」的

藉由這個形象的比喻，人們可以很容易地記住遼國滅亡的原因，很容易地記住血淋淋的歷史教訓。

自古以來，由儉入奢易，由奢入儉難，禹湯罪己，其興也勃；桀紂罪人，其亡也忽。

遼天祚帝喜歡打獵。

天祚帝行獵，必定是騎著高頭大馬，左牽黃，右擎蒼，在千百親從的護衛下，漫山遍野遊走，既無三餐之憂，又無性命之危，優哉游哉，覽盡山川美景。有獵物出現，即叱狗驅鷹，外加一眾隨從四面包抄，自己遠遠張弓搭箭，絕不空還。

遼天祚帝是個敗家子，愛打獵愛到了骨子裡，就跟現在沉迷於網遊的人似的，徹底淪陷，難以自拔。

玩網遊的高級玩家都要砸重金買裝備，做「林沖」（零充、零儲值）不但玩不痛快，還會被鄙視。

遼天祚帝奢靡無度，從不為花在購買裝備上的錢心痛。

女真人生活的地區盛產猛禽，其中有名為「海東青」者，飛得高、飛得快，體形龐大，善於搏鬥，可以訓練成獵人的好幫手——獵鷹。

不難看出，這個海東青就是遼天祚帝時時需要更新和升級的裝備了。

但問題也明擺著，海東青既然是捕獵能手，那麼，人類要捕到它，並且把它訓練成捕獵的幫手，難度就非常之大，成本也非常之高。

遼天祚帝不管，索命般向女真人索要。

俗話說，兔子急了也會咬人。

女真人向來臣服於契丹人，兩百多年來逆來順受，從未想過要造反，但因天祚帝索鳥太急，涉及身家性命，他們不得不起來造反。

一來二去，事件弄大了，弄炸天了，遼國就滅了。

這不是一隻鳥引發的慘案又是什麼？

最後補一句，到目前為止，海東青到底是一種什麼鳥，生物學家也弄不清楚，有人猜測它可能是屬於隼科的矛隼。但最大的隼科巨禽，體長不過為56～61公分，體重在1310～2100公克之間。而按照史書記載，海東青的身高在1公尺左右，兩翅展開2公尺多長，體重可達6000公克以上。

清朝聖祖皇帝康熙沉迷打獵的程度不亞於天祚帝，以至他死亡前一個月還在打獵。

他也經常更新和升級裝備，同樣是個「海東青控」，稱海東青為「萬鷹之神」，還作了一首詩稱：「羽蟲三百有六十，神俊最數海東青。」

所以，即使海東青是歷史真的出現過的「神鳥」，但現在也已不可考，生物學家也聳聳肩，攤開手說：「這種鳥，現在已經滅絕了。」

歷史上的金兀朮是一個怎樣的人

歷史上的金兀朮是一個怎樣的人呢？

南宋降將酈瓊是這樣當面誇讚他的：「用兵制勝，皆與孫、吳合，可謂命世雄材。」即金兀朮是一個非常有本事的人，雖然沒讀過什麼兵書，但運兵用謀，決勝千里，無不與孫子、吳起在兵書上所寫的相暗合，可稱不世名將。

但注意到酈瓊的降將身分，而且他是當著金兀朮的面說這番話的，則拍馬屁的成分很大，不可全信。

那麼，還是看看金兀朮的主要履歷，根據其實際表現來下結論吧！

金兀朮，即完顏宗弼。1129年11月，金兀朮發起歷史上著名的「搜山檢海」行動，由建康府西南的馬家渡江，下建康，取廣德軍路、湖州（今屬浙江省），掠臨安府（今浙江省杭州市），撲明州（今浙江省寧波市），長驅直入，追逐宋高宗趙構至昌國縣（今浙江省舟山島），繼而入海追擊，因水軍不濟，遂沿運河北返。而軍至鎮江，遭到韓世忠阻截，被困於黃天蕩，羈留四十八日，叫天不應，叫地不靈。最終，有當地叛徒獻計，循老鸛河故道鑿渠通出秦淮河，遁回建康。

饒是如此，金兀朮也險過剃頭。

當時，他被韓世忠水舟追至建康門外，被迫「刑白馬」、「剔婦人心」、「自割其額」，向天祭拜，以必死之心跟韓世忠玩命，這才打退了韓世忠的追兵。

但在建康，金兀朮也不得安生。

他遭遇到岳飛在清水亭、牛首山、龍灣等地的連番襲擊，既怒不可遏，又不勝其擾，最終狼狽撤離。

1131年秋，金兀朮任金國元帥左監軍，入川陝強攻和尚原。其大造浮橋橫跨渭水，沿途壘石為城，步步推進，自寶雞到神岔，列柵三十來里，聲勢浩大。但是，輸得很慘，其本人身中兩箭，被吳玠的追兵掩殺得走投無路，不得不「剃其鬚髯」，才逃得一條性命，手下兵將損失過半。史稱：「金人自入中原，其敗衄未嘗如此也。」

補充一句，由於粘罕的侄子不露孛堇也在此戰中成了宋軍的高級俘虜，粘罕很生氣，後果很嚴重。

金兀朮被罷去元帥左都監之職，罰回後方坐冷板凳。

可憐的金兀朮，背心中箭，臂有刀傷，前胸後背纏滿了綁帶，腦袋耷拉，胳膊斜吊，鬍子又被割得不成樣子，舅舅不疼，姥姥不愛，可謂悽楚無限。

1134年，岳飛北伐，一舉收復襄陽六郡。

金國趕緊聯合偽齊劉豫向兩淮地區發動攻勢，金兀朮重新回到戰場。

這場會戰，因金主金太宗完顏吳乞買病危，金軍匆匆北撤，成了虎頭蛇尾的一場戰役。

金兀朮也沒鬧出大的笑話。

吳乞買崩，金熙宗完顏亶即位。

金兀朮復升任右副元帥、封梁王，後又拜都元帥，封越國王，於1140年揮軍伐宋。

這次，負責出面教育金兀朮的是南宋悍將劉錡。

劉錡依託順昌（今安徽省阜陽市）堅城，連續給金兀朮兵團以殺傷，殺得金兀朮軍「棄屍斃馬，血肉枕藉，車旗器甲，積如山阜」。

金兀朮灰頭土臉入陳州（今河南省淮陽縣），清點人數，發現損失慘重，又心疼，又氣惱，遍責手下諸將的罪過，安排人手嚴守歸德府、許州、陳州三城，嚴格拱衛東京的安全，自己引殘部入東京。

但順昌之敗還不是最慘的。

在接下來的郾城、潁昌兩場大戰中，金兀朮對陣的是戰神岳飛，其壓箱底的獨門兵種「鐵浮屠」、「拐子馬」被岳家軍摧殘和蹂躪得不成樣子，金兀朮本人還險些被俘。

在逃跑路上，金兀朮一面抹眼淚，一面放聲哀號：「自海上起兵，皆以此（指「鐵浮屠」、「拐子馬」）勝，今已矣！」、「自我起北方以來，未有如今日之挫衄！」

被拘留在金國的宋使洪皓寫信回國，稱：「順昌之敗，岳帥之來，此間震恐。」

可惜的是，無能的宋高宗趙構自棄中原，連發十二道金牌，召還岳飛。

金兀朮此時已經撤離東京，趁著夜色末路狂奔，到了黃河渡口，得知岳飛班師的消息，歡喜得嘴都快要笑裂了。

……

以上，是金兀朮在各場大戰中的表現。

在這些表現裡，他先後被韓世忠、岳飛、吳玠、劉錡吊打，一次比一次慘，一次比一次難看。即使這樣，後世對他的評價仍然很高。

學者王夫之說：「金兀朮渡江而南，席捲吳、會，追高宗於四明，東迤海濱；其別將追隆祐太后，南至於虔州之皂口，西掠楚疆，陷岳、潭，而武昌在其懷袖。」

史學家趙翼說其「每出兵必躬當矢石，為士卒先，故能以少擊眾，十數年間，滅遼取宋，橫行無敵」。

對於這些評論，我的看法是，金兀朮能自北而南，長驅直入，的確是一流的戰將、統帥、軍事家、指揮家。但是，應該比韓世忠、岳飛、吳玠、劉錡這些人稍微差了「一點點」吧？

《金史》對金兀朮的軍事能力也做了充分的肯定，即「蹙宋主於海島」，但更多的是誇耀他在政治上的舉措，說他「卒定畫淮之約」、矯正「金熙宗舉河南、陝西以與宋人」的舉措，給出的總評是：「時無宗弼（即金兀朮），金之國勢亦曰殆哉。」

後來的金世宗完顏雍也說過「宗翰（指粘罕）之後，惟宗弼（指金兀朮）一人」之類的話。

那麼，金兀朮於政治上的出色之處表現在哪兒呢？

毫無疑問，就是他在順昌、郾城、潁昌之戰中被宋軍打得滿地找牙，而在後來的柘皋之戰中也討不到好的情況下，居然以戰迫和，逼迫鼻涕蟲宋高宗簽訂了大大有利於金國的和約，並在他有生之年保持了兩國之間的和平。

還有，現在很多網文都提到，金兀朮後來在病逝前留有「遺言」，詳加分析了宋金形勢，認為南宋軍力很強，其一旦自我覺醒，那麼撕毀條約，收復失地，可是易如反掌。所以諄諄告誡當政者，一定要小心謹慎，做好防範。末了，還留下制宋策略，即如果金國抵擋不住宋軍的進攻，就趕緊回撤，並把擄走的宋欽宗請出來，重新在汴京執政，製造出南北兩個宋朝相對立的局面，讓宋欽宗與宋高宗兩兄弟鬥。

這段「遺言」收錄在《三朝北盟會編》中，出自金人李大諒（偽齊李成之子）寫的《征蒙記》。查《征蒙記》可知，留下這段「遺言」的人並不是金兀朮，而是金國皇叔、都元帥、遼國王完顏杲。

1138年，完顏杲「危篤，親筆遺四行府帥」，即在病危咽氣之前，親自寫了遺書留給四位行府元帥。

金兀朮最先閱讀了這封遺書，後來轉述給了南北行府的三位元帥。

所以，金兀朮的嘴裡是說過這些話，但他只是轉述。許多人讀書不細，訛傳成了金兀朮的遺言，鬧出了烏龍。

話說回來，扶宋欽宗出來與宋高宗對抗，這一招極是毒辣，主意雖不是金兀朮出的，但他是贊同這麼幹的。

時在鄂州的岳飛風聞這一消息，非常緊張，曾與幕僚薛弼商議：請宋高宗把在資善堂讀書的建國公立為皇太子。

岳飛為什麼這麼想呢？

主要是宋高宗趙構在金兀朮發起的「搜山檢海」行動中受金軍驚嚇，喪失了生育能力，僅有的一個兒子又在「苗劉之變」中死去，即南宋朝廷是一個沒有未來的「絕戶」朝廷。金人一旦以宋欽宗或宋欽宗的兒子為帝，就會極大程度地動搖南宋軍民的擁戴之心。

岳飛認為，只有規勸趙構早立下皇位繼承人，才能安民心，進而粉碎敵人的陰謀。

但是，就因為這場「建儲之議」風波，岳飛早早被小肚雞腸的宋高宗懷恨在心，埋下了風波亭慘案的伏筆。

所以說，金兀朮不但是個搞戰爭的好手，更是個玩弄政治的好手。

宋朝弓弩的威力有多可怕

弓箭的發展可以追溯到上古石器時代。那時候的民眾為了生存，就必須充分發揮自己的主觀能動性去適應大自然，依靠自己的智慧和力量去跟凶禽猛獸搏鬥。棍棒、石塊應當是最早可以依賴的武器，但這些武器的攻擊範圍有限，為了延伸攻擊距離，人們就用石、骨和木製造成了可以進行遠距離攻擊的複合工具——弓箭。

「斷竹、續竹、飛土、逐肉」，是我們所知最早的中國詩歌，見於《吳越春秋》。斷竹、續竹就是製作弓箭的過程，飛土、逐肉則是彎弓獵射的畫面。

據說，這首詩源自黃帝時代，這是一個相當久遠的時代了。

實際上，1963年，我國考古工作者在山西朔縣的舊石器遺址中發現了一枚加工精緻的小石鏃，是用很薄的長石片製成的，兩側邊緣稍鈍，尖端鋒利，長約28公釐，完全符合箭頭的三要素：鋒利、尖頭適度、器型周正。另外，在與尖頭相對的另一端（底部）左右兩側凹進去，成為一個小把，明顯是用來安裝箭桿的。經放射性碳素測定年代，距今28900多年，是迄今為止人類所發現最早的石鏃。可以說，人類歷史上最早的弓箭是我們中國人的祖先在28900年前製造出來的。

如果依《易傳・繫辭》「弦木為弓，剡木為矢」的記載，中國遠古先民製造和使用弓箭的具體年代應該還要更早。

弓箭真算得上是一種可怕而極有實效的武器，它可以將飛翔在天空中的凶禽射落、把遨遊在水裡的惡鯊射翻，在確保自己安全的距離內擊斃猛獸。

因此，在相當長的時間內，弓箭一直是人類狩獵、戰爭不可替代的武器。

很多時候，人類甚至把弓箭作為一種神器來膜拜。

比如說，後羿射九曜，就是人類對弓箭威力的敬畏和歌頌。

三國呂布能夠以「轅門射戟」來化解袁術、劉備之間的紛爭；大唐猛將薛仁貴可以透過「三箭定天山」神話一樣降伏突厥；後唐李存勖在亡父靈前起「三矢之誓」……這些生動的事例無不閃爍著對弓箭無限敬畏的光芒。

單就一支箭來說，它的威力大不大呢？

漢武帝朝以善射著稱的「飛將軍」李廣多次在戰場上以一種「引而不發」的姿態威懾匈奴人，取得最終的勝利。其中最著名的是元朔六年（前123年）李廣任後將軍跟從大將軍衛青自定襄出塞那一次。

彼時，匈奴左賢王率領四萬騎兵將李廣數千人團團圍住，李廣就命令士兵「持滿毋發」，自己取大黃弩弓接連射殺了好幾名匈奴副將，匈奴軍心大亂，又值日暮黃昏，於是撤圍退去。

弓弩最奇妙的地方就在於其可以「儲存」能量，然後將這些能量在很短的時間內「轉移」到箭上。箭的穿透力完全取決於弓的彈性強弱，弓的強度越大，需要灌輸進去的力量就越大，箭的殺傷力就越大，射得也就越遠。

按照史書記載，李廣有彎弓射石之能，他發出的箭可以射進石頭裡，可見其臂力、腰力和背力是何其驚人。

李廣所用強弓有多少石，史書沒有記載。南宋岳飛在弓箭使用上，其實比李廣更牛。

岳飛天賦異稟，神力蓋世，史載其「未冠，挽弓三百斤，弩八石」。

按宋朝軍制，「弓射一石五鬥」，就屬於一流武士，有資格入選御前「班直」，做皇帝的貼身侍衛。宋史專家王曾瑜指出，宋朝的一石為現在的五十五公斤。那麼，「一石五鬥」則是現在的八十二・五公斤。按照這個標準，岳飛小小年紀，挽弓一百五十公斤，開弩八石，他的雙臂開弓之力已經相當於一個一流武士的兩倍，而他的腰部發力也已經接近現在的五百公斤左右，這是個令人咋舌的資料！同時這也是史書記載的最高紀錄。

一百五十公斤的弓弩發出的箭強勁霸道，可揳入鐵中！

岳飛生活的時代，是中國弓弩發展的巔峰時代。

宋朝喪失了西北、北方產馬地區，馬源匱乏，為了對付周圍遊牧民族的入侵，不得不努力提高弓弩製作水準，以達到「以步制騎」的功效。

在冷兵器時代，弓弩是最主要的兵器，所謂「軍器三十有六，而弓為稱首；武藝一十有八，而弓為第一」。

我國著名的文物考古專家孫機說：「世界上最早將弓弩裝備正規軍，並使之在戰場上發揮重要作用的國家是中國。」

弩其實是弓的一種，通常用足蹶張開，所以只能由步兵使用。

弩箭的射程比弓箭遠多了，「然張遲，難以應卒，臨敵不過三發、四發，而短兵已接」。為了縮短射箭的間歇時間，加強弩箭的密集程度，宋軍的弩兵分工進一步細化，分「張弩人」、「進弩人」和「發弩人」。

為了滿足軍中弓弩的使用，宋朝軍器監專門開設弓弩院，院中工匠達一千零四十二人。宋朝軍民在借鑑秦朝的大風弩、三國時期的諸葛弩以及南北朝床弩的基礎上研發了踏張弩和腰弩，分別借助雙足和腰提供張力，更大程度上積蓄了弩箭的勢能。

從《武經總要》的記載看，宋朝的弓有黃樺弓、黑漆弓等四種，箭有點鋼箭、鐵骨麗錐箭等十多種，弩有床子弩、踏張弩、腰弩、黑漆弩、跳鐙弩等。

床子弩絕對算得上是冷兵器時代的大規模殺傷性武器。

《文獻通考》記載，宋太祖「嘗令試床子弩於近郊外，矢及七百步，又令別造千步弩試之，矢及三里」。

《後桐先生大全集》記載，宋理宗時，有一種三弓弩，「可及千步」。

一步為五宋尺，依每宋尺約合0．31公尺計，一千步約合1550公尺！

《武經總要》記載，宋仁宗時期，有一種稱為三弓八牛床子弩的超級巨無霸，不但弓弩超大，箭也很大，稱一槍三箭。該弩由「七十人張發」，箭可「射及三百步」。

床子弩體積龐大，一般都用四腳木架作為弩座，笨重不易運輸，主要用於城防。

澶淵之盟前夕，遼軍氣焰囂張。宋軍一氣之下，調運來三弓八牛床子弩，推至陣前，絞動弩弦，一箭射出，直接將契丹大將蕭撻覽釘死，最終促使遼人乖乖走向談判桌。

床子弩還有一種妙用，即「繫鐵斗於弦上，斗中著常箭數十支，凡一發，可中數十人，世謂之『斗子箭』，亦云『寒鴉箭』，言矢之紛散如鴉飛也」。

宋神宗時，宋朝軍民還研發出了一種名垂史冊的神臂弓。

神臂弓其實也是一種弩，但只用一人發射，射程卻遠及二百四十多步，約合372公尺以上，「仍透穿榆木，沒半竿」，可謂勁力霸道。

因為神臂弓不像床子弩那樣笨重，易於使用，「施於軍事，實有奇功」，因此成了歷史上最經典的弩具，同時也是宋朝的獨門利器。

為了保護這種兵器的獨家產權，宋朝統治者專門制訂了不准私造、私習的種種條法。

曾幾何時，神臂弓讓來去如風的金國騎軍望而生畏。

更可怕的是，在神臂弓的基礎上，韓世忠又製造出加強升級版的克敵弓！

克敵弓「一人挽之，而射可及三百六十步」，約合558公尺，可以貫穿重甲，「每射鐵馬，一發應弦而倒」。

要知道，現代的軍用戰鬥手槍，有效射程也不過才五十公尺，而防身用的小手槍有效射程不會超過三十公尺。所以，克敵弓的殺傷力可謂驚人。

恩格斯曾說，14、15世紀，英國步兵使用的大弓「可以把箭射出200碼以外」，是當時「一種非常可怕的武器」。

英國人生產出的這種大弓，跟床子弩、神臂弓、克敵弓等比較起來，不過小巫見大巫！

宋朝科學家沈括因此說，宋朝「器仗鎧胄，極今古之工巧，武備之盛，前世未有其比」！

遼天祚帝與宋徽宗被俘後在金國見過面嗎

受《楊家將》、《呼（延）家將》等評書演義的影響，很多人認為，宋遼兩國不共戴天、互相殘殺了一百多年，遼天祚帝與宋徽宗、宋欽宗父子屬於敵國之主，即他們共同落難，受俘於金，如果見面了，也一定會極富喜感。

其實，宋遼交兵主要發生在宋初。

當時的宋太宗繼承亡兄遺志，迫切想要收復落入遼國手裡的燕雲十六州，一統宇內，致使宋遼之間展開了長達二十餘年的攻防戰。到了宋真宗朝，雙方在澶州生死相搏，都不能互進一步，於是在城下簽訂了澶淵之盟，結為兄弟之國，握手言和。

此後差不多一百多年，兩國間無大規模的戰事，互通使者，友好來往。

但是，到了宋徽宗朝，遼、金交戰，遼國勢力日蹙。宋徽宗好大喜功，為了收復燕雲十六州、成百年未竟之偉業，落井下石，和金國結盟，共滅遼國。

宋徽宗是個入錯行的主兒，做藝術家可以，做皇帝，處理國家大事形如兒戲。

他好大喜功、落井下石就算了，明明已經和金國結盟、攜手收拾遼國，並且約好彼此都不可以招降納叛。但為了滿足自己的虛榮心和表達出自己的優越感，他竟然派人去招納遼國的天祚帝。

他用他的「瘦金體」給天祚帝寫了一封信，說：「若來中國，當以皇兄之禮相待，位燕越二王之上，賜第千間，女樂三百人，極所以奉養。」

這封書信被金人繳獲，引爆了宋金兩國之間的大戰，招來了千古奇禍——靖康之恥。

也由此可見，遼天祚帝與宋徽宗、宋欽宗父子在金國見面，應該沒有太多仇恨，而是落難人見落難人，兩眼淚汪汪。

倒是天祚帝與阿骨打、吳乞買兄弟的怨仇，濃郁得化不開。

話說，1112年的二月初十，天性愛好打獵的天祚帝遊獵到春州，召集附近的女真族酋長來朝，並要女真酋長為他跳舞。

女真諸酋長中，完顏阿骨打執意不跳，天祚帝於是將他打了一頓，雙方結下了梁子。

而後天祚帝被俘，吳乞買要他好看，那是可以想像得到的。

所以，儘管北宋在遼國滅亡前夕幫了一把金國，但天祚帝也明白，遼國的滅亡其實不怨北宋，要怨只能怨自己。

據《大宋宣和遺事》記載，天祚帝被俘後，還真見到過宋徽宗。但在金人的嚴密看護下，兩人都沒有說什麼話，只是默默對坐。分別時，宋徽宗拱手於額，感歎地叫了兩聲：「皇天！皇天！」

1135年，被囚禁了九年的宋徽宗病死。

天祚帝卻活到了1156年。

該年，金海陵王完顏亮命令宋欽宗和天祚帝比賽打馬球。

宋欽宗弱不禁風，騎馬都騎不穩當，打什麼馬球？

果然，他才上馬便從馬上跌了下來，被馬亂踐而死。

天祚帝青少年時到處打獵，騎術精湛，身手矯健，企圖縱馬衝出重圍逃命，卻死於亂箭之下。

宋高宗為什麼將帝位傳給宋太祖子孫

趙構好不容易登上了帝位，卻沒有生育能力，實在不甘心，延醫用藥，卻依然不行，真是悲摧無限。

滿朝文武看到趙構憋紅了臉也生不出兒子，都勸他，實在生不了，就領養一個吧。

趙構萬般無奈，只好接受了現實，同意領養一個。

當然，領養的人選不能是隨便哪個平頭小老百姓，得是皇冑貴親、龍支鳳脈。宋徽宗趙佶這一脈除了趙構外，基本上都在靖康之難中被一網打盡，只能從其他支系中找了。哪個支系好呢？深思熟慮了很久，趙構打算從太祖趙匡胤這一脈中挑選繼承人。

為什麼要從太祖趙匡胤這一脈中挑選繼承人？

這得從金主吳乞買說起。

金主吳乞買是金國開國君主完顏阿骨打的弟弟。

原本，阿骨打的兒子個個都驍勇善戰，膽略過人，如長子斡本、次子斡離不、三子訛里朵、四子金兀朮、五子（嫡長子）繩果、六子訛魯觀、七子烏烈等，雖然這些人沒有一個系統學習過軍事，卻一個比一個彪悍；沒有一個專門進修過權謀術，卻一個比一個狡猾。阿骨打沒把金國皇位傳給兒子，是因為弟弟吳乞買更加了得。早在建國之初，阿骨打就將弟弟吳乞買指定為金國的諳班勃極烈——即金國皇位的一號繼承人。

吳乞買身材魁梧、力大無窮，渾身都是肌肉疙瘩，史料記載他有赤手擒虎捉熊之勇，敢和虎豹一類的大型貓科動物較勁。最難得的是，勇猛之餘，也不乏謀略。阿骨打每統軍伐遼，都把金國後方的政事交付給他，說：「你是我一母同胞的弟弟，是最親不過的親人，這才讓你代替我總事國政。所有軍國大事中，如果有違令者，由你全權處置，不必匯報。」一句話，吳乞買的權力很大，一人之下，萬人之上。

而吳乞買也不負兄長所望，每次都把大後方的各項事務打理得井井有條，勵精圖治，免除了阿骨打的後顧之憂。

吳乞買文武兼濟之外，長相也很奇特，有緣目睹過他真容的漢人曾在《靖康稗史》之六的《呻吟語》中記載說「吳乞買當金太祖朝嘗使汴京，其貌絕類我太祖皇帝𡎺象（即「塑像」），眾皆稱異」，直言吳乞買的相貌酷似宋太祖趙匡胤的畫像。

於是民間有傳言說，吳乞買其實是趙匡胤投胎轉世，特地找趙光義的子孫算帳來了。因為趙光義曾在哥哥面前許諾，自己離世之後會把帝位交還給趙匡胤的兒子，可他到底並未兌現自己的諾言。

傳言既然說吳乞買是宋太祖轉世，專為平遼滅宋而來，趙構經過一番細細思慮，覺得只有把帝位還給趙匡胤的後人，才能延續宋朝的國祚。

他對文武大臣說：「太祖以聖武平定了天下，偏偏子孫不能享有帝位，時過境遷，零落可憐，我現在就選取他的後人過繼為我的子嗣，以告慰他的在天之靈！」

趙匡胤的後代歷經歲月的淘洗，地位已經退到平民階層了。

不過，在負責官員的努力下，趙構還是找到了宋太祖趙匡胤的七世孫、秦王趙德芳之後——趙伯琮。這就是後來的南宋第二代君主，宋孝宗。

由此，南宋政權又回到了宋太祖趙匡胤一脈的手裡。

宋高宗趙構患上了不育症是因為這個

建炎二年（1128年）七月初一，一代名將宗澤病逝於東京，臨終沒有一個字提到自己的家事，拼了一口氣仰天連呼三聲「過河」，吐血而死。

死訊傳出，「都人為之號慟，朝野無賢愚，皆相吊出涕」。

消息傳入金國，金主吳乞買喜出望外。他認為，宗澤既死，盛夏亦過，正是大舉南侵的大好時機。為此，他提出再一次對南宋用兵。

此次南侵，依然是老套路：兵分兩路，完顏婁室率西路軍入陝，完顏宗翰的東路軍全面負責河北戰場。

完顏宗翰的東路軍在黎陽津集結，避開汴京防線，從河北入山東，插入淮南，直取揚州，力爭一舉摧毀南宋政權。

南宋方面毫無準備，金軍東路軍一路順風順水，從建炎二年（1128年）十月中旬開始，從濮州（今山東省鄄城北）南下，連陷開德府（今河南省濮陽市）、大名府、相州、德州（今山東省陵縣）、淄州、東平府、濟南府等重鎮。

到了建炎三年正月二十七日，完顏宗翰在沭陽（今江蘇省沭陽縣）擊潰了南宋御營主力，分兵攻打楚州（今江蘇省淮安市）、泗州（今江蘇省盱眙縣北），另外遣大將拔離速（銀術可之弟）帶數千精騎奔襲揚州，生擒趙構。

聽說金兵渡淮，南宋朝禮部尚書王綯曾經和群臣討論應對策略，主政的兩名宰相黃潛善、汪伯彥卻禁止群臣討論戰守之事，理由是要穩定軍心。他們甚至下令「街市不得扇搖邊事，亦不許士庶般挈出城」，同時還鼓動趙構「有警而見任官搬家者，徙二年，因而動搖人心者，流兩千里」。

為了顯示自己的鎮定從容，黃潛善和汪伯彥天天結伴在一起，出入寺廟找高僧說禪，甚至流連青樓。

而身為一國之君的趙構，也一頭紮在離天長軍僅有一百餘里的揚州行宮行樂。

二月三日，金將耶律馬五率先鋒五百騎攻至天長軍（今安徽省天長市），一萬多宋軍望風而潰，耶律馬五即從天長軍襲向揚州。

這天，趙構正在尋歡作樂，外面突然蹄聲亂響，有人大叫：「天長軍已經失守，金人來了！」驚得正在與宮女淫樂的趙構靈魂出竅，提上褲子匆匆逃往鎮江城，經常州、無錫、平江府（今江蘇省蘇州市）竄入杭州，慘不可言。

經過揚州城這一驚嚇，宋高宗「懼然警惕，遂病熏腐」，從此得了陽痿。

原本趙構是有一個兒子的，但這個兒子在「苗劉之變」中死去。他得了陽痿後，喪失了生育能力，雖然遍尋天下名醫，卻再也沒能育下一兒半女，南宋小朝廷面臨著「絕戶」的危險。

為何宋高宗趙構退守南方，選擇了杭州而非南京

原本東晉及南北朝對峙的漫長三百年時間裡，東晉及南朝的宋、齊、梁、陳都是定都南京的；如果南宋在南京建都，可以沿襲歷史成例，有歷史方面的因素。

另外，南京占據著長江天險，虎踞龍盤，有地利之便，因此南宋在南京建都，也有地理方面的因素。

實際上，南宋建國初年，對於在哪兒建都，很是有過一番爭論的。

趙構即位的地點是北宋南京應天府，即現在的河南商丘。之所以選在此地登基，是因為此地原名宋州，為太祖趙匡胤稱帝前做後周歸德節度使的治所，宋朝的國號也因宋州而來。朱勝非對趙構說，此地為太祖興王之地。

趙構即位後，當時任東京留守兼開封知府的宗澤主張對金採取強硬政策，針鋒相對，不避不讓，建議把都城定在北宋故都東京，即開封。

這是趙構萬萬不敢的，直接排除。

自古有語云：「關西出將，關東出相。」

關西地區尚武，慷慨取死之士比比皆是。另外，宋遼訂下「澶淵之盟」，雙方修好，宋代的邊境矛盾轉移到宋朝和新建西夏政權的爭端上，宋朝的強兵悍將主要集中在西北。

時任長安京兆府知府、永興軍路經略制置使的唐重因此力請趙構入長安建都，他說：「關中百二之勢，控制陝西六路，捍蔽川峽四路。關中固，則可保秦蜀十路無虞。」

張浚也向趙構分析，說天下若常山蛇勢，秦、蜀為蛇頭，東南為蛇尾，中原為脊樑，要中興宋室，就必須從川、陝開始。

趙構後讓張浚入陝任川、陝宣撫處置使，就是為定都長安做準備。

宰相李綱卻覺得定都開封或長安都為時過早，認為不如先駐蹕襄陽（今屬湖北省），觀望形勢再定。

但隨著金人重兵源源不斷入陝，長安丟失，此議流產。

而開封後來又被劉豫的偽齊定為了都城，同樣不在討論之列。

張浚於是改議駐蹕武昌（今屬湖北省），以便於經營中原。

以韓世忠等代表的武將，主張留在建康（即現在的江蘇省南京市）迎戰金兵。

御史中丞張守等士大夫的意見，卻是退避於吳越。

趙構一度聲稱「朕欲定居建康，不復移蹕」。

但在該年十一月，金兵南侵，建康失陷，趙構狼奔豕突，自杭州、越州（今浙江省紹興市）、明州（今浙江省寧波市），最終乘船出海，浮國海上，異常狼狽。

後來建康被岳飛等人收復，南宋君臣尚有定都建康之議。

比如，紹興四年（1134年）秋，偽齊與金軍聯合南下，趙構還曾在十月下令移蹕建康。

當然，出於安全方面的顧慮，該年趙構只是在平江（今江蘇省蘇州市）觀望，次年又以平江和建康的官府都沒有建造好為由，返回了杭州。

但到了紹興六年（1136年）秋，偽齊再次南犯，諸將努力，捷報頻傳。於是張浚敦請趙構前往建康。

這次，趙構膽氣大壯，終於下決心建都建康。

紹興七年（1137年）四月，趙構下令在建康建太廟，另將臨安的太廟降格為聖祖殿。

但是，下半年「淮西兵變」，南宋的兩淮防線轟然坍塌。

趙構對定都建康又產生了恐懼和懷疑。

最終，灰頭土臉退回杭州，不再作他想。

第八章 河山半壁

文采出眾、武力驚人的兩人出現在南宋

中國古代有沒有那種文學上才華橫溢，而個人武力值又相當強悍的人物？有很多的，列舉兩個好了。這兩個人的名字，說出來大家都得寫個大寫的服，那就是陸游和辛棄疾。

這兩位都是南宋時人。大家熟悉他們，不單單是透過歷史課本，更多是源於語文課本。畢竟他們的許多作品都入選了中小學語文課本，所以，說他們才華橫溢，應該沒什麼人會反對。這裡主要還是著重掰一掰他們不大為人所知的強悍武力值。

陸游出生於1125年，辛棄疾出生於1140年，即陸游比辛棄疾大了十五歲，所以，按年齡大小，先從陸游開始。

陸游生於越州山陰（今浙江省紹興市），是個神童級別的人物，十二歲即可作出一流詩作，成年後與尤袤、楊萬里、范成大齊名，稱南宋四大家，著有詩集《劍南詩稿》、詞集《放翁詞》，晚年自言「六十年間萬首詩」，現在尚存九千三百餘首，被後人譽為「南宋詩人之冠」。此外，還有

《渭南文集》、《南唐書》、《老學庵筆記》等數十個文集存世。

現在，收錄進課本的陸游詩作，大多表現為憂生傷世、悲憤國事，如《書憤》裡的「樓船夜雪瓜洲渡，鐵馬秋風大散關」；又如《十一月四日風雨大作》裡的「夜闌臥聽風吹雨，鐵馬冰河入夢來」；再如《秋夜將曉出籬門迎涼有感》中的「遺民淚盡胡塵裡，南望王師又一年」；當然，令人印象最深的就是《示兒》：「死去元知萬事空，但悲不見九州同。王師北定中原日，家祭無忘告乃翁。」

陸游高壽，享年八十六歲，上面提到的詩作，都是八十歲後的作品。

青壯年的陸游，那是很生猛的。

生猛到什麼地步？

說起來驚破英雄膽——殺虎，而且不止一次！

西元1172年，已經四十七歲的陸游應川陝宣撫使王炎之邀，投筆從戎，到漢中抗金前線戍守邊境。

陸游後來曾作有一首《懷昔》詩，記錄了自己在鳳州打虎的經過。詩的大意是：在某次執行巡察各防守駐地的過程中，天色將晚，一行人沿著山路馳馬趕赴大散關。山澗中的冰塊一塊塊沖下，漫天飛雪籠罩著大山，突然跳出一頭飢餓尋食的老虎，陸游不假思索，「挺劍刺乳虎，血濺貂裘殷」，用劍將猛虎刺殺，血濺了自己一身。

除了《懷昔》詩記錄這次刺虎過程外，陸游還有其他不少作品都提到了這次「刺虎」、「獵虎」的情形。

陸游的另一首詩《十月二十六日夜夢行南鄭道中》，還記載了另一次殺虎經歷。

從宋至清，秦嶺山南地區一直有老虎為患。陸游某次從四川閬中出差返回漢中途中，在沔陽驛（勉縣老城）停留了一晚。次日清晨乘馬西行，行走一個多時辰，到達長木鋪（今寧強縣桑樹灣一帶），下馬吃早餐時，得知北山（當地人把秦嶺叫北山）有惡虎傷人。身為軍人的陸游，決心要為民除害，就帶領當地駐軍三十人上山獵虎。

陸游在詩中寫道：「奮戈直前虎人立，吼裂蒼崖血如注。從騎三十皆秦人，面青氣奪空相顧。」

從詩中可見，這次獵虎用的是戈。

同樣，陸游在《劍南詩稿》、《渭南文集》中也用了多首詩詞來追憶這樁打虎逸事，如《步出萬里橋門至江上》的「騰身刺猛虎」、《建安遺興》的「刺虎騰身萬目前」、《憶山南》的「怒虎吼山爭雪刃」，等等。

從這一點上說，陸游絕對稱得上打虎英雄、武林高手。

說完了陸游，再來說說辛棄疾。

辛棄疾為南宋詞壇巨擘，後人稱讚他是「人中之傑，詞中之龍」。劉克莊的《辛稼軒集序》這樣評價說：「公所作，大聲鏜鞳，小聲鏗鍧，橫絕六合，掃空萬古，自有蒼生以來所無。」

所以，辛棄疾的文學才華是沒得說的。

下面說說辛棄疾的強悍武力。

辛棄疾原籍山東濟南，他出生時，靖康奇禍已過了十幾年了。

後來宋金議和，以淮水為界，即從某種意義上來說，辛棄疾屬於金國人，或屬陸游詩中反覆吟詠的淚盡於胡塵的「遺民」。

但辛棄疾不甘於做一個淚盡於胡塵的「遺民」，他於二十一歲時加入耿京領導的抗金起義軍，擔任掌書記，曾單兵獨騎追殺竊帥印叛變投敵的小頭目義端和尚。耿京的事業做得很大，特意派辛棄疾南下與南宋朝廷聯絡。辛棄疾歷盡劫難，終於謁見了宋高宗趙構，得到朝廷的委任，興高采烈地北上覆命。然而，行至海州途中，驚聞首領耿京被叛徒張安國所殺，偌大義軍煙消雲散。辛棄疾怒不可遏，「赤手領五十騎縛取於五萬眾中，如挾毚兔，束馬銜枚，間奏淮」，他率領五十多人襲擊幾萬人的濟州敵營，把叛徒張安國擒返建康，交給南宋朝廷處決。在萬軍之中取上將首級如探囊取物，辛棄疾這武力指數應該不會遜色於關羽、張飛吧！

朱熹爬灰的說法是否可信

朱熹「爬灰（公公與兒媳婦亂倫）」的說法源於葉紹翁《四朝聞見錄》。

《四朝聞見錄》中的《慶元黨》記載了發生於南宋慶元二年的沈繼祖彈劾朱熹之事。沈繼祖彈劾朱熹，向朝廷遞呈了此前諫官胡紘撰寫的《劾朱熹省札》。

《劾朱熹省札》對朱熹的人品進行了辛辣的攻擊。其中有提道：「又誘尼姑二人以為寵妾，每之官則與之偕行，謂其能修身，可乎？冢婦不夫而自孕，諸子盜牛而宰殺，謂其能齊家，可乎？」

這兩句話的意思是：朱熹誘拐了兩個尼姑為寵妾，每次官位調動都帶在身邊，能說朱熹修身養性嗎？朱熹的兒媳婦在家守寡卻有了身孕，他的兒子偷牛宰殺，能說他治家有方嗎？

關於胡紘其人，《宋史》記載有一段早年他與朱熹的交往：「紘未達時，嘗謁朱熹於建安，熹待學子惟脫粟飯，遇紘不能異也。紘不悅，語人曰：『此非人情。只雞尊酒，山中未為乏也。』遂亡去。」

這段記載說的是：胡紘早年尚未發跡時，曾到建安拜謁朱熹。朱熹對於遊學之士向來都是以粗茶淡飯進行招待的，對胡紘也不例外。胡紘卻認為朱熹怠慢了自己，到處放話說：「朱熹此人人情淡薄，一隻雞、一壺酒，就算是生活在深山中也應該拿得出，他卻不肯拿！」斷絕了與朱熹的交往，拂袖而去。

不難看出，胡紘是一個睚眥必報的小人。

所以，關於胡紘的指控，栽贓嫁禍的成分很大。

另外，說朱熹「誘尼姑二人以為寵妾」、「塚婦不夫而自孕」、「諸子盜牛而宰殺」，僅見於胡紘這份札中，不見於其他私人著述，也不見於官方記載。

想想看，朱熹這樣一個大名人，如果真有其事，肯定是爆炸性新聞，其他書必會鄭重記上一筆。

舉個例，朱熹與嚴蕊事，《宋史》卷四百二十七記載得清清楚楚：知台州唐仲友在浙東飢荒期間，不理政事，與妓女嚴蕊醉生夢死、花天酒地。朱熹秉公執法，嚴辦此二人。與朱熹有過過節的洪邁，就在其所著的《夷堅志》裡惡意歪曲事實，大肆抹黑朱熹。

還有，南宋朝廷貶謫朱熹的文書也沒將胡紘這份省札作為貶謫的依據。

足見胡紘的指控和西漢初年灌嬰等人誣衊陳平「盜其嫂」的情況如出一轍，純屬血口噴人。

有人說，朱熹在謝表裡沒對此事進行辯駁，說明他默認了。

但朱熹在《落職罷宮祠謝表》中已經明確表明了自己的態度：「而臣瞶眊，初罔聞知。」——臣昏憒糊塗，對於胡紘說的這些事，竟然絲毫不知。

在《落職罷宮祠謝表》的末尾，朱熹「乞賜睿斷」，敬請皇帝明察。

在朱熹看來，這種荒唐至極的彈劾，根本不值一辯。

該謝表呈上之後，皇帝沒表現出什麼「睿斷」，而政敵的攻擊又至。

朱熹於是又上了一封《落祕閣修撰依前官謝表》，憤慨地說：「諒皆考覆以非誣，政使竄投而奚憾。」——既然朝廷認為那些非議是真的，那我遭受放逐也沒什麼好說的了。

這難道就是某些人所謂的「默認」？

其實，朱熹相當清楚，自己遭受黜落並不是有什麼罪愆，而是韓侂胄和趙汝愚互相傾軋的結果。

趙汝愚崇尚理學，朱熹算是趙汝愚的人。

韓侂胄要搞倒趙汝愚，就整出了一個慶元黨禁。

沈繼祖觀風望旨，跳出來亂咬朱熹。

另外，朱熹在宋寧宗登位前擔任過他的老師，對他的要求很嚴格，給宋寧宗幼小的心靈留下了陰影。

所以，宋寧宗也很煩朱熹。

朱熹有自知之明，謝表請去。

富於喜劇性的是，南宋嘉泰二年，韓侂胄積極準備北伐，為了贏得人心，請寧宗下詔追復了朱熹的官職。

不難看出，之前沈繼祖、胡紘對朱熹的指控，全是無中生有的誣衊之詞。否則，像朱熹這樣一個「奸宿尼姑」、「爬灰」、「縱子偷牛殺牛」的無恥之徒，朝廷卻讓他官復原位，豈不說明朝廷是一個藏汙納垢之所？

落拓寒士寫一首羹湯詩，辛棄疾聳然動容

說起南宋詞人，名氣最大的莫過於辛棄疾和李清照。

辛棄疾，字幼安，李清照，號易安居士，兩人都是濟南人，世人將之並稱為「濟南二安」。

辛棄疾的詩詞充滿了忠憤之氣。

原本，東坡居士把宋詞開創出一種豪放闊大、高曠開朗的風格，卻一直沒有得到強有力的繼承發展。南渡之初，張元幹、張孝祥、葉夢得、朱敦儒等人以抗金雪恥為主題作詞，在一定程度上繼承了蘇詞詞風。但張元幹等人的詞作，只是激於悲憤而作，而非有意識的藝術追求，所以成就不是很高。等辛棄疾的注意力從行軍打仗轉移到詩詞方面，自然就成了南宋豪放詞第一人。

後人又把他與蘇東坡合稱「蘇辛」。

南北宋兩詞人，互相輝映，照耀千秋。

辛棄疾有擒龍縛虎之能，卻英雄無用武之地，屢蒙讒劾，賦閒山野，誠如他自己所說：「卻將萬字平戎策，換得東家種樹書！」

辛棄疾任隆興（今江西省南昌市）知府兼江西安撫使，在上饒建「稼軒莊園」，往來者多是同道中人，有陸游、朱熹、陳亮等。

1188年冬，辛棄疾和朱熹、陳亮相約在鉛山紫溪商討統一大計。朱熹因故爽約，陳亮如期而來。彼時，辛棄疾多日沉痾不起，故人相見，病痛消散，兩人在村前石橋上縱談國事，目睹雪後初晴嬌豔江山，痛心不已。最後，雙雙拔劍斬馬，發誓為統一河山奮鬥不止。辛棄疾作《賀新郎・同父見和，再用韻答之》吶喊：「男兒到死心如鐵，看試手，補天裂！」

江西人劉過比辛棄疾小十四歲，少懷志節，讀書論兵，好言古今治亂盛衰之變。曾多次上書朝廷，「屢陳恢復大計，謂中原可一戰而取」，卻得不到回應，遂流落江湖間，布衣漂泊。

劉過心慕辛棄疾其人，專程前往登門拜訪，門人卻不肯替劉過通報，爭將起來。

其時，朱熹和南宋中興四將之一張浚之子張栻正在辛棄疾府上做客，和辛棄疾一同出來察看爭執原因。

朱、張二人見了劉過，對辛棄疾說：「此人乃豪傑，善賦詩，可試納之。」

辛棄疾於是讓人給劉過設座，舉杯共飲。

辛棄疾問：「能作詩否？」

劉過自信地答：「能。」

席上恰好端上了一盆羊腰腎羹，辛棄疾指著羊腰腎羹，讓劉過以此為題，賦詩一首。

劉過說：「天氣冷，先喝兩盅暖暖身。」
兩杯黃湯落肚，劉過拱拱手，讓辛棄疾出韻。
辛棄疾看劉過喝酒時因天冷哆嗦，酒水流到了衣服上，便限韻「流」字。
劉過不慌不忙，信口吟道：

拔毫已付管城子，爛首曾封關內侯。
死後不知身外物，也隨樽酒伴風流。

韓愈《毛穎傳》稱毛筆為管城子，後人沿襲此說，以管城子指代毛筆，而毛筆常以羊毫製成。「爛首」即指羊頭，西漢有諷刺封建王朝封爵濫賞的童謠說：「爛羊頭，關內侯。」用典賦羊，大意為：羊身上的毛已經貢獻給了毛筆，羊的腦袋也幫人封官奪爵，我也不知道自己死後會落什麼下場，暫且喝一杯酒自在風流。
詩思巧妙精當，切題自然。
辛棄疾當即拍案叫絕，與劉過推杯換盞，結成莫逆之交。
席散，張栻私下對劉過說：「家父一生公忠，為國功臣，死後來挽者竟無一篇得此意。願君賦詩，以發幽潛。」
劉過點點頭，為之賦一絕：

背水未成韓信陣，明星已隕武侯軍。
平生一點不平氣，化作祝融峰上雲。

劉過成為辛棄疾座上賓後，經常與辛棄疾一同抒發抗金抱負，狂逸俊致，與劉克莊、劉辰翁一道，被世人稱為「辛派三劉」。

劉過曾效辛體作有《沁園春》，其詞曰：

斗酒彘肩，風雨渡江，豈不快哉！
被香山居士，約林和靖，與坡仙老，駕勒吾回。
坡謂西湖，正如西子，濃抹淡妝臨鏡臺。
二公者，皆掉頭不顧，只管銜杯。
白雲天竺去來，圖畫裡，崢嶸樓觀開。
愛東西雙澗，縱橫水繞。
兩峰南北，高下雲堆。
逋曰不然，暗香浮動，爭似孤山先探梅。
須晴去，訪稼軒未晚，且此徘徊。

辛棄疾讀此詞，愈加喜愛劉過。

改年春，劉過要回老家探望母親，辛棄疾慷慨斥資為劉過買回鄉的船，並付萬緡錢以壯行色。劉過大為感動，作《念奴嬌》相贈：

知音者少，算乾坤許大，著身何處。
直待功成方肯退，何日可尋歸路。
多景樓前，垂虹亭下，一枕眠秋雨。
虛名相誤，十年枉費辛苦。
不是奏賦明光，上書北闕，無驚人之語。
我自匆忙天未許，贏得衣裾塵土。
白璧追歡，黃金買笑，付與君為主。
蓴鱸江上，浩然明日歸去。

此名將之後叛國投敵，導致北伐全線潰敗

女真騎兵是一支興起於白山黑水、以漁獵民族為主體組成的虎狼之師，悍勇善戰、無懼無畏，其以一往無前的氣勢攻城拔寨、平遼滅宋。

以康王趙構為首的原北宋政府成員在風雨飄搖中組建了流亡小朝廷，倉皇南渡，是為南宋。正所謂滄海橫流，方顯英雄本色。

當金軍以不可戰勝的氣勢橫掃大江南北之際，宗澤、岳飛、吳玠、吳璘、劉錡、韓世忠、王彥等英雄豪傑脫穎而出，毅然肩負起抗金重任，同金軍進行了一次又一次驚心動魄的生死較量，使搖搖欲墜的南宋王朝屢次化險為夷、轉危為安，從而使高度發展的宋代社會經濟和多姿多彩的宋代文化終於未被毀滅，宋代文明在艱難的環境中繼續按照自己的步伐向前發展。

在眾多的南宋抗金將領中，吳玠、吳璘兄弟無疑是引人矚目的。

當是時也，金軍以摧枯拉朽般的氣勢打得宋軍節節潰敗之際，「（南宋）將帥皆望風奔潰，未嘗有敢抗之者」，吳玠、吳璘兄弟挺身而出，在西部川陝戰場上重創金軍主力軍團，寫下了抗金史上極其輝煌的一筆。

宋史大家王曾瑜稱：「在南宋初抗金名將中，吳玠的軍事成就僅次於岳飛，而在他人之上。」吳玠病逝後，吳璘承繼兄業，竭畢生精力，措置川陝邊防，多次擊退金軍，終於使四川免遭金軍踐踏。可以說，如果沒有吳氏兄弟的力挽狂瀾，宋金西部戰爭史就要重寫，南宋是否能在東南站穩腳跟就是一個很大的問題，又或許南宋會很快滅亡而沒有後來的南宋歷史。

可是，誰也沒有想到，吳玠、吳璘作為國之干城、不世出的大英雄，其後代卻出了一個敗類，叛國投敵，不但敗空吳氏家業、毀滅吳氏忠烈之名，還破壞了南宋最有可能成功的一次北伐大業，成了歷史的千古罪人。

吳家這個不肖子孫是吳璘之孫、吳挺之子吳曦。

吳曦因祖父功勳補任右承奉郎，後歷任中郎將、高州刺史、濠州團練使、利西路安撫使、太尉、四川宣撫副使、興州知州等。

吳曦此人，貪圖享樂，好大喜功。

開禧二年（１２０６年）三月，朝廷議論出師北伐，吳曦被詔命為四川宣撫副使。入蜀時，他用十七艘大船運載奇珍異寶溯嘉陵而上，轟動一時。等到達軍中，吳曦就迫不及待地為祖父吳璘建廟，費錢數十萬緡。又命士卒沿江築池，際山為園，廣袤數里，奢侈鋪張。

不久，吳曦又兼任陝西、河東招撫使。

在任上，吳曦經不起金人的誘惑，與堂弟吳晛及徐景望、趙富、米修之、董鎮共同謀反，暗中派門客姚淮源把關外階、成、和、鳳四州獻給金國，請求金國封蜀王。

當時在朝主持開禧北伐的韓侂胄信心滿滿，在軍事部署上分為三路，由吳曦負責西路，從漢中進軍陝西。

此時，金國北有韃靼侵擾，內又連年飢荒，對南宋的大舉進攻毫無覺察，如果能按計劃執行，宋朝成功的機會極大。

可是，吳曦表面上持重，在河池按兵不動，暗中卻和金人討價還價，商量投降事宜。

金國得知南宋北進，大驚，馬上發詔書、金印封吳曦為蜀王。

吳曦面向北方接受王印，派將官利吉接金兵進鳳州，把階、成、和、鳳四州割給金國，以鐵山為國界，並與心腹官員討論實行削髮、左衽的命令。

吳曦的變節行為葬送了南宋的北伐大計，他也得到了應有的報應。

興州合江倉官楊巨源與隨軍轉運官安丙率領七十名勇士用斧頭劈門衝入吳曦的宮殿，砍下了吳曦的頭顱，肢解他的屍體，並將吳曦的兩個兒子和他的叔父吳柄、弟弟吳晫、堂弟吳晛，同黨姚淮源、李珪、郭仲、米修之、郭澄等一併殺掉。

吳曦死時，年僅四十六歲。

不久，宋寧宗詔命處死吳曦的妻子，吳曦的親兄弟都除去名籍，取消原有的資格和官職，吳璘的子孫都被遷出蜀地，吳玠的子孫免於連坐，不受處罰。

原本吳家三世建功西垂，屢受獎賞，爵高王侯，在川、陝一帶民間有口皆碑，多有傳頌。但是，由於吳曦犯叛國大罪，吳家八十年所積累的榮耀功勳都毀於一旦，可歎可歎。

不作就不會死的後宮女人

李鳳娘，安陽人，慶遠軍節度使李道的女兒。據說，她剛出生時，有黑鳳聚集在李道營前的石頭上，李道嘖嘖稱奇，給她取名「鳳娘」。李道曾到湖北任職，聽人說當地道士皇甫坦相面很準，就讓女兒出來拜見皇甫坦。皇甫坦仔細審視李鳳娘，稱：「此女當母儀天下。」後來，皇甫坦機緣巧合，得到宋高宗寵幸，得知尚為恭王的趙惇還沒娶親，就極力向高宗推薦李鳳娘。性本迷信的宋高宗便命趙惇納李鳳娘為王妃。

李鳳娘性情乖張，驕橫忌妒，經常在太上皇宋高宗、皇上宋孝宗和冊封為太子的趙惇三人之間搬弄是非。宋高宗不勝其擾，對自己的皇后吳氏說：「這個女人是個禍根，朕被皇甫坦嚴重誤導了。」宋孝宗雖然不是宋高宗親生，但非常孝敬宋高宗，對宋高宗的一言一語奉為圭臬，就出面訓斥兒媳婦：「你應該學習太上皇后（即宋高宗的皇后吳氏）的后妃之德，再這樣胡作非為，朕就廢了你！」李鳳娘從此對現任皇帝宋孝宗和太上皇宋高宗都懷恨在心。

且說，趙惇這個太子一當就是十幾年，已經四十多歲了，但宋孝宗還是胃口好、身體硬朗。趙惇便有意無意地示意父親效仿宋高宗內禪的做法，將帝位傳給自己。他故意在宋孝宗面前稱老，說：「我已經有白鬍鬚了，有人看我可憐，給我送來了染鬍鬚的藥，你說我是用呢還是不用？」宋孝宗是過來人，知道兒子的心機，只答了一句：「有白鬍鬚是好事，這正好向天下顯示你的穩重老成。」

不久，年事已高的宋高宗死了。宋孝宗要為宋高宗服喪，就主動禪位給望眼欲穿的太子趙惇。趙惇即位，是為光宗。李鳳娘也就水漲船高，升級成了皇后。

實際上，宋光宗並不喜歡李鳳娘，但他卻是個典型的「妻管嚴」，不敢與李鳳娘的眼光對視，怕被李鳳娘犀利的眼神殺死。光宗本是掌握著生殺予奪大權的人物，可以堂而皇之地讓李鳳娘告別這個世界，但他卻沒有這個膽，只能將怨氣遷歸於李鳳娘的親信宦官，想誅殺這些太監。這事被李鳳娘探知，那還了得？李鳳娘一哭二鬧三上吊，後宮波瀾迭起，人人不得安生。宋光宗備受折磨，患病不起。

太上皇宋孝宗聽說兒子生病了，便召御醫入問，配了藥方，準備等宋光宗來問安時將藥給他試服。

李鳳娘恨宋孝宗，趁機向光宗進讒言，說宋孝宗的藥是毒藥。這種鬼話，宋光宗竟然信了，在長達一年多的時間裡沒有去重華宮給父親請安。

宋光宗在宮中洗手，看到一旁侍候的宮女雙手潔白光滑，就不由自主地多看了兩眼。

改日，李鳳娘讓人給宋光宗送來一個食盒，開啟後，裡面蒸熟的竟然是那宮女的一雙玉手！宋光宗嚇得魂飛魄散，半晌說不出話來。

宮內有一個姓黃的貴妃，很得光宗寵愛。李鳳娘便在宋光宗出宮祭祀時，將黃貴妃殺死，對外宣稱是「暴病身亡」。

李鳳娘這滅絕人性的作法讓宋光宗受驚不淺，病情不斷加重，無法上朝。於是，大小政事就被李鳳娘操持了。

李鳳娘封娘家三代為王，家廟逾制，並推恩親屬二十六人、使臣一百七十二人，下至李氏門客，全都奏補官職。

光宗的行動還失去了自由。宋孝宗病重，快要咽氣了，想見兒子一面。因為得不到李鳳娘的同意，光宗無法前去探望。這事激起了極大公憤，朝中大臣都上書強烈要求光宗去看望孝宗，但光宗始終沒有成行。即使是宋孝宗已經升天，要入殮了，光宗還是沒有出面。大殮孝宗之日，群臣不約而同地奉立光宗的兒子趙擴為帝，將光宗與李鳳娘尊為太上皇和太上皇后。

這樣，宋光宗在位時間僅有五年，碌碌無為。

宋光宗退位後，李鳳娘的權勢也就煙消雲散了。

夫妻倆大眼兒瞪小眼兒，瞪了六年，相繼病死。兩人離世的時間前後僅隔兩個月。宋光宗死時，才五十四歲，李鳳娘應該更加年輕。

最能打的名將，打金、打蒙未嘗一敗

提起南宋最能打的名將，很多人第一個想到的就是岳飛。

岳飛自然是能打，而且精忠報國，足以萬世流芳。

但是，真細究起來，有一個人與岳飛相較起來，還要略勝一籌。

以至於「二戰」時，德國軍事家讀到這個人的事蹟時，仍然心悅誠服，稱之為「機動防禦大師」。

這個人就是打金、打蒙未嘗一敗，金人聞之膽戰心驚、蒙人聞之讚不絕口的南宋末期名將孟珙。

略知孟珙其人，卻未深入研究過其事的人，也許不是很以為然。

孟珙？孟珙面對的金人已是風中殘燭的潰爛之師，迎戰的蒙人只是投石問路式的試探之兵，哪能與震古鑠今的岳飛相提並論？

此言其實謬矣。

金兵自立國至國滅，鋒銳一直未減，縱觀南宋一朝，除岳飛外，罕有人堪與金人抗衡。

孟珙與岳飛一樣，以軍中裨將之身蛻變為手掌傾國之兵的邊防大員，不僅多次將金兵打得落花流水，還率部攻破金國臨都蔡州，刀劈金哀宗，一雪靖康奇恥，壯哉！

在其後對陣蒙古鐵騎時，孟珙也每戰每勝，不僅把蒙古兵打得鬼哭狼嚎，還一舉收復了許多被侵占的土地。

孟珙出身行伍世家，太祖父孟安、祖父孟林都曾是「岳家軍」成員，父親孟宗政是將軍趙方的部屬。孟珙小小年紀，便耳濡目染兵刀戰陣之事，喜習武藝，愛讀兵書。

嘉定十年（1217年），金軍突然出現在團山一帶。少年孟珙立即敏銳地判斷出金兵是要入侵樊城，向父親孟宗政建議在羅家渡附近設伏定有收穫。孟宗政同意了他的意見。果然，殲滅金兵近萬人。

孟珙料敵如神之外，還勇悍敢戰。

同年冬，金兵圍棗陽。孟宗政奉命入援，途中陷入金兵重圍之中。隨後趕來的孟珙聽說敵人在前面包圍了一個白袍白馬將軍，大呼道：「吾父也！」迅即勢如猛虎，衝鋒陷陣，殺散金兵，順利救出了父親。

此戰結束，孟珙以敢戰之名被提升為副尉。

隨後，在棗陽保衛戰中，孟珙又展示了他精湛的射技，專射金兵頭目，箭無虛發，兩軍將士無不目瞪口呆。

嘉定十四年（1221年），孟宗政病死，其從唐州、鄧州、蔡州招募到的二萬多「忠順軍」歸孟珙接管。孟珙就仗著這支隊伍，威震敵膽，並因政績顯著，於紹定元年（1228年）被朝廷提升為京西第五正將、棗陽軍總轄。

宋理宗紹定五年（1232年）年底，南宋朝廷與蒙古元首窩闊台可汗達成協議，聯合滅金。

關於「聯蒙滅金」之策，史上非議極多。

因為，眾所周知，北宋的滅亡，跟北宋政府的「聯金滅遼」政策有極大的關係。

當年，在「聯金滅遼」政策制訂之前，北宋大臣宋昭曾警告以宋徽宗、蔡京等人為首的統治階層說：「聯金滅遼，其實就是扶強滅弱，一旦滅掉了弱虜，就和強虜為鄰。對於這個強鄰，我們又不能對他進行有效的制約，那時，就將大禍臨頭了！」

可是，宋徽宗、蔡京等人利慾薰心，不聽勸告。

最終，事件的發展就如宋昭所言，北宋國滅，中原塗炭，給後人留下了慘痛的教訓。

所以，對於南宋政府的「聯蒙滅金」，以柏楊先生在《中國人史綱》裡的話來說，就是：「宋帝國幫助蒙古消滅金帝國，在感情上有合理的解釋。但竟然再蹈歷史覆轍，像盲目的蠢豬一樣，咻咻然把頭伸到巨怪的血盆大口中，便找不出合理的解釋了。因此，我們只好認為，歷史至少對某些人不發生教訓作用。」

其實，南宋政府之所以要「聯蒙滅金」，是有迫不得已的苦衷。

早在1196年，成吉思汗還在草原上來回馳騁的時候，南宋的宰相余端禮就對當時的皇帝宋寧宗說：蒙古發展迅猛，很可能會進犯中原，到時候恐怕是我們的勁敵。

宋寧宗點頭贊同，傳令駐守在邊界的所有軍隊都加強戒備。

到了1211年，成吉思汗統一了蒙古各部，開始發動滅金戰爭。

南宋絕大多數人都表示要接受北宋滅亡的教訓，「扶金抗蒙」。原因就是：這時候的形勢與北宋末年差不多，蒙古滅金只是時間問題，如同前朝大臣宋昭所說，一旦弱虜被消滅了，國家就會和強虜為鄰；而對於這個強鄰，我們不能對它進行有效的制約，那就將是我們大禍臨頭之日！

可是，「扶金抗蒙」只是南宋君臣的一廂情願——因為，金國不樂意。

金國在蒙古的連續打擊下，丟失了兩河和山東的地盤，國土面積迅速萎縮。為了挺過難關，金國採取了「北失南補」的策略，即在北邊打不過蒙古人，失去了北邊的土地，那就向南侵略軟弱的宋國，透過侵占南邊的土地來彌補損失。

面對金帝國發動起來的全面侵略戰爭，南宋政府能夠做的只能是奮起抵擋。所以說，雖然這時的南宋政府還沒「聯蒙」，但也參與到「滅金」的實質性活動中了。所以，宋理宗紹定五年（1232年）年底，南宋政府正式和蒙古結盟。而直到這時，金國才想起向南宋求救，大談脣亡齒寒的道理。

南宋君臣幾乎被金國使者說動。

孟珙提出了自己的看法：這個時候，就算是天皇老子也救不了金國，和金國聯合，勢必會激怒蒙古。當下之計，不如聯合蒙古，拖延與蒙古開戰的時間，在必將到來的宋蒙決戰前爭取備戰時間。另外，在聯合蒙古滅金的過程中，既可以透過對金作戰向蒙古展示宋軍實力，去其輕我之心，又可以搶占一些地盤，增加我戰略縱深。

所以說，聯蒙滅金，是形勢所迫，身不由己。

紹定六年（1231年）四月，金軍被蒙古大軍打得大敗，金國皇帝金哀宗完顏守緒逃到蔡州。蒙古元帥那顏奔盞邀請孟珙戍守鄂州，討伐盤踞在唐州、鄧州一帶的金軍將領武仙和武天賜。

孟珙應邀出兵，以摧枯拉朽之勢攻下了武天賜的營壘，處死了武天賜，斬首五千級，抓獲俘虜將士四百多人，解救的老百姓有十二萬二千多人，完全達到了戰前預期目的：向蒙古展示宋軍實力，搶占地盤，增加我戰略縱深。

其後，孟珙又收編了金鄧州守將移剌瑗部，為南宋朝廷增添五縣、二十二鎮、一百九十三個官吏、一千五百名馬軍、一萬四千名步軍，獲得人口十二萬五千五百五十三人。

該年七月，孟珙重創金元帥武仙二十萬軍隊，俘降金兵七萬，獲得鎧甲不計其數。

紹定五年（1232年）九月，蒙古大將塔察兒包圍了金軍的臨時首都蔡州（今屬河南省汝南縣）。

十月，蒙古窩闊台可汗派遣宣撫使王楫到南宋，要求南宋共同出兵消滅金國。

孟珙應蒙古之約，率軍二萬，進攻金國的臨時首都蔡州。

端平元年（1234年）正月十一，孟珙捕捉到了破城之機，親自率領軍隊攻打南門，迫降金軍丞相烏古論栲栳，陣斬金軍元帥兀林達及偏將二百人。

城破後，孟珙把金哀宗的屍體一分為二，一半歸宋，一半歸蒙古。同時與蒙古人平分了金國皇帝的儀仗器械和玉璽等寶物。

金國徹底滅亡，百年國恥得以昭雪，岳飛等前輩的英靈得以告慰。

由於原先金國從宋朝奪取的土地被納入蒙古國的版圖，南宋的權臣心有不甘，想乘蒙古軍隊撤退之際，出兵攻取開封、洛陽等地，於是發生了「端平入洛」事件。

端平元年六月，南宋將領全子才奉命率軍一萬向開封進軍；南宋將領趙葵率軍五萬前往開封；趙葵軍隊前往洛陽。

陝西的蒙古軍隊立即回師洛陽，幾經較量，宋軍失敗退兵。

蒙古人以此為藉口，大舉向南宋軍隊進攻，宋、蒙戰爭全面爆發。

端平二年（1235年），蒙軍分三路南侵。窩闊台可汗的兒子闊出率領中路蒙軍，進攻襄州、郢州；窩闊台的另一個兒子闊端率領西路蒙軍，向甘肅一帶出發，進攻四川；蒙古將領口溫不花，從中路進攻江淮地區。

南宋唐州、棗陽等地盡失。

宋理宗趙昀提升孟珙為主管侍衛軍馬司公事，向孟珙問計，自言願意同蒙古統治者和談，並簽訂一些割地賠款的條約。

孟珙明確答覆：蒙古軍隊目的是想侵占整個南宋，沒有和談的可能。

孟珙鏗鏘有力地說：「臣是一介武士，當言戰，不當言和！」

端平三年（1236年）二月，蒙古軍隊進攻蘄州，被孟珙打敗。

三月，蒙古軍隊攻占襄陽，並南侵江陵。

孟珙率領全軍渡江作戰，連攻蒙古軍隊二十四寨，奪占被擄掠的人民二萬。

嘉熙元年（1237年）冬，蒙古元首窩闊台可汗再派口溫不花部、察罕部南侵，攻占了光、復、蘄、隨等州，兵鋒直指黃州。

黃州岌岌可危。

救火隊長孟珙援軍趕到，手腳俐落地打敗了蒙軍的進攻，保全了黃州。

借大勝之威，孟珙發兵深入，收復郢州，克荊門軍，與蒙古軍在塚頭、樊城、郎頭山等處鏖戰，連戰皆捷，克信陽，復樊城，收復了襄陽地區。

當年，岳飛從偽齊劉豫手裡收復襄陽，功高一時。

現在，孟珙以南宋孱弱之兵擊敗強大的蒙古騎兵，一舉收復襄陽，更可謂功高蓋世。

嘉熙二年（1238年），蒙古將領塔海率軍號稱八十萬，攻打四川，侵占了隆慶，破成都，占領漢州、簡州、閬州、蓬州、遂寧、重慶等府。

當此之時，能抵擋蒙古鐵騎的，唯孟珙一人而已。

宋理宗改任孟珙為四川宣撫使，兼知夔州，又兼任京湖安撫制置使，全面負責長江中游及川東的防務，抵抗蒙古軍隊的南侵。

蒙古忠州將領晉德聽說孟珙來了，立即從光化地區率軍向孟珙歸降。

而塔海部蒙古軍已搶占萬州湖灘，施州、夔州情形危急。

關鍵時刻，孟珙調兵在歸州大西岩阻擋住了蒙古軍隊的進犯。

宋蒙雙方數度交鋒，蒙古軍隊絲毫討不到便宜，最終灰頭土臉退去。

長江中上游的局勢隨即轉危為安。

為了有效防止蒙古軍隊的入侵，孟珙向朝廷提出了「藩籬三層」的軍事防禦措施。

蒙古元首窩闊台可汗雖然多次發兵捲土重來，始終無法衝破孟珙防線。

孟珙不僅有效地防守著上下千里的防區，還主動出援川東、淮西，名聲大振，原先降蒙的南宋士兵紛紛歸來。

可惜的是，淳祐六年九月初三（1246年10月14日），南宋的擎天柱孟珙在江陵府病死。

史載，該日有一顆大星隕於境內，聲如雷鳴。隨後狂風大作，掀開房屋，折斷樹木。

訃聞傳回，宋理宗傷心欲絕，當即罷朝，賜封孟珙家庭銀絹各一千，特贈孟珙為少師。接下來又連贈三次，直到贈為太師，謚為「忠襄」，並為孟珙立廟祭祀，廟號為「武受」。

在軍事史上，孟珙是全世界首位正面對抗新興蒙古軍從不吃虧的宿將。原俄國軍事博士德・安・沃爾科戈諾夫將之與第二次世界大戰時期德軍元帥曼施坦因相提並論，稱其為13世紀中國最偉大的「機動防禦大師」。

日本人田中芳樹甚至斷言：「當這個人存在的時候，蒙古軍就一直無法南下。」

蒙攻宋四十五年，宋朝都在幹嘛

蒙攻宋四十五年，這四十五年宋朝在幹嘛呢？

對此後世謾罵、嘲弄和指責的人居多。

大致的情況是說南宋自己「作」，不作就不會死，南宋的滅亡是自找的。

這方面的代表人物，是學者柏楊。

柏楊是從三方面對南宋進行嘲弄的。

一、取笑南宋的「聯蒙滅金」策略，說這是在蹈北宋「聯金滅遼」的覆轍。

柏楊原話是這樣說的：「宋帝國幫助蒙古消滅金帝國，在感情上有合理的解釋。但竟然再蹈歷史覆轍。」

二、蒙古原本無意與南宋為敵，是南宋玩火玩大了。

柏楊說：「蒙古並沒有跟宋帝國為敵的意思，江南縱橫的河渠和稻田，對他們既神奇又陌生。

現在被宋帝國的無端攻擊所激怒，也被宋軍的腐朽無能所誘惑。於是順便把宋帝國也列入它的狩獵名單。」

三、南宋已經風雨飄搖，南宋君臣還在歌舞昇平、醉生夢死。

柏楊舉了一個例子：趙孟啟（南宋度宗趙禥）恍恍忽忽地問賈似道：「彷彿聽說襄陽被圍很久。」賈似道回答說：「蒙古兵早就被我們擊退了，怎麼會有這種謠言？」趙孟啟說：「一個宮女這麼講。」賈似道不久就查出宮女姓名，用別的罪狀把她逮捕，暗害於監獄。從此再沒有人敢憂慮國事，而只敢讚揚賈似道英明。

下面就這三點做簡單剖析。

一、南宋政府之所以要「聯蒙滅金」，其實是形勢所迫。

如前所述，在成吉思汗發動滅金戰爭伊始，南宋政府是想實施「扶金抗蒙」策略的。道理柏楊懂，南宋君臣也都懂。當時，以大臣喬行簡為代表的絕大多數人都說，蒙古是一個比金國更凶狠、更生猛的角色，滅金只是時間問題，一旦金國被消滅，南宋就會與蒙為鄰。南宋之前制約不了金，之後對這個新強鄰蒙古也肯定制約不了，那時必有滅頂之災。

應該說，宋朝君臣對形勢的新變化還是有異常清醒的認識的。

問題是，「扶金抗蒙」只是南宋君臣的一廂情願，金國並不接受。

被蒙古人打蒙了的金國人丟失了兩河和山東的地盤，國土萎縮，稅收收不上，國庫緊缺，沒心思和南宋玩兒，粗暴地採取了「北失南補」的策略，即向南侵略軟弱的宋國，妄圖侵占南邊的土地來彌補北邊的損失。

面對金國勢若狂風暴雨的進攻，試問柏楊們，你們還怎麼「扶金抗蒙」？南宋能做的，就是趕快拎起刀子和金人幹仗。

1233年，金國已經被蒙古人打得生活不能自理了，才想起向南宋求救。

救還是不救？

傻瓜才會救。

南宋大將孟珙對當時形勢洞若觀火：金國苟延殘喘，已經撐不了幾天，救它，根本起不到「聯合」的目的。所謂「聯合」，不過是要宋國全盤攬下它釋下的挑子，傻不拉嘰地和蒙古人拚命。而蒙古的興起，似乎得到了上天的眷顧，宋國根本就不是它的對手。當下之計，不如聯合蒙古，拖延與蒙古開戰的時間，在必將到來的宋蒙決戰前爭取備戰時間。另外，在聯合蒙古滅金的過程中，既可以透過對金作戰向蒙古展示宋軍實力，去其輕我之心，又可以搶占一些地盤，增加戰略縱深。

所以，聯蒙滅金，並不能說是南宋「作」，換誰誰都得這麼幹。

二、說南宋玩火，無非是指「端平入洛」。

柏楊認為，如果沒有「端平入洛」事件，蒙古就不會與南宋開戰，則南宋就可以永享太平。

蒙古自其崛起之日起，就從來沒停止過擴張的腳步，它縱橫馳騁，以掠奪為樂趣，以征服為追求，南宋又是如此繁榮富庶，吞併它還需要有更多的理由嗎？

端平入洛，不過是執行名將孟珙提出的「增長我戰略縱深」策略。而早在1227年，蒙古人就已經入侵宋境、屠殺劫掠百姓了。當時，蒙古軍在連破金關中平原數州縣以後，悍然侵犯四川，先陷四川利州西路所屬的西和州、天水軍、階州、成州、文州（今甘肅省東南），接著又陷沔州

（今陝西省略陽縣），全面奪取四川北部防線的秦嶺三關。

另外，金國初亡之時，蒙古謀臣耶律楚材就向窩闊台呈報《平南之策》；謀士李實也「勸其先謀犯蜀、順流而下窺江南」。而在宋朝討論要不要發起端平入洛的同時，蒙古汗國也召開了規模巨大的諸王大會，會上窩闊台說：「今中原、西夏、高麗、回鶻諸國皆已臣附，惟東南一隅，尚阻聲教。朕欲躬行天討，卿等以為何如？」大將塔察兒（木華黎之孫）回答道：「臣雖駑鈍，願仗天威，掃清淮浙，何勞大駕親臨不測之地哉！」

由此可見，沒有所謂的「玩不玩火」問題，侵宋，早已在蒙古人的廟算之中。

三、宋蒙生死決鬥四十五年，南宋是否一直都「歌舞昇平、醉生夢死」？

讓我們把目光回望得更遠——早在1196年，成吉思汗還在草原上殺伐攻掠的時候，南宋的宰相余端禮就對當時的皇帝宋寧宗說：蒙古發展迅猛，很可能會進犯中原，到時候恐怕是我們的勁敵。當時，宋寧宗點頭贊同，隨後傳令駐守在邊界的所有軍隊都加強戒備。

而在蒙古攻金的歲月裡，宋朝上下也一直把蒙古人當成日後的勁敵來看待，時時謀劃著怎麼防範它。即使是宋蒙結盟的日子裡，也沒放鬆過這種警惕。

前面已經說過，宋蒙結盟，一方面是向蒙古展示宋軍實力，另一方面是搶占地盤，增加我戰略縱深，以迎接以後的宋蒙交戰。

「端平入洛」事件之後，蒙古人以此為藉口，大舉向南宋軍隊進攻，宋、蒙戰爭全面爆發。蒙軍於端平二年，也就是1235年，分三路南侵。

蒙攻宋四十五年，這四十五年宋朝在幹嘛？

我的回答就是：這四十五年宋朝都在備戰、作戰，不能因為它是失敗者，就把所有的污水都潑到它的頭上。

如果說「宋朝一直在歌舞昇平、醉生夢死」，能支撐得了四十五年嗎？

蒙古強大的騎兵團來去如風，天下無人能敵，以步兵為主的弱小南宋卻與之相抗了半個世紀之久。有人因此讚歎：南宋抗蒙四十五年，實是世界奇蹟。

站著說話不腰痛的柏楊們，讓你們來，你們又能有更好的辦法嗎？

史上最慘烈、最壯觀、最有血性的鏖戰

一代天驕成吉思汗乃是不世出的梟雄。

他不僅是獨邁千古的戰略大師，也是橫絕一世的戰術大師。

在他的帶領下，龐大的蒙古帝國迅速崛起。

多年以後，西方的歷史學家經過文獻的研究和在蒙古實地考察，總結蒙古軍隊所向披靡的原因，他們驚奇地發現，蒙古騎兵多以彎刀進行衝殺，利用馬匹的衝擊力，很容易將敵人的身體甚至盔甲和兵器削掉，這就是成吉思汗在基本戰法上創新和改良的成果！

另外，成吉思汗也在慣用的陣列戰術以及兩翼包抄戰術基礎上不斷完善和演化，終使蒙古騎兵成了無敵於天下的「上帝之鞭」。

而隨著蒙古帝國的不斷壯大和擴張，偏安江南一百五十餘年的南宋小朝廷也成了蒙古人眼中的一個獵物。

不過，讓蒙古人萬萬想不到的是，貌似懦弱的南宋人，竟然是他們遇到的最大對手。

最初，成吉思汗是瞧不起不會騎射只會享受安逸的南宋人的，他只把彪悍尚武的女真人看作頭號大敵。

哪料，居庸關一役，金兵潰不成軍。

成吉思汗由此順利占領金朝中都，逼迫金人納貢稱臣。

西征途中，成吉思汗難求一敗，只是在征服西夏時的靈州大戰中遭遇到了西夏主力像樣的抵抗。

相信成吉思汗直到死前也不會料到，南宋竟會是最難啃的骨頭。

蒙古人正式攻打南宋是在1235年。

此年，窩闊台發動了打到多瑙河的第二次西征，同時，以南宋背約為名，分兵兩路，大舉犯宋。

戰事一開始，蒙古軍雖有斬獲，但在宋軍的頑強抵抗下，進展緩慢。第二年，終於攻占了南宋陽平關和襄陽這兩處戰略要地。然而，南宋名將孟珙出陣，連破蒙古二十四寨，大敗蒙古軍隊，取得江陵大捷，粉碎了蒙古軍南渡的企圖，打破了蒙古軍隊不可戰勝的神話。

此後幾年，孟珙率領宋軍與蒙古軍展開了不屈不撓的拉鋸戰，雙方互有輸贏，難分高下。

而到了1239年，宋將杜杲在廬州大敗蒙古東路軍主力，蒙古東路軍傷亡慘重，被迫撤出宋境。孟珙趁勢反攻，連敗蒙古軍隊，收復襄樊諸郡和信陽，解除了蒙古大軍在東路對南宋的威脅。

隨後，孟珙又率部向西，迎戰西路蒙古軍，取得大埡寨大捷，收復了夔州。

至此，東西兩路圍攻南宋的蒙古軍隊全面受挫。

1241年，蒙古大汗窩闊台死，西路蒙古軍隊從四川撤離，長達六年的蒙宋戰爭以蒙古的失敗而告終。

1251年，成吉思汗的孫子、拖雷的兒子蒙哥繼承蒙古汗位，他制訂了亡宋計畫。

這一次，蒙哥採納了弟弟忽必烈的建議，避開長江天塹，由甘肅經川西，滅掉大理國，對南宋形成軍事大包圍。

此時，南宋名將孟珙、杜杲已相繼病逝，蒙軍勢如破竹，一舉攻克成都，占領了四川大部。但是，合州旁的釣魚城之戰，曠日持久，蒙軍久攻不下，蒙哥最後被石炮擊中，死在營中，全軍士氣低落，只得撤退。

蒙哥戰死後，繼承汗位的忽必烈於1264年騰出手再攻南宋。

這次戰爭的焦點定格於襄樊。

襄樊保衛戰從1268年拉開序幕，到1273年結束，中間發生過許許多多可歌可泣的英雄故事。最終卻因呂文煥的出賣，宋軍內外夾擊元軍的計畫被泄，宋軍遭到伏擊，損失慘重，襄陽終於失守，南宋門戶洞開。

而在兩年前，皇帝宋度宗駕崩，四歲的趙顯登基為宋恭宗。南宋主少國疑，風雨飄搖，舉國不安。

當元軍占領了長江中游戰略要地襄樊後，死亡的氣息已摧壓至臨安城。

1274年，忽必烈下令元兵自漢江入長江，沿長江東下。

魯港一戰，十三萬南宋精銳部隊全軍覆滅！

占據了常州的元軍為了摧毀南宋軍民的抵抗意志，瘋狂屠城。

困坐愁城的謝太后無奈，帶著四歲的宋恭宗向元朝統帥伯顏投降，南宋氣數已盡。

但是，南宋君臣中不怕死的人有的是。

大臣陳宜中、張世傑護送宋朝益王趙昰、廣王趙昺逃出臨安。當年五月，在神州擁戴年僅十一歲的益王趙昰登位，是為宋端宗，改年號為景炎。

元軍追兵如風，南宋流亡朝廷逃亡海上，趙昰在逃亡途中落海，雖經救起，卻不幸病逝。

一帝既死，又立一帝。

陸秀夫和張世傑接著擁立七歲的趙昺為帝，改元祥興。

1278年，雷州失守，張世傑退至崖山（今廣東省新會市），構建工事，擬憑險久據。

元軍到了崖山，元朝漢將張弘範先以高官厚祿為誘餌，極力招降張世傑。

張世傑毅然拒絕，下令盡焚陸地上的宮殿、房屋、據點，將千多艘宋軍船隻以「連環船」的辦法用大繩索一字形連貫在海灣內，並且安排趙昺的「龍舟」放在軍隊中間。

張弘範效仿火燒赤壁的故事，以小船載茅草和膏脂等易燃物品，乘風縱火衝向宋船。

但宋船早有防範，船身全部塗上濕泥，並在每條船上橫放一根長木，成功地抵禦住了元軍的火攻。

元朝水師火攻不成，以水師封鎖海灣，又以陸軍斷絕宋軍汲水及砍柴的道路。

宋軍在船上只能吃乾糧充飢、飲海水解渴，最終人困馬乏，無力作戰。

祥興二年（1279年）二月六日，張弘範先用火炮打亂宋軍的一字陣形，再分兵四面圍攻。

此戰，宋軍大敗。

張世傑看形勢危急，一面組織突圍，一面派人駕駛小船去迎接趙昺和陸秀夫。

這時的元軍，也已殺到了宋舟師中心。

舉目全是亂哄哄的場景，陸秀夫對張世傑派來接駕的小船難辨真偽，擔心是元軍派來的奸細，他斥退了使者，替趙昺整理好衣服，鄭重行了叩拜大禮，鎮定從容地說：「陛下，國事至此，不可再辱！」

年僅七歲的小皇帝堅定地點了點頭。

於是，陸秀夫再無餘慮，伏下身子，背著幼主，義無反顧地一起跳進了大海，沉沒在翻滾不息的波濤之中。

彼時，宋軍兵力號稱二十多萬，其實有戰鬥力的不過四五萬人，其餘全是跟隨朝廷逃難的普通百姓。

十幾萬百姓看著丞相和皇帝已經殉國，也都毫不猶豫，紛紛跳海殉國。

十餘萬人齊殉國，這是一個什麼樣的場景？

當是中國史上最慘烈、最壯觀、最有血性、最讓人淚下的場景，值得後人永遠銘記！

突圍後的張世傑還不甘心南宋朝廷就此覆滅，希望奉楊太后的名義找宋朝趙氏後人為主，再圖後舉。但楊太后在聽到宋帝趙昺的死訊後，已慷慨赴海自殺，致此圖難舉，而張世傑不久也在大風中溺海身亡，南宋這才宣告滅亡。

南宋滅亡，神州陸沉，有氣節的士民紛紛壯烈殉國，無怪東瀛人有「崖山之後無中國」之歎。

北宋「千古第一榜」和南宋「忠節榜」

談起古代科舉考試，就避免不了狀元、榜眼、探花等話題。

這裡，專門說一說北宋「千古第一榜」和南宋「忠節榜」裡那些人傑的故事。

北宋的「千古第一榜」是指在嘉祐二年（1057年）舉行的進士科考試。

這一年，主考官歐陽修實行改革，貶黜太學體，要為國家挑選真正的人才。著名的大文豪蘇軾和蘇轍兄弟就參加了這一年的考試。

蘇軾實有狀元之才，他在考場上寫的一篇《刑賞忠厚之至論》，備受主考官歐陽修的賞識。歐陽修有意將之點為第一名，但左看右看，覺得這麼好的文筆似乎只能出自自己的學生曾鞏之手，一旦點自己的弟子為第一名，到頭來豈不落人口實？

糾結了許久，歐陽修最終將蘇軾的卷子列為第二。

在接下來由宋仁宗親自主持的殿試中，蘇軾只拿了個第六。

該榜狀元為章衡，榜眼為竇卞，探花為羅愷。

蘇轍名列第十五。

此外，名列榜上的還有：張載、程頤、程顥、曾鞏、曾布、呂惠卿、章惇、王韶。

這些人，全是歷史上的大牛人。

狀元章衡是章惇的侄子，蘇軾後來和章衡成了好朋友，卻和章惇是政敵。

章惇此人，心高氣傲，視名落侄子章衡之後為奇恥大辱，放棄成績，兩年之後捲土重來，衝進三甲。

張載是程頤、程顥兄弟的表叔，三人同為理學創始人，思想論斷影響了一代又一代人。

曾鞏、曾布和堂弟曾牟、曾阜，全部進士及第，曾鞏為唐宋八大家之一。

曾布、呂惠卿、章惇三人後來位至宰相。

王韶以文才進士為文官，以《平戎策》而授武官，率軍擊潰西夏羌族人的軍隊，收服西北五州，開拓宋朝疆土兩千餘里，死後追贈燕國公。

可以說，在該榜進士中，出現了數十位名動千古、對後世影響極深的人物，橫跨了文學、政治、思想、軍事等領域，其中有三人位列「唐宋八大家」，有三人先後出任宰相，有三位為理學創始級大師，還有一位是歷史名將。稱其為「千古第一榜」，實不為過。

南宋的「忠節榜」指的是南宋理宗寶祐四年（1256年）丙辰科考。

抗日戰爭期間，大史學家陳垣為輔仁大學1937年的《輔仁年刊》創刊作序，特別提到了「忠節榜」科考。他以南宋寶祐四年登科的文天祥、陸秀夫、謝枋得為例，激勵學生在此民族危難之際，奮發忠直之志，說：「寶祐四年登科諸錄，獨重於世，豈非以其中有令人可景仰之人哉!?今吾同學百數千人，志趣雖殊，為學以求用於世則一；若能守之以弘毅，持之以貞固，秉忠直之氣，為士民之倡，易俗移風，利澤施乎社會，則物亦可借人而傳！」

寶祐四年（1256年）丙辰科進士科考試，禮部侍郎王應麟知貢舉，共錄取進士六百零一人。榜中第一甲第一名為文天祥，第二甲第一名為謝枋得，第二甲第二十七名為陸秀夫。

文天祥被稱為「狀元中的狀元」，其狀元及第，官至右丞相，為國事奔走操勞，兵敗被俘後，寧死不降，成了數百年來忠臣烈士的楷模。

正所謂：「人生自古誰無死？留取丹心照汗青。」

謝枋得詩文豪邁奇絕，自成一家，在國家、民族危難之際，帶領義軍以身許國，用生命和行動譜寫愛國詩篇，殉難於北京。

陸秀夫的忠義之名，堪與文天祥比肩。

明人蔣一葵在《堯山堂外紀》中就說：「擎天者，文天祥。捧日者，陸秀夫。」實際上，南宋歷史的終結，就是以陸秀夫負主赴水為標誌的。

南宋遺民林景熙賦詩贊：「生藏魚腹不見水，死挽龍髯直上天。板蕩純臣有如此，流芳千古更無前。」

三名忠節之士皆集於榜中，為科舉史之奇蹟，故稱之為「忠節榜」。

青春美少女自創梨花槍法，天下無敵

楊安兒原名楊安國，益都武術名家，以賣鞍材為業，人稱楊鞍兒，後訛稱為「楊安兒」。其於金章宗泰和年間聚眾起義，起義者穿紅襖做標記，故名「紅襖軍」。

1212年，蒙古大軍圍攻金中都，金國上下亂作一團。

楊安兒勢力迅速膨脹，擁眾二十萬人，撫有莒州、密州、萊陽、登州、寧海、濰州等地，稱王號，置官屬，立年號天順。

可惜的是，1214年，金宣宗向蒙古屈膝求和成功，緩過了氣來，以傾國之力前來圍攻楊安兒。

楊安兒兵敗入海，被舟人陷害，墮水而死。

楊安兒雖死，但他的事業並未終結。

楊安兒有一個妹妹，名叫楊妙真，排行第四，人稱「四娘子」，可謂是天香國色、嫵媚動人，且勇悍善騎射，小小年紀自創一套九轉梨花槍法，未逢敵手。

濰州人李全，出身武術世家，使一條鑌鐵大槍，槍挑八方，縱橫山東，人稱「李鐵槍」。

「李鐵槍」聽人說梨花槍法精妙絕倫，心中不忿，便專門到益都找楊妙真比試。

這場比試過程，有兩個不同的版本。

周密《齊東野語》記載，李全與楊妙真「酣戰，終日無勝負」。第二日，李全先「令二壯士執鉤刀夜伏筱中」，然後再登門約戰，靠埋伏者的幫助，用刀鉤止楊妙真的馬足，終於取勝。

宇文懋昭《大金國志》記載，楊妙真其實並未與李全動手比試，而是「飛馬植槍，深入一尺」，讓李全「飛馬而拔之」。可是，「全不能拔，下馬屈服」。

不管從哪個版本來看，楊妙真的功夫都是在李全之上。

楊安兒死後，楊妙真接管了哥哥的部隊；而李全也不愧是亂世中一名頂天立地的好男兒，在楊安兒稱王時，他與兄李福等人在濰州發起起義，回應楊安兒，攻打臨朐，進取益都，響震一時。

楊妙真雖然接管了哥哥的部隊，但進退失據，無奈之下，率部前去與李全會合。

在接下來的烽煙歲月裡，兩人同患難、共進退，建立了深厚感情，結為夫婦。

史料載：楊妙真不但「花槍天下無敵手」，而且通曉兵法，有勇有謀，愛護兵卒，深得軍民愛戴，在軍中被尊稱為「姑姑」。

楊妙真所領導的紅襖軍組織嚴密，英勇善戰，軍械雖不如金兵，但「心協力齊，奮不顧死」，屢敗金兵，在山東打出了一片局面，被宋朝封為山東忠義軍。

宋嘉定十二年，李全俘殺金國「四駙馬」，憑戰功進封刺史，楊妙真也因此被封為「令人」。

不過，南宋統治者始終對紅襖軍心存猜忌，密令鎮江滁州兵馬攻打李全、楊妙真夫妻。

李全在揚州城外一個叫新塘的地方中伏，馬陷泥淖，動彈不得，慘遭亂箭射死。

李全的死法，與南宋初年的抗金英雄楊再興是一樣的，當時，楊再興馬陷小商河，被金兵亂箭射死。不過，楊再興是死於抗金事業，死得其所，而李全卻是死在自己人的箭下，真讓人備感悲憤。

丈夫被害，楊妙真對南宋朝廷恨之入骨，提兵與宋軍交戰。

值得一提的是，楊妙真曾據摩雲崮阻斷宋朝發來的千軍萬馬。吃了敗仗的宋朝將軍寫了一首詩，命人鑿在摩雲崮崖壁上，自己給自己找臺階下，稱：

王師浩蕩似鯨吞，
倒海排山如卷塵。
今念清波楊府事，
暫留小命顯皇恩。

詩的開頭寫得很威風，結尾卻灰頭土臉地找藉口說，姑且念在清波府楊家將保大宋的忠心上，暫且不殺你，以顯示皇上的恩典。

楊妙真讀了這首詩，也題了一首，同樣刻於崖壁：

官家小兒不知羞，
武藝何曾過半頭。
本寨臨時睡一覺，
花槍底下把魂收。

不管怎麼樣，楊妙真一支孤軍終不能與南宋一國相抗，但她又不能投靠殺兄仇人金國，最後迤邐向北，投入了蒙古。

後來蒙古、南宋之間爆發全面戰爭，楊妙真曾參加了對淮南的進攻，並出任按赤台的副手。南宋大臣袁甫在《陳時事疏》裡提道：「台與逆全妻，將自山東窺我淮甸。」其中的「台」指的是按赤台；「逆全妻」則是說楊妙真。

楊妙真為蒙古軍屢建功勳，曾去和林朝見窩闊台皇帝，被升為山東淮南行省。

楊妙真名義上受蒙古招安，實則保持獨立，她以「避牝雞司晨之譏」為由辭官。當時任蒙古中書令的耶律楚材曾專門寫了一篇《答楊行省書》，勸楊妙真「無忘北闕之恩」，安心供職。

但楊妙真最終還是辭政，專心經營自己在山東的地盤。

1234年，楊妙真病逝，其子李璮接替了母親的事業，據有山東東部40餘城。不久，元軍進討，李璮戰死於濟南大明湖。

楊妙真夫婦、兒子雖死，但楊妙真的九轉梨花槍法卻流傳了下來。

明朝抗倭戰神戚繼光曾在《紀效新書》裡載有該槍法及圖解，並高度評價梨花槍法：「長槍之法，始於楊氏，謂之曰梨花，天下咸尚之；其妙在於熟之而已，熟則心能忘手，手能忘槍；圓神用不滯，又莫貴於靜也，靜則心不妄動，而處之裕如，變幻莫測，神化無窮。」

何良臣在《陣紀》中也高度評價說：「天下無敵者，惟楊家梨花槍法也。」

蒙古人張弘範為何背定了漢奸惡名

崖山之戰是中國古代歷史上最為悲壯、最為沉痛的一場海戰。

交戰的雙方為風頭無兩的蒙古帝國和國力漸微的南宋帝國。

蒙古帝國準備在這場戰爭中給予對手最後致命的一擊。

南宋帝國自從被金帝國壓制在淮河以南一線後，一直積弱不振，並苦苦抵抗了新興的蒙古帝國近半個世紀之久。

這注定是一場不對等的戰爭，也是兩個民族之間的絕世之戰。雙方共投入兵力五十餘萬，動用戰船兩千六百多艘。

蒙古帝國所向無敵，對這場戰爭，乃是穩操勝券、志在必得。

南宋帝國在蒙古鐵騎的大舉入侵之下，一退再退，已經到了浮國海上的悲慘境地，無可再退，所能倚仗的是陸秀夫、張世傑等一大批忠臣烈士為捍衛漢家江山的尊嚴作最後一博。

當戰鼓敲響，炮聲漸隆，南宋的最後一批忠直孤臣義無反顧地踏上了歷史留給他們的最後舞臺，慷慨激昂地奔赴國難。

持續二十多天的激烈海戰過後，宋軍全軍覆沒。

到了蹈行忠義誓言的時刻了。

丞相陸秀夫挺立於船頭，迎著滔天巨浪，放聲長哭，然後驅妻子赴海，自己登帝舟奏道：「國事至此，陛下當為國死，不宜再辱。」

小皇帝趙昺點點頭，俯身於陸秀夫背上，君臣互勉，蹈海殉國。

其餘宋朝軍民也含淚紛紛投海殉國。

先前在潮州五坡嶺被俘的南宋宰相文天祥此時被囚禁在元軍船中，目睹了崖山海戰的全過程，目眥盡裂，卻無力回天，揮淚作詩：「我欲借劍斬佞臣，黃金橫帶為何人？」

七日後，海上浮屍十餘萬，山河為之變色。

南宋雖然覆沒，但輸得是這樣悲壯，這樣有節烈之氣。

南宋的滅亡，標誌著漢人正朔的南宋政權徹底滅亡。

中國文明垂世而獨立，整體性亡於元，文明的發展和積累被破壞。

雖然在百年之後，朱元璋驅逐了元勢力，重整漢家江山，大致恢復漢人衣冠，但還是有人沉痛萬分地說，崖山之後，已無中國。

比如，錢謙益就作詩悼念說：

海角崖山一線斜，從今也不屬中華。
更無魚腹捐軀地，況有龍涎泛海槎？
望斷關河非漢幟，吹殘日月是胡笳。
嫦娥老大無歸處，獨倚銀輪哭桂花。

作為崖山海戰勝利的一方，元軍統帥張弘範於崖門奇石上刻書「鎮國大將軍張弘範滅宋於此」十二字。

傳說，在明朝，廣東崖山當地出了一個大學者，名叫陳獻章，氣憤張弘範的漢奸行徑，在石刻上加了個「宋」字，成「宋張弘範滅宋於此」，以此一字來羞辱張弘範，同時也對亂臣賊子做出了很好的警示。

不過，據史書記載，張弘範雖是漢族人，其實不是宋朝人，更沒有擔任過宋朝的將軍。

張弘範祖籍河北定興，屬於燕趙之地，自古為漢人居住，後被遼、金相繼占據。張弘範的父親張柔即為金人統治下的漢人。金國衰亡期間，張柔發展地方武裝，成為軍閥。1218年，張柔與蒙古軍交戰被擒，投降了蒙古人。後來在連年征戰中，積功累進，封蔡國公，為蒙古軍中的頭號漢人大將。

張弘範是張柔的第九子，出生於張柔投降蒙古人二十年後的元太宗窩闊台汗十年，即1238年，此時金已經亡國四年，所以張弘範既不是金人，也不是宋人，而是蒙古漢人。

但不管怎麼樣，張弘範是華夏血統，他統兵南下，克樊城、下襄陽，在焦山大敗宋將張世傑，在潮州五坡嶺生擒宋相文天祥，破漢人軍、滅大宋國，絕對是叛徒行徑，永遠得不到漢人的原諒。

而與張弘範形成鮮明對比的是宋將張世傑。

張世傑原來在金國是張弘範父親張柔的部下。張柔投降了蒙古，張世傑則南下投奔了南宋。張柔、張弘範父子事元奉元，張世傑卻堅決抗元，以身殉宋。

張弘範滅宋後，身分顯貴，死後被元廷追贈為銀青榮祿大夫、平章政事，謚武烈。三十二年之後，即元武宗至大四年（1311年），元朝又給他加贈「推忠效節翊運功臣、太師、開府儀同三司、上柱國、齊國公」。改謚「忠武」。八年之後，元朝再一次加賜他「保大功臣」，加封淮陽王，改謚「獻武」。

但公道自在人心！

張弘範招來了民間罵名滾滾，為億萬民眾所不齒。

張世傑卻能與天文祥、陸秀夫並稱為「宋末三傑」，彪炳青史，為萬世所景仰。

值得一提的是，張弘範雖然享盡人間富貴，卻不長壽，年僅四十三歲便暴病身亡。而且，張弘範妻妾眾多，卻只有一個兒子，名叫張珪。這個張珪，憑藉父親滅宋大功，曆元武宗、仁宗、英宗、泰定帝四朝不倒，高居要位，官至中書平章政事。

報應主要出現在張珪兒子的身上。

張珪有五個兒子，依次為張景武、張景魯、張景哲、張景元、張景丞，均得到祖蔭，生活富足。

張珪死後不足一年，禍事就來了。

1328年7月，泰定帝駕崩，元廷內亂，泰定朝的大臣把泰定帝八歲的兒子阿速吉八擁上帝位，是為天順帝。而權臣燕帖木兒卻另立元武宗之子圖睦帖木兒為皇帝，是為文宗。

在這場內亂中，張景武兄弟莫名其妙地得罪了文宗朝的參知政事也先捏。

也先捏將張景武兄弟五人「盡殺之，籍其家」。

這之外，還把張氏一家的女眷污辱了個遍，並強行霸占了張珪的女兒。

張弘範應該不會想到，在自己立下蓋世功勳以後，子孫竟然會被蒙古人悉數殺害，以至於落了個斷子絕孫的下場。

趙孟要娶妾，妻子寫了首詩，婚事拉倒

「江山代有才人出，各領風騷五百年。」

如果問，元朝最著名的藝術家是誰，相信很多人都會認為是趙孟。

趙孟，字子昂，號松雪道人，宋太祖趙匡胤十一世孫、秦王趙德芳嫡派子孫。此人博學多才，能詩善文，懂經濟，工書法，精繪藝，擅金石，通律呂，解鑑賞。其中，書法和繪畫成就最高。

在繪畫上，明人王世貞說：「文人畫起自東坡，至松雪敞開大門。」

意思是說蘇東坡開創出文人畫派，但到趙孟這才算發展到一個高峰。後人也稱趙孟的畫風為「元人冠冕」。

書法方面，趙孟善篆、隸、真、行、草書，其楷書、行書最為堪誇。自創「趙體」楷書，與歐陽詢、顏真卿、柳公權並稱「楷書四大家」。

至元二十三年（1286年），趙孟從山野走上朝堂。

這一年，元朝行台侍御史程鉅夫奉詔搜訪隱居於江南的宋代遺臣，得二十餘人，趙孟就在其中。

元世祖忽必烈單獨召見趙孟，讚賞他才氣豪邁，神采煥發，如同神仙中人，讓他位坐右丞葉李之上。

元世祖忽必烈乃粗豪雄邁之主，對趙孟尚且如此喜愛，則頗具文人氣質的元仁宗愛育黎拔力八達對趙孟的喜愛之情更是溢於言表，呼其字而不呼其名，每與侍臣談論文學之士，必將趙孟比作唐代李白、宋代蘇軾，稱讚他品行純正、博學多聞、書畫絕倫。

趙孟也因此官運亨通，歷任集賢直學士、濟南路總管府事、江浙等處儒學提舉、翰林侍讀學士等職，累官翰林學士承旨、榮祿大夫。

俗話說，飽暖思淫欲，飢寒起盜心。

趙孟從一個山野村民搖身變成皇帝身邊的紅人，難免迷失自我，心裡的壞主義活泛開了。他看著同僚一個個妻妾成群，也想著先從納妾做起，改善和提高自己的生活品質。

可是，趙孟寒貧時娶了湖州吳興（今浙江省吳興區）才女管道昇，兩人夫唱婦隨，一起走過了多年風雨，要納妾，可得考慮一下妻子管道昇的感受呀。

大才子趙孟善詩，信手寫了首詩，讓婢女交給妻子。詩是這樣寫的：

我學士，爾夫人。豈不聞陶學士有桃葉、桃根，蘇學士有朝雲、暮雲。我便娶幾個吳姬、越女，也無過分，你年紀已過四旬，只管占住玉堂春。

詩的意思很明顯：我為學士，你是夫人。陶學士娶了叫桃葉、桃根的兩個小妾，蘇學士也有朝雲、暮雲兩個小妾。我便多娶幾個姬妾也不過分。你年紀已經四十多歲了，只管占住正房原配的位子就行。

在一妻多妾合法化的封建社會，女人飽受「三從四德」的理念灌施，趙孟寫這首詩給妻子，目的不是打申請報告，而是從尊重的角度進行通報。所以，寫了詩，就開始喜滋滋地著手張羅好事了。

哪料，也就半壺茶的工夫，婢女就拿著妻子管道昇回覆的字箋回來了。字箋上寫的也是一首詩，云：

你儂我儂，忒煞情多，
情多處，熱如火。

把一塊泥，捻一個你、塑一個我。
將咱兩個，一齊打破，
用水調和。
再捏一個你、再塑一個我。
我泥中有你、你泥中有我。
與你生同一個衾、死同一個槨！

一首詩沒讀完，趙孟已經淚崩，想著這些年來的同甘共苦、相濡以沫，再也控制不住，大呼一聲：「罷罷罷！」拔腿走向內室，緊緊抱住妻子，再也不提納妾之事。

也就是從這天起，兩人的感情更增進許多，時不時想起這件事，反引為笑語，彼此之間再無間隙。

延祐三年（1316年），元仁宗冊封趙孟為魏國公，妻子管道昇也因此得封為魏國夫人，世稱「管夫人」。

管道昇才情不在趙孟之下，她的書法成就堪與東晉的女書法家衛鑠「衛夫人」相媲美，後人將她們並稱為中國歷史上的「書壇兩夫人」。

管道昇認為宋為元所滅，而丈夫是宋太祖趙匡胤的後人，在元朝為官不免為後人所笑，就專門填寫了兩首《漁父詞》，勸告丈夫歸隱故里。

其一曰：

遙想山堂數樹梅，凌寒玉蕊發南枝。
山明照，曉風吹，只為清香苦欲歸。

其二云：

人生貴極是王侯，浮利浮名不自由。
爭得似，一扁舟，弄月吟風歸去休。

趙孟心有所動，聽從妻子的勸告，託病回歸浙江故里，一任元朝皇帝徵召，再未出山。管道昇相夫教子，不但是丈夫的賢內助，在子女教育上也非常成功。管道昇寫了一首《題畫竹》，表達自己對兒子趙雍（字仲穆）的殷切期望。詩云：

春晴今日又逢晴，閒與兒曹竹下行。
春意近來濃幾許，森森稚子石邊生。

兒子趙雍長大後，成了一名大畫家；孫子趙麟在祖母的教育下，也同樣是大畫家。

趙孟與兒子趙雍、孫子趙麟都作《人馬圖》，稱《三世人馬圖》，傳為畫壇佳話。可惜現在這三幅畫都流落至美國，由大都會博物館收藏。

趙孟一家書畫傳承，墨香溢院。

元仁宗取趙孟、管道昇及其子趙雍的書法用玉軸精裝，鈐上御印藏於祕書監，眉開眼笑地說：「讓後世知道我朝有一家的夫婦父子都善書，這也是奇事啊！」

但趙孟和管道昇最為人所稱道的，還是那一句：「與你生同一個衾，死同一個槨。」

延祐五年（1318年），五十八歲的管道昇病逝。三年後，趙孟追隨而去，兩人合葬於浙江省德清縣千秋鄉，用生命的最後歸宿應驗了這句詩。

清代著名詞人納蘭性德在《擬古四十首》詩中對趙孟和管道昇的感情深表羨慕，說：「吾憐趙松雪，身是帝王裔……亦有同心人，閨中金蘭契。書畫掩文章，文章掩經濟。得此良已足，風流渺誰繼。」

狀元留夢炎讓全省父老蒙羞三百年

江西永新人賀貽孫是個神童級的人物，九歲就能賦詩作文，鄉人稱奇。崇禎初年，江右結社成風，各種各樣的文社如雨後春筍，紛起拔節。賀貽孫與陳宏緒、徐世溥等人也在豫章結社。

彼時的大明王朝，已是風雨飄搖，搖搖欲墜。

崇禎十七年，李自成攻陷北京，爾後吳三桂引清兵入關，一時間，江山傾覆，圖畫改色。

賀貽孫向以忠義自許，隱居不出。

順治七年，清朝學使仰慕他的名氣，特列貢榜，邀請賀貽孫出仕。

賀貽孫堅拒不就。

清朝御史笪重光又以「博學鴻儒」相薦。

賀貽孫憤然而起，說：「我逃世卻不能逃名，名氣累我、誤我！」削髮為僧，遁入深山。

賀貽孫的父親早年曾任浙江衢縣縣令，在任上遇到過一件奇怪的事。因為這件事，賀貽孫銘記住了宋末大英雄文天祥，並將之視為自己畢生的偶像。

且說，賀貽孫的父親在擔任浙江衢縣縣令時，某天有人來告狀，自稱姓劉，哭訴自己的祖墓被別人侵占。

賀縣令傳訊被告。

被告非法侵占別人家的墓地，卻有恃無恐，振振有詞地說：「別人家的墓地不能侵占，他家的墓地，侵占了就侵占了！」

這是什麼話？

賀縣令一拍驚堂木，大喝道：「大膽刁民，這是什麼邏輯？」

被告不慌不忙，說：「因為他撒謊，他並不姓劉，他家是姓留的，說姓劉純屬欺騙老爺。」

「就算是姓留，你也不能平白無故地欺負人家……可是，你是姓留的，為什麼要謊稱姓劉？快快從實招來！」賀縣令轉過臉喝問原告。

原告嚇得撲通跪下，連連磕頭，只是流淚，不說話。

事情太蹊蹺了。

賀縣令一再追問。

原告這才哭泣著說出了原委。

他說：「文文山文丞相是江西人，老爺您是江西人，在老爺您面前，我怎麼還敢姓留？在萬曆年間，因為我祖墓被侵占的事，我祖父曾向在任的張太守申訴過。張太守到我留氏宗祠審訊，看見堂上懸掛著我先祖畫像，衣朱衢玉，官衣官帽，就問，這個是誰？我祖父只說了一句，曾是宋朝的狀元丞相。張太守就勃然變色，說，莫非是大奸賊留夢炎？這個畜生，賣國求榮，還極力要殺我文丞相，我恨不得掘出他的墳、焚燒他的骨，你還敢把他的畫像懸掛在我眼前。說完，就把像撤下來，鋪在我祖父的屁股上，狠狠打了五十大杖。我祖父被打得血肉淋漓。張太守還餘怒未息，親自點火焚燒了畫像，不肯秉公執法，把墓地判給了這人。現在，如果老爺您又因文丞相的事追究起來，那我先祖就屍骨無存了。我如何敢再姓留？」

原來，這個謊稱姓劉的人，竟然是留夢炎的後人。

留夢炎，浙江衢縣人，他的前期經歷和文天祥有幾分相似。文天祥是寶祐四年（1256年）狀元，於德祐元年（1275年）任右丞相。留夢炎登第時間比文天祥早了十二年，於宋理宗淳佑四年（1244年）大魁天下，得中狀元，於德祐元年（1275年）官至左丞相。

文天祥是個一心為國、百折不回的大英雄。

留夢炎卻是個自私自利、首鼠兩端的小人。

端宗景炎元年（1276年），留夢炎看見南宋小朝廷已江河日非，便以宋朝宰相的身分降元，並替元朝統治者招降了大批宋臣。

文天祥力撐危局，奔走於江海之間，聽說留夢炎降元，慨然作《為或人賦》，詩云：

悠悠成敗百年中，笑看柯山局未終。
金馬勝遊成舊雨，銅駝遺恨付西風。
黑頭爾自誇江總，冷齒人能說褚公。
龍首黃扉真一夢，夢回何面見江東。

文天祥兵敗被俘後，拒絕了元人的無數次招降，被關在牢獄之中折磨了三年多。

元世祖忽必烈非常敬重文天祥的才學與為人。

一些降元宋臣打算串聯起十個人，共同聯名上書請求元帝釋放文天祥。

元帝也有釋放文天祥之心。

留夢炎卻大唱反調，阻止說：「天祥出，復為號召江南義士抗元，吾輩將置於何地？」

元帝於是堅定了殺害文天祥的想法。

可以說，大英雄文天祥的死，留夢炎負有最大的責任。

當然，留夢炎在元朝混得還是不錯的，先為禮部尚書，後遷為翰林承旨，官至丞相。

但是，報應落在了其子孫身上。

大明王朝建立後，明朝政府專門規定：留夢炎的子孫一律不得參加科考！其他凡是姓留的人，都必須證明自己不是留夢炎的後代才能參加考試。

因為留夢炎是浙江人，明朝的浙江人都說：「兩浙有留夢炎，兩浙之羞也。」

留夢炎為一己榮華富貴，出賣了國家，出賣了同胞，出賣了良心，自以為得計，哪知連累了家鄉父老蒙羞、子孫萬代受辱，卻也成就了文文山文丞相的萬古聖名！

狀元郎的反面代表

能中狀元者，乃是從千軍萬馬中殺出來的佼佼者，所謂「天上一輪才捧出，人間萬姓仰頭看」，當真是萬眾瞻仰的偶像、人世間至高無上的榮光。

據考證，自唐高祖武德五年（622年）的第一位科舉狀元孫伏伽開始，到清光緒三十年（1904年）最後一位狀元劉春霖止，在這一千二百多年間，可考的榜數為七百四十五榜，共產生了五百九十二名狀元。

這五百多名狀元中，最受人們稱道的是南宋寶祐四年（1256年）的狀元文天祥。

用歷史小說家蔡東藩的話來說：文天祥奔波海陸，百折不回，尤為可歌可泣，可悲可慕。六合全覆而爭之一隅，城守不能而爭之海島，明知無益事，翻作有情癡。

文天祥，無疑是狀元郎中的正面形象代表。

《宋史》評論說：宋代三百多年，錄取士官的科舉考試，規模之大莫過於進士科考，而進士科考中的最大光榮莫過於錄取第一名。從文天祥殉國的事來看，世上那些喜歡高談闊論的人總是指責科舉考試挑選不出優秀的人才，現在來看看事實吧，事實果真如此嗎？

《宋史》提出的這個問題相當有趣。提問題的初衷是讚揚文天祥：不但有才學，而且忠義貫天。可是，同在一部《宋史》裡面，還有一個狀元在亡國之際做出了與文天祥截然不同的選擇。烏程（今浙江省吳興區）人莫儔是宋徽宗政和二年（1112年）壬辰科狀元。文天祥二十歲考中狀元，莫儔二十二歲考中狀元，二者年齡相差不大。文天祥考中狀元後，因父親逝世，就回家守喪了。後因時政動盪，南宋朝廷風雨飄搖，才臨危出仕，全副身心都撲在重整山河的國家大事上。莫儔考中狀元後，任承事郎、校書郎，遷起居舍人，兼修國史。不久，轉為太常寺少卿，進國子司業，遷中書舍人，一門心思撲在個人事業的發展上。

莫儔聽說劉貴妃在宮中最得寵，而張太監是劉貴妃宮中的紅人，就主動交好張太監。張太監在京師買了一塊地皮，恰巧旁邊還有一塊空地。莫儔馬上買下這塊空地，當作禮物送給了張太監。因為張太監和劉貴妃的緣故，莫儔順利地升為中書舍人。

眾所周知，宋徽宗是有名的書畫家，酷愛書法和繪畫。為了融入皇帝的書畫圈，莫儔發奮圖強，拜大畫家崔白的高徒吳元瑜為師，充分調動自己的藝術細胞，練就了一手書畫技藝。某次，宋徽宗以「蝴蝶夢中家萬里」為題，要求群臣作畫。群臣抓耳撓腮，無從下筆。莫儔自感表現的機會來了，以西漢蘇武牧羊為旨，畫一對蝴蝶飛舞在熟睡的蘇武頭頂上。徽宗攬圖而視，連呼絕妙，從此對莫儔另眼相看，寵愛有加。莫儔也因此平步青雲，升到了吏部尚書、翰林學士，知制誥。

然而，儘管徽宗對莫儔是這樣厚愛，當災難來了，莫儔翻臉如翻書，馬上賣主求榮，做出了禽獸不如的事。

靖康二年（1127年），金兵攻陷汴京，莫儔沒有一絲絲顧慮，迅速投靠金國，主動引金國使臣檢視府庫，積極為金人往返奔走，京師稱之為「捷疾鬼」。

金將完顏撻懶扣押了宋欽宗、宣讀了廢立詔，命莫儔回去把宋徽宗及後宮妃嬪全部押來，莫儔便連夜找到奸臣王時雍和徐秉哲，對王時雍說：「金國人已經明確宣布廢舊立新，依我之見，新主非王尚書莫屬。」王時雍便和他一起串聯起武將范瓊，帶兵把宋徽宗等人押往金營。

宋徽宗看到莫儔那一副嘴臉，氣得渾身發抖，卻一句話也說不出。

當莫儔弄清楚了金人要立的傀儡皇帝是張邦昌，立刻和王時雍將張邦昌姓名列入議狀，具送金人。

張邦昌接受冊封稱帝的時間只有三十三天，宋高宗在應天府登基後，將張邦昌流放至潭州，旋誅殺；將莫儔謫至曲江，莫後來死於潮州，留下了一世罵名。

國家圖書館出版品預行編目資料

熬通宵也要讀完的大宋史／覃仕勇編著.
-- 初版. -- 臺北市；臺灣東販股份有限公司, 2021.12
352面；14.7×21公分
ISBN 978-626-304-972-7（平裝）.

1.宋史 2.通俗史話

625.109　　110018017

熬通宵也要讀完的
大宋史

2021年12月1日初版第一刷發行

編　　著　覃仕勇
主　　編　陳其衍
美術編輯　黃郁琇
發 行 人　南部裕
發 行 所　台灣東販股份有限公司
＜地址＞台北市南京東路4段130號2F-1
＜電話＞(02)2577-8878
＜傳真＞(02)2577-8896
＜網址＞http://www.tohan.com.tw
郵撥帳號　1405049-4
法律顧問　蕭雄淋律師
總 經 銷　聯合發行股份有限公司
＜電話＞(02)2917-8022

TOHAN